影響力の科学

YOU'RE INVITED

The Art and Science of Connection, Trust, and Belonging

ビジネスで成功し
人生を豊かにする最上のスキル

ジョン・レヴィ

小山竜央 監修　島藤真澄 訳

KADOKAWA

影響力の科学

ビジネスで成功し人生を豊かにする最上のスキル

最愛の人へ。
あなたは私の星であり、私の炎だ。

夕食を作ってくれたすべての人へ。
適度に食べられる食事を皆さんと分かち合い、
一緒に皿洗いをしたことほど光栄なことはなく、
これ以上の特権はありません。

YOU'RE INVITED:
The Art and Science of Connection, Trust, and Belonging
by Jon Levy

Published by arrangement with Harper Business, an imprint of HarperCollins Publishers
through Japan UNI Agency, Inc., Tokyo.

監修者のことば

本書は、2010年にNYでインフルエンサー・ディナー（社名：Influencers）というプライベートイベントを始めたジョン・レヴィが、本当の影響力を生み出す方法を科学的エビデンスから解説したものです。このイベントは、当時はまだインフルエンサーという言葉もなかった頃、借金だらけで、太りすぎて、冴えない著者が、苦肉の策で知り合いを集めてスタートした、ささやかな夕食会でした。

12名を夕食に招き、名前はファーストネームのみ共有、仕事以外の話（仕事や業績について語るのはNG）をしながら、料理、食事、片づけまでを共に行うという体験です。参加者の名前は完全には明かされないプライベートイベントですが、そのユニークな内容が評判をよび、ノーベル賞受賞者、オリンピック・メダリスト、フォーチュン500企業の幹部など、多くのセレブが参加しました。行動科学に基づいたイベント設計が秀逸で、参加者の人生に大きな影響を与えるような、つながりが生まれるコミュニティとして注目されています。

その後、著者はその手腕から、様々な企業のイベントを請け負うコンサルティング会社を設立し、TEDでも講演をし、テレビコメンテーターとしても活躍しています。また、12名ずつのディナーでは知り合えなかった参加者のための、同窓会イベントとして、60〜100名が集うサブの文化イベントも開催し、コロナ禍ではいち早くオンラインによるイベントを開催するなど、非常に高い評価を得ています。

私自身、ありがたいことに、今では会社を何社も経営し、書籍もベストセラーになり、コンサルティングのクライアントは著名企業からインフルエンサーまでいます。しかし、20代の頃は著者と同様に、どん底の生活を味わっていました。

そんな私も、影響力を手に入れるまでの過程で、やはりコミュニティづくりをしてきました。もちろん、初めから著名人や有名な企業を集められたわけではありません。まず、手の届く人々からスタートしたのです。私から見ても、本書の内容は、日本で間違いなく通用すると感じるものです。

本書では、インフルエンサー・ディナーの成功事例を交えながら、単に人と名刺交換するネットワーキングに留まらない、長きに渡り互いに大きなインパクトをもたらす関係を構築するための、影響力の作り方を教えます。そして、ビジネスや様々な体験を通じて、その関係は、社会を変えるほどの力を持つのです。

他の事例は、レッドブルからラグビーチーム、グーグル、セールスフォース、モナ・リザに至るまで、日本人にも非常に親近感の湧く例が多く、彼らのチームビルディングや採用、マーケティングの手法は、これからの日本におけるビジネスやコミュニティの形成方法としても大変効果的だと考えます。

まだまだ語りたいことはありますが、まずは本書を読み始めてください。きっと止まらなくなるはずです。キュートで憎めない著者のスピード感ある文章に、すぐに引き込まれてしまうと思います。最後までじっくりとお楽しみください。

小山　竜央

影響力の科学　ビジネスで成功し人生を豊かにする最上のスキル　目次

第2部
信頼の経路
影響力の方程式を活用する

第3部　あなたの人生に全てを生かす　247

装幀　新井大輔
DTP　エヴリ・シンク

第1部

影響力の方程式

第1章

招待の力

1961年秋、ジーン・ニデッチは彼女が〝薄幸の日〟と呼ぶ日を過ごしていた。ニューヨークのクイーンズに住む38歳の〝自称〟専業主婦は、身長175センチ、体重97キログラムで、本人から見ても、隣人から見ても、そして愛する夫以外のほとんどすべての人から見ても、太りすぎだった。

サイズ44のムームーを着て、自分のプロポーションを良く見せようとサイズ20にラベルを貼り替え、食料品を買いにスーパーに行った。会計のとき、彼女は店員にクッキーの箱はすべて子供用だと伝える必要性を感じたが、本当はクッキーをトイレに隠し、夜になると箱ごと全て食べていたのだ。

スーパーマーケットの通路を歩いていると、ある知人がジーンのことをとてもきれいだと褒めた。ジーンはその言葉を喜んだが、次の彼女の言葉に愕然《がくぜん》とした。「予定日はいつなの」。その女性は彼女が妊娠していると思ったのだ。

帰宅後、ジーンは鏡を見て、その言葉をモチベーションにし、ついに体重を落とすことを心に誓った。彼女は、自制心と決意だけで目標を達成できると信じた。だが、それは間違いだった。

ダイエットに取り組んだことのある人なら、誰でも、努力と自制心だけでは十分でないことを知っている。ジーンは健康的な体重になるために、あらゆる奇妙な方法を試した。卵だけやグレープフルーツだけしか食べなかったり、断食したり、雑誌で読んだセレブの最新トレンドを取り入れたり。いつも数キロは落とすことができたが、好きな食べ物に手を伸ばした瞬間に、食べ過ぎてしまいリバウンドした。

何年もそうしているうちに、彼女は体重を落とし、それを維持するには、別のアプローチが必要だと気づいた。その1年後、ジーンは約33キログラムの減量に成功した。

だが、本当に特別なのは、その後53年間、彼女が体重をキープし続けただけでなく、世界中の何千万人もの人々の何億キログラムもの減量を成功させ、数え切れないほどの命を救ったことだ。その過程でジーン・ニデッチは億万長者となり、国際的な有名人になった。クレジットカードにはまだマーティ・ニデッチ（訳注：夫の名前）夫人と書かれていた時代である。ウェイト・ウォッチャーズ・インターナショナルを耳にしたことがあるとすれば、それはジーンが、人と人とのつながりと、コミュニティ効果の重要性を理解していたからである。

ジーンの場合は、太り過ぎの主婦で、もっと健康になりたいと思っていた身近な例だが、フレデリック・ベイリーの物語はこれ以上ないほど異質だ。両者の物語には120年以上も隔たりがあり、その挑戦と動機は比較にならないが、詳しく調べてみると、両者の間には驚くほど強いつながりがある。

1838年9月3日のこと。控えめに言ってフレデリックは不安に苛《さいな》まれていた。脱走奴隷として、彼は自分の命が危険にさらされていることを知っていた。捕まれば拷問され銃殺されるかもしれないし、猛犬に引き裂かれ見せしめにされるかもしれない。

彼の計画は、奴隷州であるメリーランド州ボルチモアから、自由州であるペンシルベニア州フィラデルフィアへ向かう列車が駅を出発する瞬間に、誰にも気付かれず飛び乗ることだった。なんとか列車に乗り込むと、彼は他の乗客と隔離された〝黒人専用車〟に座る。これは、彼が誰かに気づかれ、国境で捕らえられたり逮捕されたりしないという仮定での話だ。車掌を欺くため、フレデリックは、地元の自由水兵から身分証を手に入れ、赤いシャツ、帽子、クラバットという水兵風の服装でその役を演じた。[1] 運がよければ、書類と服装、そして船の知識（彼は造船所で働かされていた時期がある）の組み合わせで、疑惑を晴らすことができるだろう。

車掌が来ると、フレデリックは本物であることを示すために、目立つ印が押された書類を渡した。車掌はほとんど目もくれず先に進んだ。フレデリックは最初の難関を突破した。翌日、彼は汽車からフェリー、そしてフィラデルフィアの船着場へと移動した。それぞれの港で、一瞥《いちべつ》でそうとわかる警察や逃亡者を見つけ出して懸賞金を得ようとする者らに捕まる危険からも逃れた。フィラデルフィアに到着後、彼はニューヨーク行きの最終列車に乗り、翌朝には自由の身となった。

3年後、フレデリックは再逮捕を避けるためにダグラスという名字を名乗っており、アメリカ反奴隷制協会（AASS）の会合への招待を受けた。主催したのは、奴隷廃止論者向け新聞『リベレーター』の発行人であり、同団体の共同創設者であるウィリアム・ロイド・ギャリソンだった。[2]ダグラスはその場に招かれ、聴衆に向けて自分の経験を語った。ダグラスの話を聞いたギャリソンは、ダグラスが運動の重要な人物になる可能性をすぐに察知した。

その日、ダグラスが予想すらしていなかったのは、これから詳しく説明する「影響力の方程式」と「招待状の力」の2つによって、彼の演説と執筆が、奴隷制廃止運動、エイブラハム・リンカーンの当選、そして彼と彼の仲間の黒人男性、女性、子供たちにあるべき自由の獲得に、重要な役割を果たすことになるのだ。

ジーンの目標と奴隷廃止論者の目標は明らかに異なっている。それが、私が彼らの物語を選んだ理由である。彼らは1世紀以上の隔たりがあっただけでなく、人種、宗教、文化、目的も異なっていた。

ジーンは、あらゆる人々が健康的になるのを手伝うという、非常に個人的な闘いをすることになった。結局のところ、毎年少なくとも280万人が、肥満が原因で亡くなっているのだ。[3] そして奴隷廃止論者は、束縛されている人間に自由と平等を与えるという、社会的・道徳的義務のために闘った。彼らの旅路と使命は驚くほど異なっていたものの、彼らを成功に導いたものは同じだ。それは、人々をひとつにまとめ、人々の間に、深く意味のあるつながりを生み出す方法を見つけたことだ。

私は非常に個人的な旅を通して、有意義な人間関係を築くことの重要性に気づくようになった。20代後半で、多額の借金を抱え、起業に失敗し、太りすぎ、半世紀以上ぶりの大不況に苦しんでいた。私はまさに〝自分の可能性を生かしきれていない〟見本だった。

幸いなことに、私はジーンが減量プログラムで実現したことと、ＡＡＳＳがメッセージを広めるために使った戦略を、科学的な調査からつなぎ合わせることができた。人間行動学、神経科学、経済学、意思決定などを研究し、個人的な成功とキャリアアップを目指した。そして私にとって、その結果は人生を変えるものだった。事実、それはとても説得力があり、行動科学者、コンサルタント、研究者としてのキャリアにつながったはずだ。だが、これらの洞察を使って私がしたことは、控えめに言っても奇妙なことだった。私は、見ず知らずの人たち、その多くは各業界で最も影響力のある人たちだが、その人たちにディナーを作ってくれるよう説得したのだ。10年以上かけて、このディナーは、世界で最も上質の食事体験だと、多くの人が考えるものに発展した。

私たちはインフルエンサー・ディナーで、一度に12人の見知らぬ人をもてなすが、それには罠《わな》がある。ゲストは一緒に食事を作るだけでなく、その際、自分のキャリアについて話したり、名字を名乗ったりすることさえできない。席に着いて食事を始めると、参加者たちは、ノーベル賞受賞者、有名人、オリンピックのメダリストから、受賞歴のあるミュージシャン、アーティスト、時には王室のメンバーまで、業界のリーダーたちばかりであることに気づく。この体験は、参加者が各業界に影響力を持つことから、「インフルエンサー・ディナー」として知られるようになった。

ディナー、文化イベント、同窓会などで参加者同士の絆《きずな》が深まるにつれ、インフルエンサー・コミュニティは、互いに、地域社会、そして、できることなら世界にポジティブな影響を与えたいという使命を持つようになった。設立以来、私は何百回ものディナーで何千人もの人々をもてなし、コンサルティング会社を設立した。そして、多くの世界的な大企業と協力して、従業員や、最も重要な顧客と、深く有意義な方法でつながるための、手助けをしてきた。

私たちは、ハイテク・ブランドのプライベート・コミュニティや、消費財メーカーの健全な企業文化を創造してきた。また、顧客との有意義で永続的な関係を築くことに焦点を当てることで、新興企業の営業プロセスを再構築したり、非営利団体を支援するなどし、大義に忠実な寄付者の集団を作り上げてきた。私が手がけるディナーやイベント、プロジェクトはすべて、28歳のときにセミナーで学んだ、以下の成功のための普遍的な考え方を再確認させてくれる。

私たちの人生の質を決定づける基本的な要素は、私たちを取り巻く人々と、その人々との関係である。

この言葉を聞くまで、私はあらゆる自己啓発本やビジネス書籍、ビジネス講座の戦略を駆使し、自分の人生を改善しようとし、自分の間違いを正してくれることを期待していた。私の生活は改善されたが、疲れるばかりで、20代はお金がないこと、完璧《かんぺき》な体でないこと、理想的な恋愛ができないことで自分を責めて過ごした。

不安や失敗の代わりに、私は特別な結果を出して、重要だと思う人々と関わる能力が欲しかった。結局のところ、私の成功にとって重要な人たちは、あなたにとっては無関係かもしれない。要するに、影響力が欲しかったのだ。

ソーシャルメディアの影響力の話ではない。正直なところ、私はアボカドトーストを食べないし、ビキニは似合わない。私にはそのキャリアは向いていない。私が言っているのは、自分のキャリアや収入に影響を与える能力についてだ。私はまた、ビジネスリーダーたちから尊敬されること、自分が関心のある社会的大義に影響を与えること、そして、健康的なライフスタイルを手に入れることも望んでいた。

もし、このセミナー講師の言うことが正しければ、私の人生の方向性を左右するもっと簡単な方法があったはずだ。私は、自分が憧《あこが》れるような特徴を持った人たちに囲まれる必要があったのだ。朝6時にアラームをセットしてジムに行くのではなく、アスリートやフィットネス愛好家と友達になれば、運動がライフスタイルの一部になるかもしれない。生活費を削る代わりに、ビジネスの専門家である友人がいれば、もっと稼ぐ方法を理解し、より良い仕事を見つけるための人脈を持つことができるだろう。

結局のところ、スヌーズを4回も押してワークアウトをサボったり、クレジットカードの延滞金を取られたりして嫌な思いをするよりも、尊敬する人たちと友達になるほうがずっと魅力的だということだ。

ジーンは最終的に、まさにこのアプローチをとった。やがて彼女は、同じ目標に取り組む人々と一緒に行動するようになったが、自分がどれほど他者を必要としているかを理解するには、また別の経験が必要だった。出産予定日を聞かれて取り乱した直後、彼女は、マンハッタンにあるニューヨーク市保健局の無料肥満クリニックのことを耳にした。バス2台と電車を乗り継いで、彼女は減量を望む女性たちでいっぱいの部屋に静かに座り、ミズ・ジョーンズと呼ばれるスリムで厳格な栄養士の話に耳を傾けた。

ジーンにとって、この女性は共感力のない人だった。つまり、体重と闘うことの意味を理解できない人だった。羞恥心《しゅうちしん》や悲しみ、そして自分を甘やかさないための絶え間ない闘いに、ミズ・ジョーンズは共感することはなかった。ジーンの体重が97キログラムだったとき、ミズ・ジョーンズは、目標体重を64キログラムに設定した。ジーンはショックを受けた。大人になってから一度も経験したことのない体重だったからだ。指定されたものだけを食べ、それ以外は口にしないよう、ミズ・ジョーンズはジーンに指示した。[4]

　10週間後、ジーンは9キログラムの減量に成功した。彼女はその結果に有頂天になったが、減量のプロセスは臨床的で参加者同士の交流は奨励されなかったため、彼女は孤独を感じ、誰かと関わりたいと切望した。このまま減量を続け体重をキープしていくには、自分の闘いについて率直に語り合うことができるサポートシステムが必要だった。

　そこでジーンは前例のないことをした。体重で悩んでいることを知っている友人たちに、麻《マー》雀《ジャン》をしに家に来ないかと誘ったのだ。6人の女性がゲームという名目で参加したが、ジーンの招待の本当の狙いは、彼女たちが減量についての苦悩を打ち明けるための、安全な空間だった。

　夜が更けるにつれ、彼女たちは、強迫的で不健康な習慣や恥ずべきことを分かち合い、そうするうちに解放された気分になり始めた。誰かと体重についてオープンに話したのは初めてだった。それはシンプルな招待のおかげだった。1人が翌週に会うことを提案し、ジーンはこれを毎週行うことにした。集まるたびに、彼女らの友人が友人を誘い、その友人がまた友人を誘い、2カ月経たないうちに、40人の女性たちが週2回集まるまでになった。

ジーンは、自分は資格を持っていないことを明かしていた。彼女は医療の専門家ではなく、クイーンズのただの主婦だったが、いずれにせよ医師の助言は彼女たちには通用しなかった。彼女たちに必要だったのは、人々が最終的に自分たちの闘いについて正直になれるときに生まれる、信じられないような共同体の感覚だった。ジーンが読んでいた雑誌には、人生とは、シンプルな解決策がある完璧な夢だと書かれていたが、現実に生きる私たちにとって人生はもっと複雑だ。仕事の不安、うつ病の孤独、不健康への恐怖、私がそうだったように自分を失敗者と感じること、あるいはあなただけの何かほかの問題と、私たちは皆、闘っている。

私たちが精神安定剤を飲んだり、過食したり、問題を隠したりするか、解決策を見つけるかの違いは、人間関係にある。これがジーンのグループの素晴らしさだった。ジーンは、人々が互いにつながり、安全だと感じ、すぐに信頼関係を築いて互いを支え合う場を提供した。そこにコミュニティ効果の強さがある。

人間関係が共同体感覚を共有するとき、私たちの成果は拡大する。

ジーンは私が受けたセミナーの講師が正しかったことを証明している。何の問題もなさそうに振る舞っている他の女性たちは、おそらく食べ物を囲んで表向きな話題で時間を費やしていただろう。だが、ジーンは文脈を変える体験を設計し、会話を健康に向けるようにした。週2

回の集まりを一貫して運営することで、彼女たちは体重の問題を共有する共同体感覚を持つようになった。不健康な習慣を助長するのではなく、批判し合わないサポートシステムになった。参加者全員が、新しい友情、習慣、アイデア、日課から恩恵を受けた。

ジーンがアルバートとフェリーチェ・リッパート夫妻に出会ったのはこの集まりで、彼らは自分をビーチボールだと自称するほどの体形だった。週1回の会合を4カ月続けた結果、アルバートは18キログラム、フェリーチェは22キログラム近く体重が落ちた。夫妻は、ジーンの成功体験をフランチャイズ化し、彼女を会社の顔にすることができると考えた。やがて、ウェイト・ウォッチャーズ・インターナショナルを法人化した後、1963年5月15日に最初の公式会合を開いたが、50人収容の会場に400人以上が集まった。それから6年後、アルバートが夢見たフランチャイズは成長し、参加者は計約770万キログラムの減量に成功した。

1973年、ジーンとリッパート夫妻は、ニューヨークのマディソン・スクエア・ガーデンで、ウェイト・ウォッチャーズの熱狂的なファンを集めた。10周年の頃、会社は110のフランチャイズに成長し、年間売上高は1500万ドルに達した。これは彼らの誇りだ。そして、創業からわずか15年後の1978年に、ケチャップで有名なH・J・ハインツに7100万ドル（現在の約2億8000万ドルに相当）で売却した。[5]

人と人とのつながりの上に成り立つ成功へのアプローチは、明らかに理にかなっている。人間関係が個人的、社会的、ビジネス上の課題にどのように変化をもたらしたのかという物語は誰でも思いつくだろう。しかし、人生を変えようとして失敗した後、私は感動的な話以上のものを求めていた。個人的なつながりを深めることに集中するのが、実際にうまくいくという証拠が欲しかったのだ。その証拠は、ジーンにとっては何の驚きもないであろう科学的研究から得られた。

２０００年代に入ると、アメリカにおける肥満の流行は最高潮に達し、ニコラス・クリスタキスとジェームズ・ファウラーという2人の研究者が次のような疑問を投げかけた。肥満は風邪のように人から人へと広がっていく伝染病なのか、それとも遺伝子や習慣など他の要因によってもたらされる個人的な経験なのか。その答えは、人間関係の根本的な理解を変えた。

コミュニティの32年間のデータを調べたところ、肥満の友人がいる場合、自分が肥満になる確率は45%増加し、その肥満の人を直接知らない自分の友人が肥満になる確立は20%増加し、その又友人が肥満になる確率は5%増加することがわかった[6]。このような効果は、幸福度、結婚・離婚率、喫煙、投票習慣などにも当てはまる。よく言われるように、私たちの人生は、親しい5人の友人の中だけではなく、拡大したコミュニティの副産物でもある。

彼らの研究に基づけば、体重に悩む女性たちを一緒にすれば、より太りやすくなるはずだ。代わりにジーンは、彼女のコミュニティの会話を変えるために、ユニークな形式の体験を作り出した。不健康な習慣を広めるのではなく、サポートに焦点を当てたのだ。ジーンの招待状が人から人へと広まっていったのと同様に、新しい習慣やアイデア、帰属意識や受容感も広まっていった。これが、コミュニティ・ベースの組織が非常に効果的である理由のひとつである。

習慣、行動、感情がこれほどまでに伝染するのであれば、私たちにできる最も重要なことのひとつは、尊敬する価値観や特性を共有できる人々に囲まれることだ。近くにいることで、私たちはその特性を身につけることができる。しかし、それだけで終わってはいけない。このような人々を互いに紹介し合うことで、誰もがグループにポジティブな影響を与えることができ、彼らの人生が向上するにつれて、私たちの人生もさらに変化していくだろう。

この考えは、奴隷廃止運動に対するギャリソンの戦略の核心でもあった。彼は新聞で人々に呼びかけるだけでは不十分だと考えた。人々を集め、大義のもとに結束させ、さらに多くの人々を勧誘し、法律を変えるよう政治家に働きかけることで、行動を起こす力を与える必要があった。

そのために、ギャリソンと仲間の奴隷廃止論者たちは、北部の町々に代表者を派遣する講演代理店システムを開始した。[7] 講演者たちは、時には命がけで暴力的な奴隷制支持派の暴徒に立ち向かい、奴隷制が当時のキリスト教の理想と根本的に相反するものであると説明するために、意見を提示し、話を披露した。招待状が広まり、人々は絆を深め、奴隷制の不正義について率直に語り合うようになった。その後、参加者は地域支部を開設するよう招かれ、メッセージはさらに広まっていった。北部の各都市では、地域集会から年次大会まで、あらゆるものが開催されるようになった。

その結果、支援は飛躍的に拡大した。1835年から1838年までの3年間だけで、米国には225名の奴隷廃止論者と、1000超のAASSが現れ、その会員数は25万人に達したと推定されている。[8]

AASSの集会で、ダグラスが群衆を動かす驚異的な能力を発揮したのを体験したギャリソンは、運動にとってまたとない好機が到来したことを悟った。ダグラスは、奴隷制支持派が最も恐れていたこと——つまり、脱走した識字能力のある奴隷が、心ある人なら誰でもその悪事を見過ごすことができないほどに、感情的に語ることができる好例である。ダグラスはAASSの講演者として招かれ、北部の会合を回って人々の心をつかんだ。講演でも自伝でも、彼は身の危険を顧みず、自分が逃亡奴隷であったことを明かし、虐待と拷問に満ちた奴隷生活を生々しく詳述した。

この本はベストセラーとなり、今日でも広く読まれている。彼が本を出すまで、北部住民の持つ奴隷制度についての知識といえば、奴隷制度は親切で父性的なものだと紹介する南部の奴隷所有者によって発信されたものだった。ダグラスの証言を読んだり、話を聞いたりした者は、奴隷制度が親切なものとは到底考えなくなった。

奴隷廃止論者の増加に伴いより多くのAASSが設立され、その影響力が広まるにつれ、国民感情も変化していった。歴史家のマニシャ・シンハは、アメリカ全土に奴隷廃止の大義を広めたのは、このような奴隷廃止論者のコミュニティ構造だったと指摘する。奴隷廃止論者の扇動は、1850年代の奴隷反対派の共和党の台頭と、リンカーンの大統領当選への道を開いた。彼らは闘争中、リンカーン大統領に奴隷制廃止に動くよう圧力をかけ、その結果、リンカーンは奴隷解放宣言を発布し、奴隷制は廃止された。

習慣に影響を与えたり、社会的大義を唱えたり、あるいはキャリアや会社を成功させたりと、何を成し遂げたいかにかかわらず、私たちは1人では達成できない。独自の方法で人を集めれば、伝染するような結果が生まれる。結局のところ、あなたの周りの人々が重要なのだ。誰と一緒にいるかによって、あなたの成功（それがあなた個人にとってどのような意味を持つにせよ）が決まり、それはあなたの人生と社会の方向性を変える可能性を秘めている。

それを分析したのが本書だ。

成功のための最も普遍的な戦略は、自分や自分の人生、自分が大切にしていることに、影響を与え得る人たちと意味のあるつながりをつくることだ。

素晴らしい人生を送り、キャリア、会社、大義、習慣のために望むことを実現する方法については、多くの理論がある。しかし、私たち全員にとって何かが機能するためには、大卒であることや極端に裕福であること、〝由緒ある家系〟の出身である必要はない。そうではなく、私たち全員が共通して持っているもの、つまり私たちが人間であることの核心にあるもの、そして私たちがどのように行動し、どのように相互作用するかに基づいて、構築される必要がある。つながりたいという欲求ほど普遍的なものはない。その欲求が、人が種として生き残ることを可能にしてきた。私たちはトラやウミガメのような一匹狼ではなく、誰もが社会的相互作用を必要としている。

これこそが、ジーンを非凡な存在にした。彼女は女性たちにダイエット計画を与えただけではなく、彼女たちが集い、つながる方法を与えたのだ。同じように、奴隷廃止論者たちは人々をまとめ、考えを共有し、意見を変え、自分たちのグループや新聞社を立ち上げる力を与えた。その過程で、彼らはアメリカの将来の進路を変えた。彼らのアプローチは見事だった。ジーンや奴隷廃止運動家たちが重要な人物として歴史に記憶されているとはいえ、彼らが旅を始めたときには、成功するという証拠はかけらもなかったことを知ってほしい。ジーンはセレブや有名な医者も誰も知らなかった。彼女自身の言葉を借りれば、FFH（formerly fat housewife＝過去に太っていた主婦）であり、1960年代の主婦は、オフィスの賃貸契約は、夫にサインしてもらわなければならなかった。

他方、ギャリソンやダグラス、ハリエット・タブマン、ソジャーナー・トゥルース、ヘンリー・ボックス・ブラウンのような逃亡奴隷は、裕福でもなければ、影響力のある実業家や選挙で選ばれた議員でもなかった。彼らに実権はなかったが、それは問題ではなかった。むしろ、人々を招き入れ、真実を学び、聞くための安全な空間を作ることで、彼らは目標を達成したのだ。

ジーンや奴隷廃止論者たちは、著名な指導者や政治家、有名人を知って旅を始めたわけではない。それよりも、彼らの影響力は、何年にもわたって会合を重ねることで獲得されていき、彼らの評判が高まるにつれて、より大きな影響力を持つ人々とつながる能力も高まっていった。実際、南北戦争中に、ダグラスはアポイントなしにホワイトハウスを訪れ、数分以内にリンカーン大統領と面会した。[9] ジーンは、マディソン・スクエア・ガーデンで開かれた10周年記念式典で、多くの著名人や影響力のある人々とステージを共にした。

このような結果は豪傑タイプに限られると思うかもしれないが、実はジーンのようなワイルドな外向的人間であろうと、ステージに立つより本を読むのを好む静かな内向的人間であろうと関係ない。外向的な人は多くの人とつながることができるかもしれないが、内向的な人はより深く、より有意義な関係を築くことができる。本書では、あなたの性格や、あなたが大事だと思うことに合うようなアプローチに焦点を当てる。

ジーンと奴隷制度廃止論者は、私たちの人生は周囲の人々によって決まるという教訓を教えてくれる。彼らの行動や習慣が伝染するからというだけでなく、深い信頼と共同体感覚があれば、私たちは大切なことを成し遂げることができるからだ。

以下が「影響力の方程式」であり、私たちの影響力は、私たちが誰とつながっているか、彼らが私たちをどれだけ信頼してくれているか、そして私たちが共有する共同体感覚の副産物である。

Influence＝（Connection×Trust）Sense of Community

影響力＝（つながり×信頼）を共同体感覚で累乗したもの

この方程式に気づいてからは、専ら３つの自問をした。

1　人々のつながりを引き起こすのは何か

相手が私たちと関わりたいと思うように、どうすれば相手の関心を引くことができるのか。

2　我々に信頼関係を素早く築かせるものは何か

相手が重要な人物であればあるほど、私たちに与えられた時間はない。どうすれば深く意味のある関係を素早く築けるのか。

3　人々に共同体感覚を与えるものは何か

初対面の人に親近感を抱くのはなぜか。また、共通の目標に向かって親近感を育《はぐく》むにはどうすればいいのか。

これらの質問に答えるために、まず理解しなければならなかったのは、コネクションはネットワーキングではないということだ。ネットワーキングというと、私たちは、巧みに、そして難なく人々とおしゃべりし、リンクトインに追加しているカリスマ的な人物を想像する。もしあなたにそのような才能があるなら、ネットワーキングはあなたにとって素晴らしい戦略になり得る。残念ながらそれ以外の人たち、特に内向的な人たちにとって、見知らぬ人に歩み寄り、話題を選び、会話に飛び込む隙を見つけて、気まずくならないようにするのは恐怖を覚える。怖いのには理由がある。人類が誕生して間もない頃、私たちは見知らぬ人と接することはほとんどなかった。私たちは小さな共同体に生まれ、幼少期からすべての人と関わりがあるか、あるいは少なくともその人たちについて知っていたはずだ。

ネットワーキングの問題は、成功のための戦略とほぼ同じである。スキルを身につける訓練を本気でしない限り習慣化するのは不可能で、それを楽しむことはさらに難しい。ネットワーキングも100人中1人くらいはうまくいくかもしれないが、私たちが求めているアプローチは、あなたの裕福さ、内向的か、どの国にいるか、人種や性別に関係なく、誰にでも機能する必要がある。また、楽しくなければ決して継続することはできない。そこで、最も効果的で、本質的に人間味があり、成功に向けての楽しいアプローチのひとつである、強力なコミュニティの一員になることに行き着く。

もしあなたが、業界を超えた刺激的な頭脳や尊敬されるリーダーとつながり、その人たちを一貫して互いにつなげれば、その関係からコミュニティが短期間で育まれる。肥満の研究で実証されたように、あなたが憧れるような特徴を持つ人々で構成されたコミュニティは、メンバー全員に利益をもたらす。

自分が最も大切にしている分野で、あなた自身がスキルや積極的な習慣を身につけられるだけでなく、コミュニティ・メンバーも、彼らに重要な分野で恩恵を受けることになる。つまり、全員が良くなる。

ジーンにとっては、自分の体重が減っただけでなく、グループの他の女性たちも痩《や》せることができた。誰もがより良い方向に進む。あなたにとってのメリットは、キャリア開発、子育て、学業、あるいは奴隷廃止論者のように道徳的・倫理的な大義かもしれない。

ネットワーキング：一部の人には有効だが、ほとんどの人は楽しめない

あなたが他の人と同様なら、〝ネットワーキング・イベント〟という言葉を聞くと、自分のキャリアを高め、次の仕事を見つけ、営業目標を達成するために新しい顧客とつながるこ

とができると興奮する――わけがない。私たちの多くは、この2つの言葉を聞くと恐怖でいっぱいになる。人脈作りに特化した本やセミナー、イベントが数え切れないほどあるというのに、現実には、ネットワーキングは信じられないほど居心地が悪く、大して効果的でもなく、ほとんどの人にとって最悪なものだ。

なぜか

組織心理学者であり、『Friend Of A Friend... Understanding the Hidden Networks That Can Transform Your Life and Your Career』の著者であるデイヴィッド・バーカス博士は、過去15年間、人間関係の社会的構造について研究してきた。彼は次のように説明する。

ネットワーキング・イベントに100人参加した場合、その中であなたの理想のビジネス人脈になる人は、ほんの一握りである。その確率が100人中4人だとすると、あなたは1人の潜在的な人物に会うために、平均25人に話しかけなければならない。かつそれは、あなたたち2人が良い会話をする方法を見つけたと仮定した場合の話だ。

人々はしばしばそれを「数字遊び」と言うが、人を数字として数えると、人をコモディティとして見始めてしまう。今、あなたは、ビジネスできるかもしれない1人に会うために、できるだけ早く人の間を通り抜けなければならない。それは他の人には不快な方法であり、信頼とつながりを促進する長所もない。ナルシシストなネットワーカーたちは、あなたの名前を知る前に名刺を渡し、すぐにはビジネス上の価値を見いだせないとわかった途端、会話を切り上げる。なぜなら、それは数字遊びであり、彼らは目標を達成しなければならないからだ。

まるでサバイバル・ゲームのようで、魅力に欠け、勝算もない。バーカス博士が次のような結論に至ったのも当然である。ほとんどの人にとって、ネットワーキングは酷いものだ。

どう酷いのか

フランチェスカ・ジーノとティツィアーナ・カッシアーロは、ビジネス目的のネットワーキングと、社会的なつながりや友人関係を築くこととの、関連性を比較する研究を行った。彼らが発見したのは、プロフェッショナルなネットワーキングを考えるとき、人々は穢《けが》れていると無意識に感じ、自分を潔癖にする必要性を感じやすいということだった。友好のためのつながりを考えたときには、このような関連性は存在しなかった。彼らは、「そのような穢れの感情は、(ネットワーキングの)頻度を減少させ、その結果、仕事のパフォーマンスも低下させる」と理論づけた。[10]

バーカス博士は、プロフェッショナルのネットワーキングを穢れと感じるのは、共同体感覚が欠けているからだと考えている。あなたは、ほとんどの親しい友人とは、既存の友人や活動を通じて出会っており、おそらく友人であり続けたのは、取引ではなく、つながりがあったからだろう。[11] そのため、MBAの学生たちは、ネットワーキング・イベントで新しい人脈を作る必要があると感じながらも、ほとんどの時間をすでに知っている人たちと話すことに費やしている。

結論

ネットワーキングを本当に最適化すれば、驚異的な結果を得ることができるかもしれないが、強力な人間関係を持つコミュニティの一員であることに比べれば、感謝や楽しみを感じることは少ない。

コミュニティの中心人物としてのあなたには、業界の賞も地位も必要ない。あなたがもたらす価値は、招待状という、もっと特別なものだ。

結局のところ、コミュニティ・メンバーと有意義な形で出会いつながるための、あなたからの招待は、どんな受賞者やオピニオンリーダーよりも、あなたをはるかに影響力のある存在にするのだ。

あなたは、誰もが成功するチャンスのあるコミュニティの中心人物となる。正しく行えば、自分のキャリアを前進させ、アイデアを普及させ、製品を売り込み、会社を成長させるなど、自分にとって重要なことなら何でもできる、信頼と人脈を手に入れることができる。私たちの可能性は、必ずコミュニティの成功と強みとともに成長する。

私がこの仕事を始めたとき、その目標が国家の行く末を変えるとか、多くの国民の健康状態を改善するとか、そんな高邁《こうまい》なものであったと言えたらいいのだが……。

私はただ、尊敬する人たちを引き合わせたかった。無一文の28歳にとって、これは信じられないほど野心的なことだった。なぜなら、私が招待した人々は、セレブらの欲望を満たすために巨万のコストをかけられる、世界的ブランドからも熱望されていたのだ。資本力では敵《かな》わない。

その代わりに、私は彼らに特別な体験をさせる方法を見つけなければならないと気づいた。ゲストのほとんどは贅沢《ぜいたく》をする余裕があったので、私はその反対をした。私の家に来て、夕食を作り、食器を洗い、床を掃除してもらうのだ。愉快なのは、彼らが私に感謝してくれたことだ。

このアプローチが成功したのは、彼らの努力に応じた贅沢ができなかったからではなく、贅沢でないからこそ成功したのである。体験がうまく設計されれば、最終的に誰もがより良い結果を得られるのみならず、豪華である必要もない。私の最初のディナーゲストは知り合いだった。ノーベル賞受賞者やセレブを誰も知らなかった。私の両親は移民で、そういう人たちをまるで知らなかった。しかし、口コミで評判が広まるにつれ、ゲストの顔ぶれも豪華になっていった。やがて私は、人々を見つけ、招待し、誰もが参加したいと感じられるような体験を計画するプロセスを洗練させる方法を学んだ。

立ち上げから10年間で、私は何百回ものディナーで何千人もの人々をもてなした。この本を出版する時点で、インフルエンサーズ（訳注：著者が運営する企業）は10都市と3カ国で活動しており、その数は増え続けている。コロナ流行以前は、毎月4、5回の夕食会を開いて新メンバーを招き、月5回以上の文化イベントを開いてコミュニティの絆を深めていた。パンデミックの結果、私たちはオンラインイベントを主催するようになった。

私は28歳の頃に求めていたものをすべて手に入れた。ネイビーシールズと筋トレしてシェイプアップし、借金をすべて返済し、TEDトークを行い、7大陸すべてに旅行した。『エル』誌でアメリカで最も魅力的な独身男性に選ばれ、人気テレビ番組の科学コンサルタントを務め、企業が顧客や従業員と有意義なつながりを持てるよう支援するコンサルタント会社を立ち上げて成功し、国際的な講演をおこない、この原稿を書いている今現在、私の最初の著書が、著名プロデューサーによってテレビ番組化されたりと、枚挙にいとまがない。

しかし、そこは重要でない。ディナーを数年間運営した後、私たちは「インフルエンス・フォー・グッド」という非営利団体を立ち上げた。この団体は、重要な社会問題に光を当て、コミュニティ支援を活用してインパクトを与えることを目的としている。また、女性、有色人種、LGBTQIAの人たちだけの集まりも始めた。影響力が増すにつれて、より大きな目的のために影響力を行使する必要があることに気づいたのだ。

ジーンと同じように、私もまた、適切な招待が私たちの人生にこれほど大きな変化をもたらすとは想像もしていなかった。私たちの人生の質を根本的に決定するのは、私たちがつながっている人々であり、彼らが私たちをどれだけ信頼しているかであり、私たちが共有する共同体感覚であることを証明している。

実際、あなたが学校で子供を助けようとしている親であろうと、内向的な1年目の社員であろうと、顧客を引きつけブランド力を高めようとしているグローバル企業の最高収益責任者であろうと、資金調達と問題への関心を高めることに専念している非営利団体であろうと、草の根運動を始めている人権活動家であろうと、本書のアプローチは有効である。

なぜだろう。それは、人間であることの意味、私たちの決断や行動に影響を与えるもの、そして何よりも、深く意味のあるつながりを生み出し、私たちに共同体感覚を与えてくれるものだからだ。それはテクノロジーでもないし、AIや機械学習についてでもなければ、博士号がなければ理解できないものでもない。それらはすべて素晴らしいものだが、卓越したコミュニティの強さや人と人との信頼関係には代えられない。そこで、こうしたつながりを生み出すために必要なものを見てみよう。

第1部では、「影響力の方程式」を探求する。どのようにすれば誰とでもつながることができるのか、どのようにすれば素早く信頼を築くことができるのか、何が共同体感覚を生み出すのか。これらの要素には以下が含まれる。

信頼：それは良いことなのか。必要なのか。英国史上最も有名な医学博士の1人から、信頼がどのように機能するのか、奇妙な真実の秘密を学ぶ。女子大クラブ、アメリカ海兵隊、スウェーデン家具にどのような共通点があるのか。そしてなぜそれが人々に関心を持ってもらうための最良の方法であるのかを発見していく。世界で最も成功したカトラリーのセールスマンが使ったテクニックと、科学者が「ハロー効果」と呼ぶものを探る。

信頼を築くために不可欠でありながら、ほとんど知られていないプロセスを学び、研究室に足を踏み入れ、ある分子がどのように作用するのかを見ていく。最後には、私たちがなぜ信頼するのか、信頼がどのように作用するのか、そしてそれを素早く勝ち取る方法を理解する。

つながり：何が人々を結びつけるのだろう。それがその人の影響力の大きさによって異なることに驚きはないはずだ。結局のところ、オプラ・ウィンフリーやリチャード・ブランソン卿《きょう》のような世界的リーダーは、大企業のCMOやメディア編集長のような業界リーダーとは全く異なる人生を送っているし、彼らの人生は、宗教指導者や新進気鋭のタレントのような、コミュニティに影響を与える人々とは異なる。

それぞれのグループに最適なアプローチと、彼らを巻き込むために必要なことを探る。不況の最中《さなか》に近隣住民の価格の2・5倍以上で自分の不動産を売り、破産しながらも、人脈構築能力のおかげで大成功を収めた不動産開発業者に話を聞く。歴史上最も不条理な美術品強盗が、いかにしてその絵画に世界中を夢中にさせたか、そしてこの効果がいかにしてテクノロジーや食べ物を愛することにつながるかを学ぶ。

寒い中、ぬかるみに立つ特権を与えてくれる5万ドルのイベントチケットについて学ぶために小旅行をし、薬のような味の清涼飲料水が音楽学校を開くことでどのように人気になったかを理解するためにベルリンを訪れる。最後に、もしあなたが無一文で知り合いもいないのなら、なぜあなたが最も尊敬する人たちとつながるのに理想的な状況にいるのか、そして、あなたにとって最も重要な人たちに接触するために、これらの知識をどのように使えばいいのかを学ぶ。

共同体感覚：どのようにすれば、つながりを持つ人たちから、結束の固い、非常に協力的なコミュニティを作ることができるのか。これを理解するために、健康な体作りや社会正義のための闘い、素晴らしい企業文化の構築、ビジネスの成功、友人の支援に至るまで、グループを機能させる要因を見ていく。
　世界で最も尊敬されているプロスポーツチームの訪問から始まり、大規模なインターネット論争を引き起こした無名のウィキペディア・ページについて読み、実家住みの無名のオタク少年が、コミックやエンターテインメント業界をどのように変えたかを学ぶ。
　その過程で、私たちは人々に共同体感覚を与える4つのものを取り上げ、それが幸福、仕事のやりがい、健康、富にとっていかに重要であるか、そしてそれらを使ってどのように周囲の人々の生活を向上させることができるかを学ぶ。

　第2部では、「影響力の方程式」の各部分（つながり、信頼、コミュニティ）と、それを応用するためのシンプルなアプローチを組み合わせる。行動科学における興味深い発見を探求し、それを応用して人々を結びつける機会を作り、あなたにとって大切な人間関係を築く方法を学ぶ。私たちは以下を探求する。

バイアスと行動力学：人がどのように決断を下し、世界を認識しているのかを理解すると、あなたは笑わずにはいられないだろう。私たちは全く馬鹿げているのだから。犯罪プロファイリングの専門家に話を聞くことで、人間の行動を予測する方法を探り、私たち誰もが陥りやすい行動のクセを発見し、一流ブランドがどのようにそれを利用して私たちを動かしているのかを知る。

ディズニー・ワールドのチケット売り場から正面玄関まで23分かかる理由（利便性のためではない）、アップルのような企業が製品にどのような値段をつけるのか（イライラするかもしれない）、私たちが実際に使っている脳の割合はどれくらいなのか、もし、もっと使っていたらどうなるのかを学んでいく。

経路：人のメカニズムを知ることは答えの一部でしかない。別の部分は、人々のための経路の設計について理解することだ。私たちのブランドや活動、製品について知ってもらう方法から、ロイヤリティ（忠誠心）やメンバーシップをどのように感じてもらうかまで、その経路には多くの考慮すべき事柄がある。そのために、私たちはゾウとゾウ使いのたとえを学び、どのようにして人々を旅に導くことができるかを考える。最後に、人々の絆を深め、あなたやあなたのブランド、そして互いをよりよく理解する助けとなるような、楽しくて記憶に残る体験を設計するためのツールを開発する。

第3部は、あなたが人間の行動と「影響力の方程式」について新たに学んだ知識を、自分の人生に生かすためのものだ。あなたにとって最重要な人を集め、全員の人生が向上するような形で、あなたがその中心の存在になるのだ。

重要な人間関係：あなたの目標が何であれ、本書を読み終わるころには、興味のあるあらゆる分野に人間関係を築き、あなたとつながるすべての人たちと共同体感覚を持てるという自信を感じてもらいたい。ビジネス人脈、企業文化、社会活動、そして個人的な人間関係において、応用できることを知り、あなたがシャイであろうと内気であろうと、自身の性格や興味に合ったアプローチを見つけることができるように、それぞれの事例を紹介する。成長し、向上しようという意欲が湧けば湧くほど、あなたは目標に近づける。

ゲームナイトのような超低コストの体験から、花の宅配会社による秘密のブランチや、セレブのサマーキャンプのようなハイソな体験、そしてその中間にあたるあらゆる事例を見ていく。素晴らしいことに、共同体感覚が最上になるのは、リソースが乏しいときである。だから、どんな人であろうとも、自分に合ったものを見つけ、招待を始められる。

というわけで、あなたに招待状を送ろう（私の招待状は受け取る価値があることにお気づきだろう）。この招待状は、人生がどれほど素晴らしいものになるかを発見し、何が私たちの決断に本当に影響を与えているのか、何が私たちを成功に導くのか、そして何よりも、誰があなたの次の友人になりうるかを教えるものだ。

なぜなら、その将来の友人は、あなたが想像している以上に、あなたの人生に影響を与える可能性がある。これは、あなたが最も関心のある分野で、あなたが持つことのできる影響力を見いだすための招待状である。

結局のところ、これらすべてのアイデアがどのように連動し、どのように成功や影響力につながるかを理解すれば、唯一の問題は、それを使って何をしたいかということだけだ。それを選ぶのはあなただ。

さあ、一緒に旅立とう。

第2章

帰属意識の恩恵

ロバート・スティールとジョン・マーフィーの両議員の報告書によれば、問題を回避する方法はなかった。[1] それによれば、米国は200年の歴史上、最大の健康危機に直面しようとしていた。初期の推定によれば、ベトナムに派遣された入隊兵の15％から20％が、派遣中にヘロイン中毒になっていた。兵士の5人に1人という割合である。さらに1日あたり約1000人が帰国していた。

リチャード・ニクソン大統領は迅速に行動を起こした。1カ月後の1971年6月17日、記者会見を開き、薬物乱用を「米国における公共の脅威ナンバーワン」と宣言した。この脅威と戦うために、彼は薬物乱用防止特別行動局（SAODAP）の創設を発表し、その責任者にはメサドン治療の第一人者である、ジェローム・ジャッフェ博士が任命された。[2]

国民は気をもんだ。それには理由があった。ジャッフェ博士はこう説明した。「戦闘訓練を受けた未治療のヘロイン中毒者が、毎日150人ずつ戻ってくるという話は、人々を安心させるものではない」

ジャッフェはすぐに将軍や大佐のグループと会談し、2週間半以内にゴールデン・フロー作戦を開始した。米国に戻る飛行機に搭乗する前に、すべての軍人に尿検査を義務付けたのである（実際、彼らは尿検査プログラムを〝ゴールデン・フロー作戦〟と呼んでいたので、繊細さには欠けるものの、スピードと部隊を助けたいという願望が、それを補った）。米国内での事件発生を減らすため、陽性反応が出た者は、帰国前にベトナムで治療を受ける。

残念ながら、依存症の経験者やその影響を目の当たりにしたことのある人なら誰でも、習慣を永久に断ち切ることがいかに難しいかを知っている。一般人の薬物使用再発率は非常に高く、個人の追跡期間にもよるが、32〜88％と推定されている。[3] そこで研究者たちは同年9月から、この問題がどれほど深刻なのか、またどのように取り組めば良いかの調査目的で、何年にもわたり何百人もの退役軍人を追跡調査し始めた。

人々は最悪の事態を覚悟した。我々は常に「一度中毒になれば、永遠に中毒になる」と教えられてきた。恐ろしいニュースを予期したが、データが示したものは、彼らの予想を上回り、改善されていた。薬物使用率は基本的に、米国内平均まで下がっていたのだ。説明がつかない。ヘロインは非常に中毒性の高い薬物である。

この現象を理解することと、大切な人たちとの有意義なつながりを築くという私たちの目標との間に、どのような関係があるのかを知るためには、史上最も奇妙なテーマパークを訪れる必要がある。ラットパークだ。

この遊び場は1970年代にカナダの心理学者ブルース・アレクサンダーによって作られた。「ディズニーに巨大なネズミがいる遊び場があるから、それと似たようなものかな」と思うかもしれないが、ラットパークは人間のための公園ではない。ラットのものだ。

アレクサンダー博士は、ラットを小さな箱に入れ、普通の水かモルヒネを入れた水のどちらかを飲ませるという、薬物中毒の研究に注目していた。しばらくすると、ラットは、モルヒネ入りの水を大量に摂取するようになり、死に至る。この研究は、一度麻薬に溺《おぼ》れると死ぬまで使い続けるという証拠となった。しかし、異なる解釈があるとしたらどうだろう、とアレクサンダー博士は考えた。

モルヒネの中毒性だけでなく、狭いケージに閉じ込められることによる深い孤独と退屈が、ラットを中毒にさせたと仮定したらどうだろう。実際、ほとんどの刑務所における最悪の罰は独房監禁である。このような長期の隔離は、うつ病や幻覚から統合失調症や自傷行為に至るまで、さまざまな精神衛生上の問題を引き起こす可能性があり、非人間的であると多くの人が考えている。ラットは人間と同様に、社会的な動物である。もしあなたが狭いケージに何週間も一匹で閉じ込められ何もすることがなかったら、あなたもモルヒネ水を選ぶ可能性がある。

アレクサンダー博士は自分の理論を検証するため、ラットが社会化し、お気に入りのおもちゃで遊べる理想的な遊び場であるラットパークを作った。そして、普通の水とモルヒネ水の両方を用意し、隔離されたケージに入れられたラットの消費量と比較した。アレクサンダー博士が言うように、「パーティー好きなネズミもいる」[4]のだが、結果は驚くべきものだった。ラットパークにいるラットは、隔離されているラットに比べて、モルヒネ水をほとんど飲まなかった。

もし薬物乱用が、純粋に入手しやすさの問題なら、ラットパークのラットは、隔離されたラットと同じように中毒になっていただろう。このことは、薬物そのもの以外に、中毒を引き起こす別の要因があることを示している。

これを受け、アレクサンダー博士は、実際に中毒症を引き起こす原因が、愛着、所属、アイデンティティ、意味、目的の欠如であるとする『中毒の欠乏論』を発表した。どれかが狂うと、「高い代償を払うことになる。なぜなら、不安、自殺、うつ病、見当識障害、絶望、憤怒に満ちた暴力といった形で、最終的に不幸を生み出すからである」[5]。

落ち込んだり不安になったりしたとき、もしかしたら絶望を感じたり自殺を考えたりしたことがあるかもしれない。毎日がこのような状態で、そんな社会的苦痛を感じずに済むなら、何でもやってみようと思うのは時間の問題だ。居場所のない状態では、麻薬も素晴らしい選択肢に思えるかもしれない。

欠乏論によれば、ラットや人間を中毒にするのは薬物だけでなく、監禁によっても生じる。べトナムに閉じ込められ、友人や地域社会から孤立し、意味も目的もない戦争を戦っていると感じていた多くの兵士が麻薬中毒になった理由も、この理論で説明できる。彼らは友人、家族、愛する人のもとに戻れば、もはやその孤独をヘロインで埋める必要はない。彼らは再び完全であると感じた。

私たちは社会的な種であるため、居場所のなさは特に苦痛を伴う。そこから逃れるためなら、結果がどうであれ何でもする。ヘロイン使用者も、危険性や健康上のリスクの認識がないわけではないし、中毒になりやすい人は、特定の人びとではなく、あらゆる人たちである。これは人のつながりにおける重要なポイントだ。外から見れば、他人の人生は完璧《かんぺき》に見えるかもしれない。しかし、有名で成功し、美しい人々の中にも、居場所のなさに苦しみ、中毒症になった人がいないわけではない。それは、知識や恥の意識や共感が欠けているからではない。

しかし、アレクサンダー博士が正しいとすれば、彼らが感じているのは信じられないレベルの苦痛である。実際、社会心理学者で『21世紀の脳科学　人生を豊かにする3つの「脳力」』(江口泰子訳、講談社)の著者である、社会神経学者のマシュー・リーバーマン博士は、社会的苦痛(喪失、拒絶、疎外感、孤独感など)の重大な影響について研究し、サイバーボールと呼ばれる単純なグループ・ビデオゲームを通して、私たちがそれらの苦痛をどのように処理するかを調べた。

シンプルなボール投げのビデオゲームを他の2人とプレーすることを想像してほしい。あなたはボールを持っていて、それを相手のどちらかにパスすることができる。相手がボールをキャッチしたら、その人はもう1人に投げ返すことができる。最初はみんなお互いに投げ合っていたのに、不思議なことが起こる。あなたに向かって投げなくなるのだ。5回、10回、15回と投げても、彼らはいつまでもあなたを完全に無視して続ける。あなたは他のプレーヤーから排除されているのだ。どう感じるだろう。

リーバーマンは参加者をfMRIで脳スキャンし、ゲームをさせた。リーバーマンは、参加者がゲームから取り残されているとき、身体的苦痛を感じる脳の領域がより活性化していることを発見した。実際、仲間はずれにされて嫌な気分になったと言う人ほど、その反応は強かった。文化として、私たちは肉体的苦痛を社会的苦痛よりも重要視する傾向がある。もしあなたが誰かを殴ったなら、法的に大きな罰を受けるかもしれないが、言葉の暴力やいじめのような社会的苦痛を与える人には、このような罰はほとんどない。

リーバーマンの再探索は、社会的苦痛も身体的苦痛も単なる痛みであることを示している。このことは、私たちの多くにとって、人生で最も辛い瞬間が、愛する人を失うような社会的苦痛であることを説明している。骨折はその時点では痛みを伴うが、きちんと治れば、社会的苦痛を思い出して再体験するほどの苦痛を思い出すことはない。一方で感情的なトラウマや喪失について考えることは、不安、悲しみ、抑うつなどの反応を引き起こす可能性がある。

リーバーマンと彼の研究チームは、次の実験でこの研究をさらに一歩進めた。参加者はゲームをする前に鎮痛剤タイレノールを2週間服用するよう求められたが、密《ひそ》かに半数はプラセボを渡されていた。すると素晴らしいことが起きた。本物の鎮痛剤を服用している参加者では、排除の効果による社会的な痛みが消失したのである。身体的な痛みが鎮痛剤によって軽減されるように、社会的な痛みの影響も軽減されたのである。一方、プラセボを摂取したグループは、何も摂取しなかった最初のグループと同じくらい排除による社会的苦痛を感じた。

ここまでは疑いがあったかもしれないが、今はもう疑いようがない。社会的なものであれ、肉体的なものであれ、痛みは痛みなのだ。ベトナムの兵士たちにとって、麻薬をやることは気分が良いというだけでなく、気が滅入るのを防いでくれるものだ。一時的なものではあるが、離散による社会的苦痛を和らげ、いったん帰還して社会的苦痛が消えてしまえば、ドラッグを続ける理由はない。

社会的孤立や孤独のリスクは、痛みや薬物中毒に限った話ではない。もっと深いレベルで私たちに影響を与える。研究によれば、孤独な人は集中力や生産性、意欲が低下するだけでなく、若くして亡くなる。私たちが効果的に働きたいのであれば、友人や同僚とつながる時間を取ることは、単なる気晴らしではなく、生産性のコツでもありそうだ。その効果は精神的なものだけではない。変化は細胞レベルで起こる。ストレスが多い状態に置かれることで、免疫系が弱まり、睡眠の質が低下し、心臓に負担がかかり、心臓発作につながる可能性さえあることが示されている。[6]

私たちは現在、有意義な方法で人々とつながる素晴らしい機会を手にしている。だが一方で、私たちは、種としてかつて経験したことのないような孤独の蔓延《まんえん》に直面している。医療サービスを提供する企業シグナが実施した調査によると、アメリカ人の半数近くが、ときどき孤独を感じ（46％）、いつも取り残されている（47％）と感じている。

実際、年齢が若いほど孤独感を訴える傾向が強かった。孤独感の影響を最も受けているのは、Z世代（社会人になりたての世代）とミレニアル世代である。インターネットを使い、メッセージを打ち、ソーシャルメディアに投稿する世代は、かつてないほどデジタルにつながっているかもしれないが、同時に、より孤立している。事実、デジタルな人間関係は人と人との触れ合いを補うものではない。

別の調査によると、アメリカのミレニアル世代の22％が、友達がいないと答えている。また、30％が「いつも、あるいはしばしば孤独を感じる」と答えている。これはベビーブーム世代（1946〜1964年生まれ）の2倍以上の割合である（友達がいないと回答：9％、常にまたは頻繁に孤独であると回答：15％）[7]。

年齢を重ねると孤独感が薄れていくと思いたいかもしれないが、孤立は社会的な傾向だ。1980年代半ばから2000年代半ばまでの20年間で、平均的なアメリカ人は親しい友人が3人近く（2・94人）いたのが、2人強（2・08人）になっている[8]。孤独がもたらす重大な影響と社会的苦痛を考えると、これは私たちの社会に深刻かつ悲惨な健康上の影響を与える。だからこそ、人間関係を中心としたアプローチが重要なのだ。人々はそれを本当に必要としている。

人とつながり、信頼関係を築き、共同体の一員となることは、単に自分の成功や健康を増進したり、社会的大義を推し進めたりするだけではなく、その過程ですべての人の人生を向上させることなのだ。

悲惨な状況に聞こえるかもしれないが、明るい兆しもある。リーバーマン博士の指摘によれば、私たちが社会的手がかりの影響をこれほど深く感じるのであれば、それは信じられないほど有用で、超能力ですらあるかもしれない。私たちに社会的相互作用を必要とさせる皆が持つ特性は、私たちが互いに関わり合い、より効果的に付き合うことを可能にする。

私たちが種として生き残ることができた理由は、驚異的なスピードでも、優れた体力でも、食料や水なしで長距離を移動する能力でもない。それらの利点はすべて、他の種が持っているものだ。実際、動物界の多くの種に比べれば、私たちはもろくて弱く、とっくの昔に絶滅しているはずなのだ。ただひとつ、私たちは協力し合うことができる。私たちは協調して大型動物を狩り、風雨から身を守るシェルターを作ることができる。私たちは言葉を超えて互いに関わり合い、理解し合うことができる。新生児は母親に理解してもらうために言葉を話す必要はない。母親は共感することができる。

リーバーマンは、マズローの欲求階層を再検討する必要があると考えている。今のところ、一番下には食べ物、水、シェルターといった身体的欲求があり、その一段上には友情、親近感といった心理的欲求があり、一番上には自己実現、つまり最高の自分になることがある。リーバーマンは、心理的要素もまた、最も本質的なものとして底辺に属している可能性を示唆している。もし母親が新生児のニーズに応えられなかったら、生まれたばかりの子供は生き延びることができないだろう。私たちが種として生き残ることができたのは、人間関係を形成する能力があったからである。この特性こそが、私たちに共感し、私たちが最も気にかけている人生の分野に、最も大きな影響を及ぼしうる人々と関係を築く最大の機会を与えてくれるのである。

地中海の真ん中、イタリアのサルデーニャ島近くの小さな島にある、建物と家がぎっしりと入り組んだ村ほど、そのことがはっきりわかる場所はない。

もし日曜日にこれらの家の一軒を覗《のぞ》くと、老婦人とその娘、孫娘らが、この土地の名物料理「クルルジョーネ」を作っているところを目にするだろう。脂肪分の多いリコッタとミントが入った大きなラビオリの袋のようなもので、おいしいトマトソースと一緒に食べる。小さなキッチンとダイニングで働きながら、彼女らは世間話やゴシップを分かち合い、たまに隣人や親戚《しんせき》が立ち寄るのを楽しむ。

この村にはあなたの知らない秘密がある。ナショナル・ジオグラフィック・フェローの探検家で作家でもあるダン・ベトナーが「ブルーゾーン」（訳注：500万人以上の米国人の健康を劇的に改善した地域社会プログラム）と呼ぶ、人々が平均よりはるかに長生きする世界でも数少ない場所のひとつであるだけでなく（百寿者は、わずか200マイル離れたイタリア本土の6倍、米国の10倍もいる）、心理学者で『The Village Effect　Why Face-to-Face Contact Matters』の著者であるスーザン・ピンカー博士によれば、世界で唯一、男女が同じ年齢まで生きる場所なのだという。[9] 世界の他の地域では、女性の方が男性より平均6〜8年長生きだ。

ピンカー博士はTEDトークで、「低脂肪でグルテンフリーの食事は、地中海において100歳まで生きるために必要なものではない」[10]と、ジョークを飛ばしている。では、何が必要なのか。

ブリガム・ヤング大学のジュリアン・ホルト＝ランスタッド博士は、何万人もの人々を対象に、食事や喫煙の習慣から、配偶者の有無や運動にいたるまで、あらゆることを調査し、何が長寿につながるのかを解明しようとした。7年にわたる追跡調査の結果、彼らはある答えを得た。誰も予想しないことだった。

この地方のきれいな空気は、平均余命にわずかながらプラスの影響を与えた。しかし、その要因はインフルエンザワクチンの接種や運動ほど重要ではなく、禁酒や禁煙ほど重要でもなかった。研究者たちを最も驚かせたのは、予測因子として最も大きかったのが人間関係であることだった。

親しい人間関係は長寿に2番目に大きな影響を与えた。困ったときに頼れる人、問題を抱えているときに相談できる人、ピンチのときにお金を貸してくれる人、残業で遅くなったときに子供のお迎えに行ってくれる人などとの関係である。

こうした感情的なつながりが不可欠であることは予測可能だったが、完全に予想外だったのは、長生きするための最も重要な予測因子が、研究者の言うところの「社会的統合」だったということだ[11]。

これは、一日を通し、どれだけの人と話したり、つながったりしているかである。クリーニング屋さんであったり、職場の同僚であったり、ヨガ教室の人であったりと。これらのつながりは必ずしも親しい友人ではなく、むしろあなたが関わる人の数だ。

ホルト＝ランスタッド博士の再調査によれば、長く楽しい人生を送りたいのであれば、最も重要なことは、人に囲まれ、深い意味のある人間関係と緩やかな付き合いの両方を築くことだという。アマゾン・プライムを解約して、実際に近所の店に行って、レジで人に会い、必要なものを買うのがベストかもしれない。翌日配達で節約した時間は、私たちの寿命を縮めるだけかもしれない。

人とのつながりがなければ、私たちは、健康、生産性、満足感にさまざまな悪影響を及ぼし、現在、私たちは前例のないレベルの孤独と断絶を目の当たりにしている。さて、私たち全員にとっての朗報に入ろう。長寿、集中力、生産性、転勤など、私たちが説明したあらゆる問題は、親密な人間関係や緩やかな付き合いを持つことによって解決されるか、あるいは深刻さが軽減される。

人とのつながりは、どんなに内向的な人間であろうと、誰にでもできることだ。時には不快に感じることがあったとしても、私たちは皆この能力を持っている。そうでなければ、私たちは種として生き残ることはできなかった。ということは、私たち一人ひとりが、つながるための素晴らしい可能性を持っているということだ。この問題を解決するために、大金や特別なスキルを必要とすることはない。私たちは、ほとんどお金をかけずに、自分の人生と他人の人生の質を向上させることができるのだ。

ここで、あなたについて話そう。第1章では、人を集め、コミュニティの中心に立つことで、あなたが大切にしていることに影響を与えることができると学んだ。しかし、コミュニティを作ることは、あなたが自分のためだけにすることではない。人々は今、これまで以上につながりを必要としている。この言葉はありきたりに聞こえるかもしれないが、研究がそれを裏付けている。あなたがつながりを持ちたいと思っている人たちも、つながりを必要としていて、それに気づいていない可能性が高い。成功し、有名になり、裕福になり、重要人物になったからといって、あなたが人間でなくなるわけでも、有意義な人間関係を築く必要がなくなるわけでもない。

現代社会で私たちが便利さから得ているものは、実は私たちを孤立させているかもしれない。一方、地中海の小さな島に生まれたとしたら、私たちは深いつながりを感じるだろう。そこで今、私たちにとって最も大切な人たちとつながり、その過程で関係者全員にとってより良い人生を創造できるものは何かを探ってみたい。

第3章

信頼とは何か

1970年に医学部を卒業後、ハロルド・フレデリック・シップマンは病院や個人診療所で医師として働いた。1993年、英国マンチェスターからほど近いハイドの町で開業し、3000人以上の患者を抱えるまでに成長させた。

フレッドと呼ばれた彼は、伝説的な外科医でもなければ、学術誌に輝かしい論文を発表したこともなかったが、地域社会では好かれ、信頼されていた。彼は〝善良な〟医者として多くの人に知られ、優しい眼差《まなざ》し、威圧的でない態度、そして愛妻と4人の子供たちに恵まれ、年齢とともに髭《ひげ》が白くなり、ますますサンタのように見えた。

1998年夏、アンジェラ・ウッドラフは母キャサリンの死を悲しんでいた。キャサリンが亡くなって数日後のある朝、何の変哲もない手紙が郵便で届いた。そこには、母親が亡くなる数日前に遺言書を更新したことが記載されていた。母親の遺言の相続人は、母親の主治医であったシップマン医師になっていた。アンジェラは混乱した。母親が高齢になってから、実の娘に取って代わるほどシップマン一家と親しくなったのだろうか。それとも母がシップマン医師に借金でもしたのだろうか。

シップマン医師の周囲で奇妙なことが起こったのは、これが初めてではなかった。その数カ月前、地元の検死官は、死亡診断書に医師の署名がある患者が異常に多いことに気づいていた。往診を行い、高齢の患者とも親しくしている面倒見の良い医師であれば、珍しいことではないのかもしれない、と検死官は推論していた。シップマン医師は、愛する人が亡くなったとき、家族が最初に電話をかける相手かもしれない。しかし、何かがおかしい。心配するほどのことはないだろうが、念のため検死官が当局に報告し、調査が開始された。

アンジェラはイギリスで事務弁護士をしており（アメリカ人なら法廷に立たない弁護士と呼ぶところだが）、母親の遺言書の証人を探し出すことにした。しかし、ようやく証人の1人を見つけたアンジェラは、そこで衝撃的な事実を知ることになる。シップマン医師はキャサリンに処置を施している間、待合室から他の患者たち2人を呼び寄せ、キャサリンが医療処置に同意していることを確認し、同意書に署名させた。その用紙は折り重なっており、署名欄しかなかったが、普通の医療用紙であることを疑う理由はなかった。だから、2人はサインをしてから待合室に戻った。まさかキャサリンの遺書と死刑判決の両方に署名したなどとは思いもせずに。数日後、シップマン医師がキャサリンの家を訪れ、死亡を宣告した。

アンジェラが捜査当局に連絡したとき、彼女はまだシップマン医師がやったことの本当の恐ろしさを知らなかった。アンジェラの訴えと検死官の疑いから、警察は証拠を探すために15体の遺体を掘り起こした。捜査が終わるころには、フレッドという〝善良な〟医師が、イギリス最多の連続殺人犯である、殺人鬼ドクターであることが明らかになった。

シップマン医師は23年間（1975〜1998年）にわたり、思いやりのある医師を装い、215人から265人を殺害しており、歴史上最も殺害者の数が多い連続殺人犯の1人である。犠牲者の多くは、アンジェラの母親が癌の鎮痛剤を投与されるのと同じような方法で、致死量のモルヒネを投与されていた。

呆気《あっけ》ない話だ。シップマンは結婚し、子供がいて、何千人もの患者がいたのに、誰も彼の残虐行為に気づかなかった。最も奇妙なのは、彼の破滅のきっかけは殺人ではなく詐欺だったことだ。そんなことが可能なのか。誰かに疑われる前に、ほぼ四半世紀にわたり、どうやってこれほど多くの人々を殺すことができたのか。そして人々と深く有意義な関係を築こうとする私たちにとって、これは何を意味するのだろうか。

信頼とは、無防備になることを厭《いと》わないことだと言える。相手を信頼すればするほど、相手に対して脆《もろ》くなる。信頼はしばしば専門性に基づいていることに注意することが重要だ。あなたは、配管工に税金を任せたり、親友に心臓手術を任せたりはしないが、親友には秘密や恐れ、あるいは恥じていることも話すかもしれない。なぜなら、健康や金銭面で無防備になるのは、専門的な知識と経験を持つプロが最も安全だからだ。悪意のある相手に無防備になれば、失恋や盗難から最悪の事態まで、悲惨な結果につながりかねないことは誰もが知っている。

だから私たちはまず、人がなぜ信用するのかを理解する必要がある。そうすれば、その人が私たちの信頼に値するかどうかを判断し、私たちがその人の信頼に値すると示すことができる。

ケント・グレイソン博士は、ノースウェスタン大学ケロッグ経営大学院で「信頼プロジェクト」を主宰している。グレイソン博士と彼の同僚たちは、科学や哲学の枠を超えて集まり、信頼がどのように機能するのか、どのような場合に信頼が損なわれるのか、信頼を修復する必要があるときに何をすべきなのかについて、最新の研究や見識を探求している。

グレイソンのような研究者らは、信頼は3つの基本的な柱で構成されているという見解で一致している。

1　能力：何かを成功させる能力。神経外科医が5歳児だと知ったら、あなたは心配するだろう。それは年齢差別ではなく、外科医が何年もかけて開発する繊細な仕事をこなすのに必要な能力を、そんな子供が持っているはずがないからだ。逆に、ミシュランの星を獲得しているシェフなら、あなたにランチを作るのに必要な能力があり、熟練していると自信を持っていい。

2　正直さ・誠実さ：その個人や企業が正直なら、その製品は彼らが言うとおり機能し、私たちを誤解させることはない。もし問題が見つかれば、それを認めて修正する。

3　徳：彼らはあなたの最善の利益を考えて行動している。あなたが車を修理に出すとき、その整備士があなたに必要な修理を行い、より多くの報酬を得たり、ノルマを達成したりするために余計なことをしないと安心したいはずだ。

グレイソンによれば、信頼関係の深さに影響を与える要因はいくつかあり、これから私たちはそれらを探っていくが、この3つが土台になるという。その中でも、より脆いものもあれば、他の要素に大きく依存するものもある。例えば、あなたが有能だと思っている人がヘマをしたとしても、おそらくあなたはそれを一過性の出来事や不運な日として片付けるだろう。美容師があなたの予約をカレンダーに入れ忘れたとしても、あなたはその人に無能というレッテルは貼らないし、グーグルマップやウェイズが住所を別の地域と間違えても、あなたはそのサービスを使い続けるだろう。

しかし、もしその人物やブランドが、誠実さに欠ける（嘘をつく）とか、徳に欠ける（自己利益ばかりを追求する）など、他の柱で弱点を示したら、あなたはたちまち信頼しなくなるだろう。これらの柱によって、誰かがあなたとビジネスをしたいと思うか、あなたの大義に寄付したいと思うか、従業員との関係や影響力の大きさを決定する。このことを踏まえ、私たちはこれらの柱がどのように機能するかを理解する必要がある。

もし誰かに重大な嘘をつかれたら、その人の言うことすべてを疑い始めるのではないだろうか。長期的には、この不履行は修復できるかもしれないが、しかし今のところ、あなたは相手の言うことを何でも疑ってかかるだろう。私たちは人を欺くことを許容しない傾向があるが、例外もある。その不誠実な態度が善意によるものである場合だ。友人たちとバーで飲み歩いていて、あるラウンジに入ろうとしたとき、友人の1人が中を覗《のぞ》き、ここはつまらなそうだからやめようと言ったとする。そしてその夜、あなたが最近別れたばかりの元彼がデートでそこに来ていたと知る。

嘘をついた友人を怒るだろうか。おそらく怒らないだろう。友人が、あなたを無用な苦痛から守ろうとしてくれたと理解するはずだ。一方、その嘘が元恋人とあなたの友人のデートを隠すためだった場合、あなたはその行為を善意とは思わず、友人への信頼をなくすかもしれない。

グレイソンは、人々は、正直さよりも徳の不履行をより重く判断し、能力の不履行よりも正直さの不履行をより厳しく判断すると指摘している。顧客の信頼を裏切る企業は、その問題を一時的な能力不足のせいにする傾向があることにお気づきだろうか。もし銀行が、あなたの口座から引き出すべきでないお金を引き出してしまった場合、銀行としては、それが正直さや徳のなさゆえの不履行だと思われたくないだろう。それらは修復するのがはるかに難しいからである。代わりに、プログラムの問題だったと説明し、ミスを修正しただけでなく、二度と同じことが起こらないようにするためのチームを作ったと言うだろう。

能力がつけば、それが真実であろうとなかろうと、ほとんどの人は寛容になり、気にせずこれまで通りに戻ってくれる。グレイソンの研究から何かを感じ取るとすれば、それは私たちが常に徳の心でリードすることがいかに重要かということだろう。私たちが彼らの利益を第一に考え、誠実であるという評判を人々に知ってもらえれば、能力の部分は時間とともに向上させていけるのだ。

さて、ハイドの人々が、なぜ殺人鬼ドクターの犯行に気づくのにこれほど時間がかかったのか、その理由が見えてきた。まず、大規模な全国調査によれば、医療関係者（看護師と医師）は、我々の文化において最も信頼できる人々であるとされている。彼らは仕事において有能であり（厳しい訓練と試験がある）、正直であり（倫理的・医学的審査があり、必要な文書と手順があって、厳格な法律がある）、徳がある（医療とは他人を思いやる人の職業）とみなしている。

だから、シップマン医師の患者が亡くなっても、能力不足や怠慢と見なされることはなかった。むしろ、時期が来た高齢の患者だったのだと思われていた。事実、誰もが治るわけではない。医者にとって患者の死は顧客を失うことであり、彼が不誠実であるとか、徳が欠けているなどと思う理由がなかった。その結果、殺人鬼ドクターは２００人以上を殺すことができた。彼の破滅の原因は、能力はともかく、誠実さと徳の欠如だ。無防備な82歳の女性の信頼を得るために書類を偽造したという疑いを払拭《ふっしょく》するのは、容易ではなかった。

人はよく、世界にはもっと信頼が必要だと言う。しかし、シップマン医師の場合は、信頼の欠如が問題ではないのは明らかだ。それ以来、英国の医療制度は、このようなことが二度と起こらないよう、専門職に対する監視を強化してきた。しかし、間違った信頼がもたらす壊滅的な影響（失恋、盗難、死など）を考えると、疑問が湧いてくる。なぜ私たちは種として、他者を信頼するのだろう。

4万年前の今日、妊娠中の母親が娘を出産することを想像してほしい。産後で疲労困憊《こんぱい》しており、新生児は乳を欲しがっている。幸い、母親はある程度の物資を蓄えていたが、出産と娘の世話のストレスは大きい。数日のうちに食料は底をつくだろう。木に登って果物や野菜、ナッツを集めるだけのエネルギーと体力があったとしても、子供を抱っこして守りながらどうやって採るのか。子供が泣けば、次の獲物を狙う動物たちに警戒心を抱かせるかもしれない。彼女と赤ん坊はどうやって生き延びるのだろうか。

そうではなく、私たちの種がかつて持っていた代謝の速さ、食料の入手可能性、人体の物理的限界を考慮すると、私たちはただ1人で人生を過ごすようにはできていないことがわかる。子鹿が生まれて数分後には走り出せるのに対し、人間の子供は生まれてから何年も経たないと自立できない。赤ん坊を抱えたシングルマザーは、おそらく何らかのコミュニティの支援なしには長く生き延びることはできなかったはずだ。

残念なことに、ここで生存のパラドックスが立ちはだかる。人と関わって、傷つけられたり利用されたりするのであれば、常に防御的でも良いが、人と関わらなければ生き残るためのサポートを得られないなら、私たちは行き詰まる。人と関わればけなされ、関わらなくても生き延びられない。そこで、そのリスクに見合う時と見合わない時を判断するシステムが必要だ。だからこそ、信頼が存在する。

傷つくリスクはあっても、そのリスクは種として絶滅するリスクには及ばない。信頼を育《はぐく》むことで私たちは生き残る。その副産物として、狩りをしたり、集団で集まったり、子供たちが互いに遊び、外部の脅威から互いを守るために人々が集まれるような、機能的なコミュニティが生まれた。

それはまた、人々が医療、建築、料理などの専門分野を発達させ、種としてより効果的になることを意味する。これは完璧《かんぺき》なシステムではない。時として人々は騙《だま》されたり、強奪されたり、部族主義が強まったり、シップマン医師のような極端なケースが現れたりするが、時折起こる異常は、避けられない絶滅よりはずっとましである。

誰かを信頼するかしないかは、自然に決まることに気づくだろう。文化的規範が受け入れられていることから、私はニューヨークの公共交通機関に制度的な信頼を寄せており、バスの運転手が私のお金を盗もうとするとは思わない。制度的信頼が低い文化圏では、人々は常に詐欺に遭うことを心配しているかもしれない。

どのような状況であれ、あなたは人や企業をゼロベースで評価していないことに気づくだろう。時間がかかるだけでなく、常に推薦状や信用調査、面接が必要になるなら、スーパーでハンバーガーを買うだけでも大変なことだ。そのレベルの配慮をするには、脳は常に厳戒態勢におかれ、それ以外のことを管理できる集中力がなくなる。そこで、私たちは進化するにつれて、信頼すべきか否かを素早く判断するための近道やバイアスを発達させてきた。

ハチドリがどのように浮くかを少し考えてほしい。ハチドリの羽ばたきは、かすんで見えるほどに高速だが、1回の羽ばたきにかかるのと同じ時間、わずか100分の3秒で、[1]人間の脳は人を見て、その人を信頼できるかどうかを本質的に判断することができる。映画の1コマを見せるのにかかる時間で、人は私たちが信頼に値するかどうかを判断する。

もし影響力が、つながり、信頼、共同体感覚の副産物であるとすれば、このニュースは心強いものとは言えない。私なら、私の実績と誠実さの評判を信頼してもらいたい。だが残念なことに、信頼の引き金となる要因の多くは、私たちの手に負えないようだ。特に短期的には。頬骨がどの程度出ているか、[2]目の色、[3]声の深ささえも、[4]人から信頼されるかどうかに影響する。これら全てが、実際の信頼度とは何の関係もないことに、あなたは驚かないはずだ。

私たちが直面する問題は、信頼に関する最初の印象が、あらかじめプログラムされたものや、文化から学んだものに基づいているということだ。即断と偏見は、ほとんど瞬時に起こる。調査によると、看護師のような服装をした人は、車のセールスマンや陳情者よりも、はるかに信頼される可能性が高い。

私たちの誰も、頬を整形したり、手術服を着て歩き回ったり、信頼されるために声を低くしたりはしない。では何をすべきか。

第一に、私たちはすべての人がより良くなるような関係を築こうとしているのだから、その背景には徳が必要だ。繰り返し述べたいが、ビジネスの世界では、目的が純粋に利己的であることが多いからだ。人間関係は可能な限り多くの価値を引き出すために築かれるべきだ。深く有意義な交流を生み出す代わりに、人々はできる限りのものを手に入れようとする吸血鬼のようだ。私たちは、短期的にはこうしたタカリ屋に騙されることもあるが、やがて評判が彼らに追いついてくる。これは正直者にも言えることだが、欺瞞《ぎまん》に満ちた人間であることがバレないように偽装するのは非常に難しい。しかし、もしあなたが、徳があり正直であるという評判を得ていれば、能力を示すことはずっと容易になり、そして信頼を得ることになる。

しかし、これにはまだひとつの大きな問題が残っている。それは、時間に追われ、出会う人々の偏見に翻弄《ほんろう》される中で、どのように短時間で信頼性を示すかという問題である。可能なアプローチのひとつは、こうした偏見のメカニズムを理解し、その働きを分解することだ。そうすれば、私たちは人々にアピールし、基本的な信頼関係を築くことができる。このような意思決定のショートカットに翻弄されるのではなく、私たちにとって重要な人に対し、私たちの人格を示すためにそれを使うことができるのだ。

第4章

信頼を素早く築く科学、別称「なぜみんな北欧ブランドが好きなのか？」

午後9時45分、スティーブ・ウィルソン（※）の勤務時間はもうすぐ終わる。彼は疲れていて、喉《のど》も痛く、人生における唯一の望みはベッドに行って数時間眠ることだ。明日は日の出前に起きて、またすべてをやり直さなければならないからだ。

今夜、彼は睡眠をとった。自分の仕事に誇りを持てるのは、自分の部下が皆、自分のことを嫌っていると知っているからだ。普通、順応性の高い人間にとって、それは誇れることではないが、スティーブにとっては成功の証だ。他のどんな仕事でもそうだが、もしあなたの上司が、スティーブが部下にするような接し方をしたら、その上司はクビになるだろう。彼は好かれることを望んでいるのは明らかだが、人々の命が懸《か》かっている。だから彼は選択しなければならない。有能で嫌われるか、好かれて人が死ぬか。

スティーブの報告は、通常のオフィスチームのものではない。彼らはマーケティング部門の一員でもなければ、アプリを開発しようとしている部門でもない。スティーブは70人の新兵、つまり〝ブーツ〟を担当している。彼のフルネームは、米国海兵隊訓練教官二等軍曹スティーブ・ウィルソンだ（※スティーブ・ウィルソンは、本書の取材中に知った複数の人物の合成で、特定の人物ではない）。

彼は仲間の教官たちとともに、海兵隊新兵訓練所パリス・アイランドで新兵たちを指導し、軍の活動や、場合によっては戦争に備えている。私がこれを共有するのは、訓練教官は名もなきヒーローだからだ。彼らは不可能なはずの結果を生み出す普通の人々だ。彼らは数週間のうちに、初対面の人たちを、互いのために命を懸けるほどの、気遣いと信頼のレベルにまで引き上げるのだ。

正直なところ、ほとんどの人は見知らぬ人に財布や携帯電話を託すことはないだろう。しかしスティーブは、宗教も政治的見解も人種も住んでいる地域も異なる、同じ日にトレーニングに来たという偶然以外に何の共通点もない、まったく見知らぬ人たちを、深い絆《きずな》で結んでしまうのだ。そして、それを成し遂げるのに数週間しか猶予はない。

彼がどのようにしてこれを達成したのかを理解するには、第3章で説明した柱を理解するだけでは不十分だ。その柱がどのようにして生まれるのかを理解する必要がある。信頼関係があってはじめて、人間関係は強固なものになる。だから、あなたには深い信頼感を素早く育《はぐく》むエキスパートになってほしい。

人との付き合いが長くなればなるほど、その人を信頼する傾向が強くなることにお気づきだろう。これは企業やブランドにも当てはまる。モーニング・コンサルトは、アメリカ人の考えを理解することに特化した調査会社である。年間1000万人以上を対象に調査を行っており、アメリカ人が何を好み、何を最も信頼しているかを鋭く把握している。

アメリカで最も信頼されている企業100社を調査したところ、調査チームが発見したのは、過去20年間に設立された企業はわずか2社で、残りの98社ははるかに古く、その多くは100年以上の歴史があることだった。[1] 30年以上にわたって関係を深めていくのは素晴らしいことだが、スティーブにも私たちにもそんな余裕はない。誰かと一緒にいられるのは、ほんの数分から数時間ということが多い。では、他の選択肢はないのだろうか。

あなたは子供の学校の校門にいて、仲の良い保護者のひとりが近づいてきた。あなたが彼女に、家で子供を遊ばせてくれたことにお礼を言う前に、彼女はそっとあなたの肩に手を置き、あなたの母親に誕生日おめでとうと言うように伝えた。あなたは驚き、不意を突かれる。どうして覚えているのだろう。遊びの計画を電話でしているときに、話したのだろうか。その瞬間、素晴らしいことが起きる。あなたは彼女にさらに信頼を置くようになった。

信頼は、誰かの命を救ったり、サプライズ・パーティーを開いたり、高価なプレゼントを贈ったりするような大げさな行動によって育まれると思われがちだが、研究によると、信頼はむしろ、気遣いや帰属意識を示すミクロな行動の副産物であることがわかっている。例えば、子供の名前を尋ねる、誕生日を覚えている、洞察に満ちた褒め言葉をかけるなどである。

コミュニティやグループ、あるいは友情でさえも、大切にされていることや帰属していることを示すこうした合図は、驚くほど大きな影響力を持つ。特に時間の経過とともに。もちろん、もしあなたがクライアントを呼び出して、その人の家族についてストーカーのようなレベルの知識を披露したら、おそらくクライアントは怖がるだろう。通常の行動の範囲内である限り、一貫して覚えていること、気にかけていること、適切なレベルの身体的接触（肩に触れる、握手する等）を示すことは、長い信頼関係を作る。

私には、ダナ・ゴールドバーグという家族ぐるみの友人がいて、その子供たちと一緒に育ったのだが、毎年8月19日の午前10時ごろ、彼女から誕生日おめでとうという電話がかかってくる。彼女がどうやって覚えているのかわからないが、カレンダーで思い出すのではないだろう。実際、彼女が私のためにわざわざ足を運んでくれるのは特別なことだと感じている。私たちがゴールドバーグ夫妻を信頼できる家族ぐるみの友人だと思っているのも当然だ。

誰かと知り合ったら、その人にとって大切なことをメモしておき、会ったときやおしゃべりしたときに話題にする。あなたがそれを覚えていることが相手にとってどれほど意味があるか、そしてそれがどれほど2人の関係を強めるかに気づくだろう。

　このようなミクロの帰属表現は、時間をかけて積み重ねられていくものではあるが、スティーブも私たちも、私たちが望むような大きなレベルの信頼が生まれるのを待つことはできない。だから、別のアプローチを見つけなければならない。私たちが探している答えは、ジーノ・レオカディという年配のイタリア人男性のキャリアをたどることで見つかるかもしれない。

　ジーノの同僚が彼を評するとき、最もよく使われる言葉が〝レジェンド〟だ。おそらく、この79歳の男の仲間はほとんどが大学生で、学生が尊敬する人物をそう表現するからだろう。

　ジーノは過去56年間、多くの人の基準からすればまったく正気の沙汰《さた》とは思えない仕事をしてきた。彼はナイフの詰まったバッグを持って、見ず知らずの、多くはひとりでいる女性の家に上がり込み、ドアを開けて一緒に座るように説得して、刃物を売りつけるのだ。そのキャリアの中で、彼は500万ドル以上のキッチン用品を売り上げてきた。今では3000ドルもする包丁一式が、彼が始めた当初はわずか169ドルだったことを考えると、これは驚異的な金額である。しかも、彼はこれをすべて1対1の訪問販売で成し遂げた。

　ジーノは親切で控えめな男だが、百科事典や掃除機の訪問販売員のような典型的なタイプを想像するかもしれない。しかし、ジーノがやっていることは、それよりもはるかに素晴らしい。彼は、「ハロー効果」と呼ばれる行動学的ショートカットを使うのだ。

　1970年代、キッチン用品の訪問販売をしていた当時は、ドアを鼻先でバタンと閉められ、拒絶され続ける過酷な仕事だった。しかし、あるとき数人のセールスマンが疑問を投げかけた。もし、新規の顧客が私たちを見ず知らずの人間だと思わないようにできたらどうだろうか。既存の顧客から、私たちのことを友人に推薦してもらうことはできないだろうか。そうすれば、毎回の訪問でゼロから信頼関係を構築する必要はなく、友人同様の信頼関係から始めることができるのではないか。

彼らが開発したアプローチは大成功を収め、現在ではカトコ・カトラリーの独占的なプロバイダーとなっているベクター・マーケティングを設立した。ほとんどの人がカトコを知っているのは、可愛くてウブな大学生が自宅にやってきて、キッチンバサミでピカピカの1ペニーコインを切り、ナイフでロープや革を切るというデモンストレーションを行ったからだ。なぜ詳しいかというと、私もそのウブな大学生の1人で、これで大学の学費を払ったからだ。

事実、カトコとベクターは年間約4万人の新人を採用しており、その多くは地方事務所でアルバイトとして働いている学生で、すべての営業先は直接紹介だ。つまり、新米営業が数人の友人や家族に行う最初の練習を除けば、カトコを目にし、購入した人は皆、途切れることのない信頼のネットワークのつながりにいることになる。

このアプローチは信じられないほど優れている。過去30年間、カトコはアメリカで最も売れているキッチン・カトラリー・ブランドであり、直接紹介の方法しかとらない。店頭に並ぶことはなく、広告を見たこともないだろうが、毎年、メイシーズやウィリアムズ・ソノマ、さらにはアマゾンのトップブランドを凌駕《りょうが》する売上を上げている。

カトコの驚異的な成功の一因は、驚異的な製品を作っていることだが、しかし、他のブランドと真に一線を画しているのは、営業担当者がハロー効果を活用していることだ。それは次のようなものだ。私たちが信頼している人が、その人物、製品、サービスに関係していれば、私たちはそれを信頼する可能性が高くなる。

この効果は、聖なる人物や天使から発せられる、周囲のすべてを照らす神話上の光の円盤にちなんで名付けられた。光が触れたものは後光によって明るくなるのと同様に、私たちが信頼する人やブランドが伝えたものは、より信頼されるようになる。

これが、ブランドが人気タレントの推薦を求める理由であり、彼らがソーシャルメディアで自身のフォロワーを持つという理由だけでなく、ブランドの評判を高めるためでもある。ナイキのジョーダン・ブランドのスニーカーやウェアが、他よりカッコいいかどうか、アスリートにとってより優れているかどうか、あるいはマイケル・ジョーダンと何らかの関係があるかどうかについては疑問が残るが、疑問の余地がないのは、ナイキが1年半の間にジョーダン・ブランドだけで31億4000万ドルを売り上げていることだ。[2]

同様に、セレブの推薦があれば、数分でドレスが売り切れることもある。あなたはこのような行動バイアスには影響されないと考えるかもしれないが、好きなスナックや飲み物の銘柄の新しい味を試したり、友人に勧められて誰かと会ったり、映画を観に行ったり、あるいは、友人の勧めでレストランに行ったことがあれば、ハロー効果を経験したことになる。

現実を見よう。信頼できる人が何かを勧めるからといって、それが良いものだという保証はない。シップマン医師の患者は、彼を推薦し、それはひどい結末を迎えたかもしれないが、ほとんどの場合、ハロー効果は思考への大きな近道を提供する。私がAを信頼し、AがBを信頼するなら、私がBを信頼する可能性は高まる。それは自動的に起きる。

ジーノが他の誰よりも優れているのは、信頼というハロー効果を理解し、ただ、あなたの友人のキッチンでおしゃべりをするだけというところだ。彼は、より多くのハローと結びつくことができればできるほど、より信頼されることを知っている。「スージーがあなたに電話すべきだと言っていたんだよ」と伝えるだけでなく、他にもいろいろ合図を投げかける。

一緒にテーブルを囲んで、コーヒーを飲みながら、彼女の孫について話をしていたことを伝え、もしその日、彼が注意深ければ、その孫の名前を挙げるかもしれない。スージーも誰かに紹介されたのだから、もともとはジャネット、あるいは彼女の妹のマギーを通じてつながっていることに言及するかもしれない。

彼はハローに次ぐハローの話題を続け、やがて私たちの脳は、彼は信頼に値する人に違いないと指示するようになる。たった2分の会話で、ジーノは見ず知らずの他人から、彼女の友人の多くを知っているコミュニティメンバーの１人になる。

ジーノは、何世代にもわたって同じ家族や地域の人々にサービスを提供し、その過程で、生涯にわたる関係を築いてきた。ジーノにとってそれは、「自分の家族にサービスを提供している気分」なのだ。

友人から友人へ紹介され、ジーノと彼の同僚らは、セレブや億万長者、フォーチュン500企業の経営幹部、有名な作家や起業家と同席することができるようになった。素晴らしいのは、ハロー効果に頼ることで、彼らは皆、私たちほとんどが思いもつかないような信頼への近道を見つけたことだ。確かに、私たちは時折友人に連絡や紹介を頼むだろうが、しかし、そのプロセスを継続し、最も尊敬する人物を紹介してもらえるようになった人がどれだけいるだろうか。

チャンスはある。私たちはまだ、ハロー効果を十分に活用していない。殊にフェイスブックの2016年の調査によると、私たちは世界の誰とも平均して3・6人の隔たりでつながっている。私たちの文化圏の人々にとっては、おそらくそれ以下だろう。[3] つまり、少しの良い紹介さえあれば、誰とでもつながることができるということだ。ジーノが例を示してくれたのだから、我々はもっと早く信頼を築くことができるだろう。

スティーブ・ウィルソン二等軍曹にとっては残念なことだが、ハロー効果は新兵たちを結びつけるほど強力ではない。ハロー効果を発揮させるには、最初に信頼関係を築くための誰かが必要だからだ。だが、新兵にとっては、自分たちが海兵隊員であると認識した時点で、その効果が発揮されることになる。その時点で、他の海兵隊員と初めて顔を合わせれば、おそらくハロー効果によって共同体感覚と信頼感が生まれるだろう。しかし、まだ疑問が残る。信頼関係を築く最初のきっかけはどうやって作るのか。この答えを探していたとき、それが女子大クラブで見つかるとは思いもしなかった。

憧《あこが》れの女子大クラブに入ることは、競争と厳しい経験となる。加入できるか落ちるかの差は、単にプレッシャーに耐えられるかどうかだ。女子大クラブの宣誓の儀式というと、暴飲暴食の禁止や貞操観、あるいは秘密の共有などを想像しがちだが、しかし、その儀式は劇的に変化し、もっとひどいものになることもある。

あるクラブでは、少女はコンクリートの壁に向かって立ち、少しでも動いたり、腕や足をくねらせたりすると、壁に顔をたたきつけられる。また、決意を証明するために、指示があるまで燃えている熱い炭を持たされることもある。[4] また、凍えるような冷たい水の中に立たされ、フレーズを暗唱させられる。あるいは、地下室に何時間も閉じ込められ、定期的に人が下りてきて尋問され、精神的に壊れて秘密を漏らすのを強要するというのもある。

数年前の事件では、宣誓者たちは灼熱《しゃくねつ》の太陽の下で、何時間もビーチや水上で体操をするよう命じられた。疲れ果てていたにもかかわらず、彼女たちは、次々と波が襲ってくる海へ、後ろ向きに飛び込むよう命じられた。2人の少女が大波にのまれ、溺死《できし》した。

これらの例を紹介すると、クラブ活動のいじめというより、スティーブの海兵隊ブートキャンプや米海軍特殊部隊シールズのエリート特殊作戦訓練、あるいはロシア軍特殊部隊スペツナズのように聞こえるかもしれない。しかしどの部隊も、決してこのようなことはしない。彼らのトレーニングは、ほとんどの場合、理にかなった特定の結果を念頭に置いて開発されているからだ。

多くのクラブにおける宣誓の儀式は、ほとんどの人が悪質な虐待と考える領域に入る。しかし奇妙にも、しばしば不眠不休の数週間のいじめを乗り切った人には、その反対に興味深いことが起こる。ある女学生はこう言う。「宣誓の儀式は二度としたくないほどに酷い体験だった。でも、洗脳のように聞こえるかもしれないけれど、そのおかげで、私は自分のクラブとクラブメイトのことを、本当に純粋に大切に思うようになったわ」

ひとたびこのような強烈な経験をすれば、彼女らが深い仲間意識を持つのは驚くことではない。これらは明らかに肉体的・精神的な苦痛を伴う極端な例だが、多くの文化には、集団の一員として受け入れられるかどうかの通過儀礼があり、共同体のメンバーが、男らしさ、女らしさを獲得できるようになっている。

より穏やかな例では、ユダヤ教の子供たちはしばしば、自分たちのコミュニティの前でヘブライ語の聖書の一部を読む。それに比べ、アマゾンのサテレ・マウェ族には、おそらく世界で最も苦痛を伴う伝統がある。若い男性たちは、針が内側を向くようにサシハリアリが織り込まれた手袋を着用するため列をなす。手袋をはめると、アリは人の手を刺し続け、世界で最も痛いとされる毒素を注入する。一刺しでスズメバチの30倍の痛みを感じ、何百回も刺されるのだ。[5]

手袋をしている間、若者たちは痛みを紛らわせようとダンスを踊る。手袋は5分ほどで外れるが、試練は24時間ほど続き、次から次へと痛みの波が押し寄せてくる。[6]

また、メンタワイ諸島の女性たちは、思春期になると、美のため、石とノミを使って歯を鋭く削る。[7] ブラジルのマティス族では、狩りの試練として、少年たちは目に毒を入れられ、殴られ、鞭《むち》打たれ、[8] その後、木の針を使ってオオアマガエルの毒を注射される。[9]

これを読んで、あなたは2つのことに気づくかもしれない。1つ目は、欧米人の通過儀礼は楽勝ということだ。成人になる最大の関心事は運転免許証を取得することで、それすら間もなく自動運転になるだろうから。もうひとつは、どの事例でも参加者が並々ならぬ努力をしていることだ。その努力は無駄な経験と思うかもしれないが、それは違う。クラブのメンバーが他の会員を大切にするのは、努力にもかかわらずではなく、だからこそだ。共に経験を積み、傷ついた副産物として、彼らは互いを思いやり、信頼し始める。これこそが、スティーブの問題を解決するために欠けていたピースだ。

女子大クラブの宣誓儀式、サテレ・マウェ族の男たち、メンタワイ諸島の女たちに影響を与えるのと同じメカニズムが、スティーブの新兵たちを結びつけ、互いに命を預けさせるのに役立っている。これがなぜ機能するのかを理解できれば、通常は数週間から数年かかる信頼関係を、数分から数時間で築くことができる。この仕組みを説明するために、これに関しては世界的なエキスパートかもしれない、スウェーデンの家具会社を訪ねた。

家を引っ越したことがある人なら、あなたなりの通過儀礼を経験したことがあるだろう。必要なものが1カ所ですべて見つかることを期待し、できるだけ大きな車を借りて、大きな店舗に車を走らせる。店内に入ると、まるで迷路のように入り組んでいて、逃げ場がないことに気づく。

幸いなことに、Poäng、Dombås、Äpplarö といった商品名が発音できなくても、買うことはできる。テーブル、ベッド、椅子などが入った巨大な箱を何時間もかけて集め、一緒にいる人と少なくとも1、2回は言い争った後、列に並び、お金を払い、すべてを家に運び、そして、あらゆるものを組み立てるという大変な作業を始めなければならない。これに心当たりのある人は、イケアで買い物をしたことがある人だ。

私たちの誰もが気づいていないのは、この体験に多くの労力を費やしたがゆえに、イケアの家具に、品質とは不釣り合いな価値を見いだすことだ。もちろん、これが気に入らない人もいるだろうが、イケア家具が完成した状態で家に届くよりはずっと価値があるのだ。これは科学者たちが「イケア効果」と呼ぶもので、私たちが力を注いだものを大切にするようになるという、人のバイアスとして、十分に立証されている。

例えば、我が子が産院で入れ替わっていたことが、18歳の誕生日にわかったとしても、あなたは自分が育てた子を愛することをやめないだろう。眠れない夜、料理、何時間にも及ぶ宿題、発熱、そして覚えてすらいないあらゆることのおかげで、あなたはその子を愛することができるのだ。これはイケア効果全開であり、私たちは皆、そのなすがままだ。

これを「ベン・フランクリン効果」と呼ぶこともある。フランクリンは自伝の中で、父親から受けたアドバイスを紹介している。それはつまり、「あなたに好意を寄せている人は、あなたに好意を寄せたことのない人よりも、別の好意を寄せてくれる可能性が高い」というものだ。

この忠告は、フランクリンが対立する政敵に勝つ必要があったときに特に役立った。フランクリンはその人に親切にする代わりに、その人の蔵書から珍しい本を借りたいと頼んだ。200年前には、オーディオ・ブックをダウンロードすることはできなかったので、その男はわざわざフランクリンにその本を持っていかなければならなかった。その後、彼らはその政敵が亡くなるまで友人としての付き合いが続いた。

イケア効果は、私たちの人生に最も大きな影響を与えうる人々と、いかに早く信頼関係を築くかという問題に対する答えであり、スティーブが海兵隊の新兵訓練所で抱えている問題に対する解決策でもある。共通点のない人々の間に信頼を築く最も手っ取り早い方法は、共通の目標や問題に共同で取り組むことである。一種の共同イケア効果だ。

しかし、スティーブは彼らに家具を買わせたり組み立てさせたりするつもりはない。別の集合場所が必要だ。スティーブにとっては不運なことだが、彼の指導する新兵が報告する共通して抱えている問題は、彼自身ということだ。彼は、優秀な教官なら誰でもすることをしている。それは、隊員がこれまで知っているどんなことよりも、スティーブを憎むように仕向けるのだ。

彼らには共通の問題ができる。

隊員らはスティーブが大嫌いで、トラブルを起こしたくない。これは彼らには非常に大きな問題となっており、誰も1人では乗り切れない。だから、この問題こそが団結のポイントとなる。スティーブに怒鳴られたり、叱られたり、無理難題を与えられたりするたびに、彼らはブートキャンプを乗り切る唯一の方法は、協力することだと学んでいく。

人生がかかっているため、問題解決へのモチベーションは非常に高い。昼夜を問わず互いに支え合い、グループの成功に尽力する。そうするうちに、彼らは互いをより大切に思うようになり、非難されることのないように団結するようになる。ブートキャンプの期間中、チームをつなぐ仲間意識と絆は、新兵全体にハロー効果をもたらす。その努力は海兵隊員を結びつけ、信頼を生み、組織全体にも波及する。

訓練教官のやり方は軍隊ではうまくいくだろうが、あなたが会いたい潜在的な顧客、あなたの大義を支援したい寄付者、新しい友人、あなたの会社の従業員との絆を深めるには、これは必ずしも現実的なアプローチではない。しかし、この方法がなぜ有効なのかを理解することで、人間関係に影響を与え、誰とでも必要な信頼を築くことができる可能性が見える。

そのプロセスは、人々が協力しなければならないほど大きな課題を見つけることから始まる。1人でできるような簡単なことであれば、他人と協力する必要はないからだ。その課題とは、結婚式の招待状を出すための封筒宛名《あてな》書きや、ホームレスシェルターでの炊き出しのような簡単なものから、NPO法人ハビタット・フォー・ヒューマニティでの家づくりや、会社の立ち上げのような複雑なものまである。

一緒に仕事をしていると、どうしてもサポートが必要になる瞬間がある。それは肉体的なもの（1人では重すぎて動かせないものを動かすなど）であったり、感情的なもの（圧倒され、息抜きや発散が必要な場合など）であったり、知的なもの（新しい視点が必要な場合、問題解決の手助けをしてくれる人が必要な場合など）であったりする。このような瞬間、人と人との間には、研究者ジェフリー・ポルツァーが「脆弱性《ぜいじゃくせい》のループ」と呼ぶ素晴らしい何かが起こる。

人は信頼が脆弱性に先行すると考えがちだが、ポルツァーと彼のチームはその逆を理論化した。彼らの研究によれば、信頼は非常に予測可能なプロセスを経て2番目に生まれるのだという。

- 人物1：脆弱性を示す（他者からのサポートの必要性を示す言動）
- 人物2：シグナルを確認する
- 人物2：シグナルを返す
- 人物1：人物2のシグナルを確認する

この2人の間に信頼関係が生まれ、また新たなループが生まれる。

例えば、私がこう言ったとしよう。「こんなプロジェクトは初めてで、すっかり参っている」と。あなたはいくつかの方法で対応できる。もしあなたが私に気づかなかったり無視したりすれば、私は拒絶されたと感じ、サポートを求めにくくなる。

さらに悪いことに、あなたが気づいていても、「あなたが無能だから、精神的に参るのも当然だ」と見下した態度で言われれば、私は今後、あなたにサポートを求めたり、信頼しようとは思わないだろう。しかし、そうではなく、あなたが私に気づき、弱さを示すような態度で、「私が初めてこの仕事をしたとき、どれほど混乱したか覚えていますよ。私に何かできることがありますか」と答えてくれれば、私たちがお互いに安全であることを示すシグナルになる。ループは完了し、私たちは今、より高いレベルで互いを信頼することができる。

信頼に先立ち、人々がサポートを求めるシグナルを出していることに注目してほしい。誰かがシグナルを出してくれるからこそ、私たちはその人を信頼することができるのであって、その逆ではないのだ。

つまり、誰かと有意義な関係を築きたいのであれば、進んでシグナルを出さなければならない。完璧《かんぺき》に見せようとするのは、人を遠ざけるのに実に効果的だ。これはなんでもさらけ出すという意味ではない。無防備になる危険を冒すということだ。時にはあなたのシグナルが気づかれなかったり、気恥ずかしさを感じたりするかもしれないが、たいていの場合、人々は良い反応を示し、あなたは親近感を覚えるだろう。

ブートキャンプにいる海兵隊員にとって、これらのシグナルは口頭での合図や要求以上のものかもしれない。海兵隊の日課は意図的に過度なものにされているため、1人で必要なことをすべてやり遂げることは不可能である。海兵隊員たちは、誰かが苦労しているのを見たら助け合うか、集団が叱責される危険を冒すかのどちらかであることを、すぐに学ぶ。一日を通して、このような脆弱性のループが何千と生まれ、完了する。靴を磨き、全員が時間通りに整列していることを確認することから、必要な服装を守ることまで、すべてをやり遂げる唯一の方法は、互いに支え合うことだ。自分の水筒に水を入れて時間通りに装備するような小さな仕事でさえ、他の人のサポートが必要になっている。

通常は何年もかけて築かれる信頼関係が、突然数週間で築かれる。これ以上ないほど異なる他人同士が、互いを家族と呼ぶほどに深い絆で結ばれる。彼らは仲間を守るためなら命を投げ出すような人間になるのだ。

スティーブの卓越した手腕は、新兵が協力し合わなければならないほど大きな問題を作り出すことにある。イケア効果は、無数の脆弱性のループが開いたり閉じたりすることで定着し、信頼が高まり、人々の絆が深まる。これらすべては、ポール・J・ザック博士が「道徳分子」と呼ぶ小さな化学物質のおかげである。

ザック博士は、人間同士のつながり、協力、そして企業の労働文化に関する神経科学を研究することでキャリアを積んできた。彼の研究室では来る日も来る日も、グループでの問題解決や兵士の一斉行進、タンデム・スカイダイビング（他の人に縛りつけられた状態で行う）が、人とのつながりに及ぼす影響をテストしている。彼の研究は、オキシトシンとして知られる驚くべき神経ペプチドに焦点を当てている。

私たちの多くは、オキシトシンが抱擁物質であることを知っている。この物質は、分娩《ぶんべん》中や分娩後、あるいは育児や授乳の過程で母親の体内に充満し、母親と新生児を結びつける作用があることで知られるようになった。研究者たちはオキシトシンについて学ぶにつれ、それが女性だけのものではないことを再認識した。実際、この化学物質は、ハグをすることから愛し合うことに至るまで、あらゆる向社会的行動の際に上昇する。

ザック博士によれば、親密さのループは、オキシトシン放出についてわかっていることと一致している。人々がループを完成させると、脳はオキシトシンを放出し、より向社会的な行動を促す。チームで練習試合をするアスリートは、お互いの絆をより強く感じるだけでなく、他のチームに対してより優しさや思いやりを示すようになる。

こう考えてみよう。素晴らしい知らせを受けると、気分が高揚し、幸福感が押し寄せてきて、突然、見ず知らずの人に微笑みかけ、人に対してよりオープンになる。同様に、オキシトシンが増加すると、脳は信頼と交流を求めるようになる。ザック博士がオキシトシンを道徳分子とみなすのはこのためである。オキシトシンは私たちの脳に、ある人物や集団を大切に思うべきだというシグナルを送る。オキシトシンによって、私たちはお互いに、あるいはより未熟者との絆を深め、その結果、私たちはお互いをより良く扱うことができる。この物質がなければ、私たちは種として生き残ることはできなかっただろう。

この道徳分子の効果は、状況によって大きく変化することがわかった。ザック博士の研究室では、タスクを完了させるために時間を競うような、グループがプレッシャーを感じるような実験を行った場合、ストレスの増加によりオキシトシンのレベルが高くなり、参加者はより早く絆を深めることができた。

テーマパークのシングルライダー（1人で乗り物に乗る人）の列に並んだことがある人なら、同じような経験をしたことがあるかもしれない。見知らぬ人たちに囲まれているにもかかわらず、興奮が向社会的行動を増加させ、周囲の人たちとの絆を急速に深める。興奮が高レベルのストレスに変わると、それが及ぼす効果も変わってくる。

ザック博士の指摘によれば、人があまりに強いストレスを受けたり、世間を我々対その他として見るような状況に置かれたりすると、オキシトシンの増加が分裂につながることがわかっている。ご想像の通りで、海兵隊の新兵訓練所のようにオキシトシンが大量に分泌された集団が絆で結ばれているときに、誰かが集団を脅かすようなことがあれば、行動は向社会的なものから部族主義的なものへと変化する。

生きるか死ぬかという極限状態のもとでは、オキシトシンは抱擁のための化学物質というよりも、部族主義のための化学物質のように働くのかもしれない。恋をしている人は誰とでもつながっていると感じるが、戦場に赴こうとする兵士は戦友との絆しか感じないのは、そのためだろう。ストレスが高まり、敵に囲まれるという状況が部族主義を生み出すのだ。

私たちの誰もが、戦いの極度のストレスと悲劇を知らないで済むように願う。しかし、人がなぜ、どのようにして、深い絆で結ばれるのかを理解する助けにはなる。また、人との信頼関係を素早く築くための、明確な秘訣《ひけつ》も教えてくれる。

スティーブの成功と、海兵隊員の驚異的な絆の構築スピードの、パズルのピースがついにすべて揃《そろ》った。知名度の高い顧客であれ、慈善家であれ、投資家であれ、はたまた新しい社交界であれ、あなたにとって重要な人々と必要な信頼を育むために使えるアプローチが、今私たちにはある。

明らかに、基本的なレベルでは、あなたは自分の徳、正直さ、能力を示さなければならない。これは短距離離走のようなものではなく、友情やキャリア、あるいは人の人生にとって不可欠なものだ。だが、人間関係を維持するのは、あなたが相手の利益を一番に考えていると感じてもらえなければ、とても難しくなる。これは、あなたが顧客や寄付者としてその人を求めているという事実を隠すべきだという意味ではなく、むしろ、あなたが、彼らにとって最善の結果を望んでいると感じてもらうべきだという意味である。結局は、あなたは、あなたを守り、あなたが大切にされていると感じられるように気を遣ってくれる販売員や、あなたにとって重要なことを達成するよう、あなたの寄付を尊重してくれる調達者を望むはずだ。

重要な柱が揃ったところで、ハロー効果を使って私たちの関係を文脈化する。ジーノがそうであるように、私たちは共通の社会的結びつきを示したい。参加者名の披露ではなく、信頼できる共通の基盤を見つけることだ。理想を言えば、これは温かい紹介によってもたらされてほしいが、必ずしもそうではないだろう。私がディナーパーティーから作り上げたインフルエンサーのコミュニティでは、個人的な推薦で来るゲストは毎回1人か2人程度だ。この場合はより信頼感がある。セレブや政治家のような、誰彼なしの招待には決して応じない知名度の高い人たちが、私たちを信頼して出席してくれることもよくあるし、私が個人的に会いたいが来てくれそうもない人（例えば、トランスフォーマーの映画やアニメのオプティマス・プライムの声を担当しているピーター・カレンのような）の場合には、紹介してくれそうな人を探す。

もしあなたが関わりを持ちたい人々のほとんどに、ハロー効果が使えそうにない場合はどうすれば良いだろう。このような場合、特にビジネスの世界では、見知らぬ相手に高価なもてなしをしたり贈り物をすることで、印象づけたり、信頼を勝ち取ろうとする。

だが、イケア効果は、私たちが正反対のアプローチを取る必要があることを示している。インフルエンサー・ディナーでは、全員の協力が必要なレベルの課題を提示する。食事は1時間以内に準備しなければならず、全員が頑張らなければ、食事にありつけないと知らされる。

突然、全員が参加し、協力し合うようになる。やらなければならないことがたくさんある中で、脆弱性のループは急速に完成していく。見知らぬ人たちから始まったグループが1時間も経たないうちに、自分たちが成し遂げたことに畏敬《いけい》の念を抱き、もっと一緒にいたいと思うようになる。彼らはオキシトシンで満たされ、通常なら何カ月も何年もかかって育まれる信頼が、1時間で生み出されるのだ。何より素晴らしいのは、それがすべて善意と誠実な意図のもとに行われるということだ。

メカニズムがわかったら、それを自分なりに応用することができる。絶対に必要なのは、倫理的な方法でこの知識を使うことである。本書の意図は、どのような背景を持つ人であっても、深く有意義な人間関係を築き、自分の人生だけでなく、関わるすべての人の人生をも向上させるようになることである。非善意的な動機で素早く信頼を築こうとすると、人は操られていると感じ、最終的にはその行為が発覚し、評判が傷つけられることになる。

本書で私が提起し続ける簡単なテストはこうだ。もしあなたが、どのようなメカニズムで、それを使うのかを人に話したら、彼らは操られていると感じるだろうか。正直なところ、あなたのような、気立てが良くて賢く、この本を多くの友人に薦めるような人は、定義上、徳の高い人だと思う。だから、私が気にかけているのは、人々がより良い関係を築き、より良い人生を送れるかどうかだ。

では、このセクションから何を読み取ればいいのだろうか。手始めに、あなたはもっと人に頼みごとをするべきだ。そうすることで、相手はあなたをもっと好きになり、2人の関係はより強固になる。また、クライアントを高価なディナーに連れ出すのをやめ、代わりにハイキング、フィットネス、アートプロジェクト、ボランティア活動、あるいはフラワーアレンジメントなどの共同活動を見つけるべきだ。重要なのは、一緒に労力を費やすようなことであり、理想的には、あなたが楽しんでいることや大切にしていることと一致していることだ。そうすれば、課題、グループでの努力、脆弱性のループ、道徳分子のおかげで、友情がいかに早く形成されるかに気づくだろう。

第5章

つながりの問題

2008年8月2日、イギー・イグナティウスは喜びに打ち震えていた。10人の投資家全員が、彼の夢のプロジェクトである、フロリダ中央部の退職者コミュニティの開発資金を、小切手で手渡したのだ。ところがその1カ月後、イギーは大恐慌以来の最悪の不況に見舞われることになる。フロリダは最も熱い不動産市場のひとつだったが、歴史的な低水準に落ち込んだ。周囲の開発業者は破産を申請し、人々は住宅ローンを踏み倒した。

さらに悪いことに、彼の開発予定地の向かいの通りでは、4ベッドルームの家が10万ドルで売られた。一方、彼は2ベッドルームの家を13万ドルで売っていた。彼は行き詰まった……、そう思った。ところが驚いたことに、彼は即座に棟全体を売り切ったのだ。彼はさらに2棟を建てるための資金を手に入れ、あっという間にその全棟を売り切ってしまったのだ。しかし、どうしてそんなことが可能だったのだろう。イギーの退職者コミュニティは、半分のスペースで30％高い料金を請求していた。これは、アメリカ人がお金と貯蓄の多くを失っていた時代に、1人だけ高利を得ていたことになる。

その答えは、イギーのビジョンと、私たちの行動を導くバイアスの集合にある。イギーは1970年代にインドからアメリカに移住してきた。素晴らしい家族、孫、そして成功したキャリアで満たされた人生になっていた。多くの友人たちと同様、彼はインドでの余生を考えたが、帰国すれば、友人や子供、孫たちを置き去りにし、米国が提供する質の高い医療をあきらめることを意味すると気づいた。

だが、それをすべて手に入れる方法があるかもしれない。フロリダ中央部に〝リトル・インディア〟を作り、そこが文化、食べ物、活動、宗教的配慮、そしてこれらの人々が深く望んでいるコミュニティを提供したらどうだろう。

シャンティ・ニケタンという、住民にとっての小さな天国になるだろう。誰もが母国のアクセントや食の好みを理解し、宗教的信条を尊重してくれる場所となる。それは、同じ価値観や晩年の望みを共有する人々とのつながりを意味する。ライス、カレー、自家製ヨーグルトからボリウッド映画やヨガまで、大好きなものは何でも手に入るのだ。

経済危機の真っ只中《ただなか》、他の誰もが潰《つぶ》れようとしている中で、イギーは驚異的な成功を収めた。

すべては、他では手に入らないものを提供したからだ。家族とのつながりをあきらめることなく、自分たちの文化とつながることができるのだ。

シャンティ・ニケタンから1000マイル以上離れたケロッグ経営大学院に、著名な神経科学者モラン・サーフが主宰する研究室がある。モランと私は、出会い系アプリ「ヒンジ」との共同研究で、異なる種類のつながり、つまり人々が出会いを求めてつながる原因について調査するために手を組んだ。史上最大規模の出会い系調査であり、私たちは4億2100万人以上のマッチング候補者のデータを検証した。人々はモバイルの出会い系アプリで話すのが目的ではなく、実際に会うことを期待してアプリでつながるわけなので、ユーザーが連絡先交換に最も大きな影響を与える要因を探った。なお、我々はユーザーのデータ、プロフィール、会話は一切見ていない。

私たちが発見したのは、実に面白い内容だ。まず、「異なる者同士は惹《ひ》かれ合う」という古い格言は通用しなかった。それどころか、ほとんどすべてのケースで、似た者同士ほど結ばれる可能性が高かった。これはイニシャルに起因する。イニシャルが同じ人たちはそうでない人たちよりも11・3%つながりを持つ可能性が高かった。[1] この現象は「暗黙のエゴイズム」として知られている。本質的に、自分自身を思い出させるものはすべて、より魅力的なのだ。

まさかと思うだろうが、研究者たちは、デニスという名前の人はデンバーに住み、歯科医（デンティスト）になる可能性が高いことを発見した。[2] 暴風雨カトリーナの後、女の子はキャサリンやケイティのような「K」で始まる名前をつけられることが多くなった。[3] これは、メディアからの音声に影響を受けたためである。

出会い系では、この効果は、宗教（平均97・5%の確率上昇。各宗教によって50%から850%以上の幅がある）や、学校の種類（2人ともリベラルアーツの大学に通っている場合38%の確率上昇。アイビーリーグの大学では64・3%の確率上昇）から、携帯電話の使用状況（アンドロイドとアイフォンの比較）、さらには大学が所属するNCAAカンファレンスに至るまで、人々のプロフィールのあらゆる面に及んだ。

信じられないことだが、なぜこれほどまでに大きな効果があったのだろう。それを理解するために、歴史上最も大胆な美術品強盗の話をしよう。

1911年8月21日月曜日、午前6時55分、白い作業スモックを着た男が、フランス、パリのルーヴル美術館に入った。毎週月曜日、ルーヴル美術館は清掃、メンテナンス、搬出入のために一般公開されず、そのため男は気づかれずに行動できた。おまけにこの時、美術館は、当時世界最大の建物（約18万2000平方メートルの敷地に1000の部屋）の警備要員を、すでに166人から僅《わず》か12人にまで減らしていた。

男は誰もいないホールを歩きながら、ルネッサンス絵画を集めたサロン・カレに入った。中に入ると、彼はイタリアの巨匠たちによる数多くの作品の中で、どれが一番気に入ったかを少し考えたが、脱出しやすさを考慮し、一番小さな作品を手に取った。何の変哲もない作品だが、額縁を外すと、脱出するのに便利なサイズだった。彼はそれを横のドアから運び出し、人目を避けて逃げようと考えたが、この日は横のドアに鍵《かぎ》がかかっており、別の作戦が必要だった。そこで彼は大胆な策に出た。絵を白いスモックに包み、脇に挟んで、入った時と同じように外に出たのだ。[4] 驚くべきことに、誰にも気づかれず、誰にも止められなかった。翌日、美術館が一般公開されて初めて、ある来館者が絵がなくなっていることを警備員に知らせた。

　美術館の警備本部は、作品は写真撮影や修復のためにルーヴル美術館の職員によって持ち出されたに違いないと断言していたが、やがて盗まれたことが知れ渡った。世界中の新聞がこの話を取り上げ、1面の見出しにまでなった。それはイタリア・ルネサンス時代に描かれたこの無名な作品について、誰も聞いたことも関心を持ったこともなかったからではなく、ルーヴル美術館を管理するフランス政府の無能さを揶揄《やゆ》するためだった。窃盗事件への怒りが高まり、その返還のために報奨金が出されるようになると、ルーヴル美術館の脇の展示室に飾られていたこの無名の作品は、瞬く間に世界で最も有名な絵画となった。

　強盗事件は伝説となり、ルーヴル美術館が再開されると、サロン・カレに人々が押し寄せ、その中には有名な作家フランツ・カフカもいた――かつてその絵があった場所が空っぽになっているのを見るためだけに。パリ中に6500枚もの指名手配書が配られ、絵画を特定するよう呼びかけられ、泥棒を捕まえなければならないというプレッシャーから、60人の刑事がこの事件を担当することになった。彼らは手がかりを探そうとしたが、何も出てこなかった。
それから2カ月後、報奨金目当ての何者かが、ルーヴル美術館から何度も作品を盗み出し、〝友人〟に売ったと地元紙を訪ねてきた。その〝友人〟というのが、詩人で作家のギヨーム・アポリネールと、パブロ・ピカソというスペイン人画家だと警察が気づくのにそう時間はかからなかった。そう、そのピカソこそ、間もなく世界的に有名なキュビズムの画家となる人物だった。噂が広まると、2人は盗まれた美術品を処分しなければならないと悟った。2人はすべてをケースに詰め、夜陰にまぎれて川に投げ込もうとしたが、その瞬間、投げ込む気が失《う》せた。
代わりにアポリネールは地元新聞社に作品を返却し、匿名を求めた。数日後、警察は彼を拘束し、ピカソにも出頭するよう命じた。2人は怯《おび》え、豹変《ひょうへん》したピカソはギヨームとは面識がないとまで言い出した。運のいいことに、彼らが返却した作品はルネサンス絵画ではなく、紀元前3～4世紀に製作されたイベリア彫刻だった。実はこれらの作品は、ピカソの有名な絵画『アビニョンの娘たち』のインスピレーションの源だったのだ。[5] 絵画の窃盗とは何の関係もないため、事件は却下され、2人は釈放された。[6]
この絵が再び姿を現したのは、１９１３年12月のことだった。ルーヴル美術館に勤めていたガラス職人のヴィンチェンツォ・ペルッジャは、この絵を売るためにフィレンツェ行きの列車に乗り、有名な画商に会いに行った。しかし、作品が確認されると、画商は警察に通報し、ヴィンチェンツォは逮捕された。有罪を認めた後、彼はわずか8カ月間服役した。その間、世間は絵画の返還を喜んだ。絵はフィレンツェ、ミラノ、ローマを短期間巡業した後、ルーヴル美術館に戻された。

レオナルド・ダ・ヴィンチが描いたこの女性の肖像画がサロン・カレに再び飾られた時、10万人以上の人々がこれを見に来た。防弾ガラス、警備員、お金で買える最高のセキュリティシステムで守られていた。ダ・ヴィンチの『モナ・リザ』は現在、年間800万人以上の来館者を集めている。[7]

では、1507年に描かれ、1860年までルネサンス絵画の貴重な表現として美術評論家にすら認識されていなかったこの絵画が、事件以前まではほとんど誰も関心を持たなかったにもかかわらず、多くの人に史上最高の絵画と評価されるまでになったのはなぜだろうか。そして、それがシャンティ・ニケタンや、私たちがどのようにつながり、どのように付き合うかにどう関係することになるのだろうか。[8]

食べ物、音、製品など、何かに触れるだけで、それがより好きになるというのは、私たち誰もが持っている、面白い癖やバイアスだ。旅先で、その土地の郷土料理を試してみたくなることがあるだろう。オーストラリアで人気の酵母エキスを使った発酵食品、ベジマイトを試してみれば、地元の人は最高のスナックだと断言するが、外国人は控えめに言っても理想的ではないと感じるだろう。あるいは、新曲が発売されたとき、その曲には興味がなかったが、10回目に聴いたとき、その曲の良さがわかってきたということもあるだろう。

これは研究者が「ザイアンスの法則（単純接触効果）」と呼ぶものだ。私たちは、何かに触れれば触れるほど、それを好きになり、信頼し、より心地よく感じるようにできている。モナ・リザが伝説的な絵画であるのは、それが他のすべての絵画よりもずば抜けて優れているからではなく、むしろ私たち全員が何度もそれに触れてきたからで、そもそも私たちが絵画に触れたのは、それが盗まれたからにほかならない。もし盗まれていなかったら、私たちはこの絵のことを知ることもなかっただろう。何百万枚もの写真やセルフィーを撮られることもなく、ルーヴル美術館の脇の小部屋の壁に飾られたままだったかもしれない。

単純接触効果は非常に強力で、私たちが何を食べ、どのような服装をし、誰と時間を過ごすかに影響を与える。面白いことに、私たちが何よりも接触しているのは自分自身だ。だから、自分と最も共通点を持つ人が、私たちとつながる可能性を最も持っているというのは理にかなっている。シャンティ・ニケタンで生活するために、人々が多額の支払いを厭《いと》わなかった理由もここにある。これはまた、私たちが行った、出会い系に関する調査で、ほとんどすべての特徴（イニシャル、大学のタイプ、NCAAスポーツの経験、宗教など）において、共通点が多い人ほどつながる可能性が高いことを発見した理由でもある。

正直に言えば、私たちのほとんどは、自分とは根本的に異なる人たちとはつながりを持たない。私たちは、政治的見解、収入レベル、宗教的信条、好きなスポーツチームなどが似ている人と、一緒に過ごす傾向がある。「マイクは違う宗教の信者だけど、私たちは親友だよ」と言うかもしれない。常に異常値はあり得るが、マイクの収入、キャリア、政治的見解、価値観、好きなスポーツチームなど、あなたと重なる部分がたくさんあるはずだ。これらは「マルチプレックス（多重関係）」と呼ばれる。

シングルプレックスとは、共通点が1つの関係（例えば、あなたが店の客で、相手がレジを打っている）のことである。もし2人が同じヘアスタイリストを使い、同じジムに通い、同じ教会に通うなら、2人は複数の関連点を持ち、マルチプレックスを持つと定義される。接点が増えれば増えるほど、人と人がつながる可能性も高まるという研究結果がある。プレックスが増えれば増えるほど、人々の目に触れる機会が増えることを考えれば、これは驚くべきことではない。衝撃的なのは、距離がもたらす驚くべき効果である。

もし、友人と会うたびに車で6時間かかるとしたら、ただ会うためだけに行かないだろう。1970年代、マサチューセッツ工科大学のトーマス・アレン教授は、オフィス間の距離が人々のコミュニケーションやつながりに、どのような影響を与えるかを理解しようとした。誰かが外国にいる場合、おそらく滅多に会うことはないだろう。しかし、フロアを挟んで座っているのと、机が隣接している場合とで、どのくらい接触の頻度に差があるだろうか。

コミュニケーションの頻度とデスクの距離をグラフにしたところ、アレンは驚くべき結果を発見した。2人の席が近ければ近いほど、コミュニケーションは指数関数的に増加したのである。2人の距離が50メートル以上離れると、コミュニケーションは途絶え始めた。この関係は後にアレン曲線として知られるようになるが、デジタル・コミュニケーションにおいても同様である。

アレンは著書の中でこう述べている。

我々の研究データは、距離とともにすべてのコミュニケーション手段の使用が減少することを示している。……私たちが誰かと顔を合わせる機会が多ければ多いほど、その人に電話をかけたり、別の媒体でコミュニケーションをとったりする可能性は高くなる。[9]

これが、シャンティ・ニケタンが成功した理由である。同じ文化、政治、食べ物、そして宗教に触れてきた人生の後に、彼らは多重的な関係と近さが詰まったコミュニティを手に入れた。それは、誰もが努力することなく自然につながることができる環境だった。格言にあるように、類は友を呼ぶ。彼らは、その共通点に惹かれて集まったのだ。

この話は、あなたと友達が知り合うきっかけについて、何らかのヒントを与えてくれるはずだ。彼らはあなたに似ていて、同じ活動に参加し、近くに住んでいる可能性がある。また、なぜそのような進路を選んだのかを説明できるかもしれない。親と同じような仕事をする子供が多いことに、私はよく驚かされる。

このような共通の基盤があれば、子供のころに見たお気に入りの番組について思い出したり、地元のスポーツチームを観戦したりするときに安心できるかもしれない。

しかし、自分の内輪や育った場所を超えたところに願望や目標がある場合には、これは信じられないほど限定的なものだ。私たちが求めているのは、こうした限定的な要素を超えて人々とつながる方法なのだ。私たちは、尊敬し、憧《あこが》れ、成功をもたらしてくれる人々との有意義な関係を望んでいる。

私の場合、億万長者やプロスポーツ選手、セレブ、ビジネス界の重鎮と一緒に育ったわけではない。父はアーティストで母はミュージシャンのため、一緒に育った人はクリエイティブな人に限定されている。それはそれで刺激的かもしれないが、私が学びたいこと、興味ある職業とはまったく無縁だった。しかし今、私の人生は多様な人間関係のおかげで限りなく豊かになっている。それは、単純接触効果を超える方法やマルチプレックスを研究するために、費やした時間のおかげである。

その始まりは、影響力の大小にかかわらず、人々とつながりを持つためには、2つの重要な要素を理解する必要があるということに気づいたことだった。

1　私たちの存在に気づいてもらう方法：誰も知らない人から面談の申し出を受けたり、商品を買ったり、知らない非営利団体に寄付したりはしないし、学生も聞いたことのないクラブで宣誓しないだろう。

2 私たちと関わりたいと思ってもらう方法：たとえ彼らが私たちや私たちの製品、活動、組織について聞いたことがあったとしても、お金を払ったり関わったりするのには、十分な価値を見いだす必要がある。

これらの要素を理解することで、私たちは誰とでもつながることができる。覚えておいてほしいのは、誰かが私たちに出会う前は、私たちが誰なのか、私たちがどれほど素晴らしい人間なのかを、おそらく知らないということだ。自分の立場からは、自分らの輪の一員になりたくないというのは想像しにくいかもしれないが、しかし実際には、ほとんどの人々とつながるためには、彼らが何に価値を置いているかを知る必要がある。

思い出してほしい。ジーン・ニデッチが人々に健康的なライフスタイルを提供したとき、彼女とのつながりが生まれ、コミュニティが形成されたのだ。だから、他の人々が利己的なアプローチで、人々から何を得ようかと画策する一方で、私たちは徳の高いアプローチをとり、彼らが気にかけていることに焦点を当てるのだ。

第6章

誰とでもつながる方法

そのセミナーに座っていた28歳のとき、影響力のある人たちとつながりを持ちたいなら、彼らが何に価値を置いているかを理解するべきだと悟った。

十分な努力をすれば、ほとんど誰とでも会う方法を見つけられるとわかっていたが、ゴールは誰かと握手をしてセルフィーを撮ることではなかった。そうではなく、有意義な人間関係を築きたかった。私は、憧《あこが》れの人たちが私の社交の輪やコミュニティの一員となり、彼ら同士がつながってほしいと願っていた。問題は、私は重要人物に囲まれて育ったわけではないので、彼らの人生や何を魅力的に感じるのかを理解していないことだった。

そこで、オタクである私は、アシスタントやビジネスリーダー、そして私と洞察を共有できる友人たちにインタビューを行った。

振り返ってみれば明らかなのは、人の動機は千差万別ということだ。ある人は社会的影響力のため、またある人は富と権力のため、さらにまたある人は魅力的な人といちゃつくために動いている。たとえ一人ひとりを調べる時間や興味があったとしても、私たちは往々にして自分自身の動機を理解していないことが多いため、間違ってしまう可能性がある。

代わりに、影響力のある人の共通点を理解しようと努めたが、影響力のある人々をすべて同じように扱うことは、すべての年齢の子供を同じように扱うようなものだと学んだ。4歳の子供とティーンエイジャーでは興味の対象が違うことは、親なら誰でもわかる。同様に、重要な人物も、誰にどのような影響を与えるかが異なり、その結果、彼らの生活、社会的プレッシャー、価値観は大きく変化する。

人々をグループ分けし、それぞれのグループとどのようにつながるかを考える必要があった。当初は、業界別（テクノロジー、メディアなど）なのか、聴衆別（教会に通う人、フリーメイソン、スポーツファンなど）なのか、あるいはそれ以外なのか、はっきりしなかった。やがて私は、ある人の影響力の規模が変われば変わるほど、その人の社会的プレッシャーも変わるのだと思うようになった。これは、インスタグラムのフォロワー数で影響力を判断する現代では当たり前のことかもしれないが、2000年代後半にはインスタグラムは存在せず、インフルエンサーは職業ではなかった。

私は人々を4つのグループに分けることができた。

1 **グローバル・インフルエンサー**：経済界に影響を与え、即座にマスコミの注目を集め、国際的に知られる存在である。多くはビジネスや政治的な努力によってその地位を獲得しているが、王族やセレブリティのように、努力せずに地位を獲得できる人もいる。例：エリザベス女王、アメリカ大統領、イーロン・マスク、オプラ・ウィンフリー、リチャード・ブランソン卿《きょう》、ビル・ゲイツ、ビヨンセ。

2 **業界インフルエンサー**：このグループは、その業界に影響を与える能力を持ち、オピニオン・リーダー（教授、科学者、作家など）、地位（CEO、CMO、編集長、部長など）、または過去の成功（会社の売却、オリンピックメダル、ノーベル賞、オスカー、グラミー賞の受賞など）を通じて、業界の尊敬を集めている。世界的なインフルエンサーは、その業界以外でも認知されていることが多いが（リチャード・ブランソン卿は誰もが知っている）、フォーチュン100の上位10社のCEOの名前は、たとえそのリーダー一人ひとりがその業界で絶大な影響力を持っていたとしても、ほとんどの人が挙げられないことに注目してほしい。

3 **コミュニティ・インフルエンサー**：業界より下のレベルは、ニッチや地域共同体だ。企業においては、重要な組織、予算、結果について責任を負う副社長のような役職に就くことかもしれない。宗教的・文化的コミュニティに奉仕するスピリチュアル・リーダー、先輩・後輩、インストラクターかもしれない。あるいは、多くのファンを獲得しているものの、まだ業界レベルの知名度には到達していないクリエイターの場合もある。簡単に言えば、コミュニティや業界内のニッチに影響を与えたり、導いたりできる人たちだ。

4 パーソナル・インフルエンサー：あなたの人生に影響を与えたり、逆にあなたが影響を与えたりする人たちが、あなたの個人的なインフルエンサーだ。親友、家族、同僚、さらにはヘアスタイリスト、学校の先生、トレーナーなどである。重要なのは、それが双方向の関係であるということだ。ソーシャルメディアでフォローしているだけではなく、つながっている人のことだ。

私は、人々をこの4つのグループに分けることができたので、あとは彼らが何を大切にしているのか、どうすれば彼らとつながることができるのかをリサーチすることができた。しかし、気をつけなければならない大きな落とし穴があることを指摘しておこう。あなたが人間関係を構築していることを知ることほど嬉《うれ》しいことはないのだが、人は往々にして有名人とのつながりを重視しすぎる。誤解しないでほしいのは、有名人や大物と付き合うのはとてもクールで魅力的なことだが、ほとんどの場合、それはあなたの目標達成には役立たないということだ。少なくとも、あなたの人生の質に本当に影響するものではない。

子供を良い学校に入れるための人間関係を築きたいなら、マーク・ザッカーバーグを知っていてもあまり役に立たないだろう。この場合、学校の学部長や教育界のリーダーのようなコミュニティのインフルエンサーとつながる方が、より大きな影響を与えるだろう。重要なのは、グローバルなインフルエンサーを知ることが、業界やコミュニティのインフルエンサーを知ることよりも必ずしも良いとは限らないということだ。あるグループが他のグループより優れているわけではない。重要なのは、自分の人生、キャリア、会社、大義のために何を望むかだ。

私は人間関係を制限したくなかったので、それぞれのグループが何を大切にしているかを理解する必要があった。私が開発したアプローチは、人々とのつながりを促進するだけでなく、人々が互いにつながるように設計されている。私たちは、すべての人がより良くなり、全員が健全な社会的な輪の一員であると感じられるようにしたい。これからのページでは、各グループの戦略を紹介する。すべて読んでから、あなたが達成したいことに最も適したものを選ぶことをお勧めする。

第7章

グローバルおよび業界のインフルエンサーとのつながり

「存命する人に誰でも会えるとしたら、誰に会いたいですか」と尋ねると、答えはその人の年齢によって異なる傾向がある。私の13歳の姪《めい》、アイディンはおそらくトレバー・ノアとテイラー・スウィフトと答えるだろうが、大人の答えはイーロン・マスク、オプラ・ウィンフリー、ウォーレン・バフェット、アンゲラ・メルケル、リチャード・ブランソン卿《きょう》、ビヨンセ、ジェフ・ベゾス、ミシェル・オバマといった名前になりがちだ。

スポーツ選手や政治家が多いかもしれないし、有名人が1人か2人いるかもしれない。あなたの理想とする人物が、サッカー選手であれ、銀行家であれ、バンドのボーカルであれ、国際的にあるいは少なくとも業界で有名である可能性は高い。驚くのは、世界的なインフルエンサーと業界内のインフルエンサーでは、社会的プレッシャーがかなり異なり、その結果、それぞれにアプローチや哲学に違いが生じる。ほとんどの人が憧《あこが》れの人（多くの場合、世界的なインフルエンサー）を持っているので、まず彼らから始め、次に彼らが業界のインフルエンサーとどのように関係しているかを説明する。

グローバル・インフルエンサー

世界的なインフルエンサーは非常に需要が高いため、仕事をこなすために特別なセキュリティ、エグゼクティブ・アシスタント、マネージャー、エージェント、スタッフ長、そして完全なチームを抱えていることが多い。その結果、彼らは世間知らずな傾向がある。起床から就寝まで、一日のあらゆる部分がスケジュール化されている。

時には、すぐに仕事を始められるように、朝からチームが自宅にいることもあるし、ミーティングからミーティングまで、すべて一緒に移動することもある。外界とほとんど、あるいはまったく接触することなく移動することもある。自宅から車、ミーティング、また車、飛行機、車、ホテル、ランチミーティング、仕事、家族、その間にあるすべてのものが、彼らの多忙なスケジュールを満たすように管理され、駆り出される。

仮に彼らのイベントに参加できたとしても、アシスタントやセキュリティ、チームへの敬意を払いつつ、その場を過ごす必要がある。それは並大抵のことではない。もちろん、あなた自身が世界的なインフルエンサーであれば、チームに連絡を取って一緒に過ごす時間を作ってもらうこともできるし、メディアから〝億万長者のサマーキャンプ〟と呼ばれた、グーグル・キャンプのような超高級イベントに招待してもらうこともできる。[1]２０１９年には、オバマ大統領、スーパーモデルのカーリー・クロス、デザイナーのダイアン・フォン・ファステンバーグに加え、ケイティ・ペリー、ハリー・スタイルズなど、業界を代表する顔ぶれが続々と登場し、大きな話題となった。

セクシーさはないが、より秘密主義的なものがお望みなら、ビルダーバーグ会議[2]に足を運んでみてはいかがだろう。１９５４年以来毎年１３０人の政治家、金融家、思想的指導者が秘密裏に集まり、北米とヨーロッパに関する議題について話し合う。正直言って、ジェームズ・ボンド映画のシナリオみたいだ。

このようなイベントの中で最もよく知られているのは、世界経済フォーラムであろう。このフォーラムは、世界、地域、産業のアジェンダを形成するために、政界、ビジネス界、文化界の非常に有名なリーダーたちが参加している。これらの財界・政治リーダーたちは、１月に１週間、スイスのアルプス山脈にある小さな町、ダボスで寒さを楽しむために集まる。要するに、5万ドルから21万ドル以上のチケットを買って招待される幸運に恵まれれば、世界的企業の

CEOや億万長者、世界中の首相、アメリカ大統領、その他何千人もの人々と歓談する特権を得ることができるのだ。[3] だから、10億ドルの余剰資金があるか、たまたま国際通貨基金を運営しているのでなければ、別のアプローチが必要になる。私は、このようなグローバルなインフルエンサーとつながるための解決策を、ニューヨークの演劇界という意外な場所で見つけた。

スコット・サンダースにはビジョンがあった。ニューヨークの有名なラジオシティ・ミュージックホールで数え切れないほどのショーをプロデュースしてきた彼は、ブロードウェイの観客を再定義できるようなショーを作りたかった。考えてみれば、2004年当時、ブロードウェイの観客のうちアフリカ系アメリカ人は全体の4パーセントにも満たなかった。

サンダースのアイデアは、ピューリッツァー賞を受賞した小説『カラーパープル』を舞台で蘇《よみがえ》らせることだった。新しい観客を引きつけるために、彼は誰もが愛し、信頼する人物の支援を求めた。彼は、1980年代に映画化された作品に出演していたオプラに支援を依頼したかった。ご想像の通り、オプラのように有名で尊敬されている人物と連絡を取るのは難しく、サンダースがショーを見せてそれについて話すためには、彼女の時間を何時間も必要とした。

彼はオプラに直接接触する代わりに、私が「ユビキタス・アプローチ」と呼ぶものを使った。それも彼は意図せずに行ったのだ。グローバル・リーダーは、信頼できる友人、ビジネス・パートナー、従業員で固まったサークルを持つ傾向がある。彼らは弁護士、会計士、代理人であったり、会社の事業部を経営していたり、親友であったりする。ユビキタス・アプローチは単純で、彼らのインナーサークルにいる人々とつながり、信頼関係を築けば、やがてあなたは彼らのコミュニティの一員となり、信頼できるメンバーとして引き込まれる。

結局のところ、テスラ、ソーラーシティ、スペースX、ニューラリンクの社長と友達になれば、イーロン・マスクと付き合うようになるのにそう時間はかからない。このインナーサークルは、業界のインフルエンサーで構成されていることが多いことに気づくだろう。

だから、スコットは時間をかけた。番組を制作していた数年間、彼はシカゴにあるオプラのスタジオで、ダイアナ・ロスやクイーン・ラティファといった業界のリーダーたちとプロジェクトに取り組んでいた。約9メートル先にオプラがいたので、彼は突然の売り込みで彼女を驚かせないよう、自制しなければならなかった。真剣に取り組んでもらうには、知り合いからの紹介が必要だと彼はわかっていた。番組が最後のワークショップに入る頃、彼は共同プロデューサーである伝説の音楽プロデューサー、クインシー・ジョーンズに、プレスの獲得方法についての提案を求めた。ジョーンズは、当時オプラの雑誌で働いていただけでなく、スコットも驚いたことにオプラの親友でもあったゲイル・キングに接触することを提案した。ショーのプレビューを見るために招待を受けたゲイルは、そのショーがとても説得力があり、素晴らしいと感じ、オプラにこうメールした。「スコットはあなたを誇りに思っている」と。

数日後、オプラからスコットに電話があり、オプラはまっ先に投資を申し込んだ。ご想像通り、スコットは光栄に思ったが、彼が本当に興味を持っていたのはお金ではない。彼はブロードウェイにアフリカ系アメリカ人のコミュニティが来て、尊敬されていると感じられる場所を作りたかったのだ。その過程で、有色人種で1桁《けた》%以上の観客を引きつけたいと考えていた。

数カ月後、番組の看板が掲げられると、そこにはこう表示された。「オプラ・ウィンフリーが贈るカラーパープル」。彼女のお墨付きは人々の注目を集め、アリス・ウォーカーの著書を魅力的に脚色したこの番組は、その注目を維持することができた。このショーは止まることのないヒットとなり、スコットの夢をかなえた。観客の50%はアフリカ系アメリカ人だった。スコットは、オプラを巻き込むことで、ブロードウェイの舞台には足を運ばないような人々を引きつけることができるとわかっていた。そして、それは成功した。

数年後、オプラはスコットに、もし2人が紹介される1、2年前、彼が自分のビルにいたときにアプローチされていたら、彼女は、彼が自分に多くを求めすぎていると感じただろうと語った。ゲイルが、作品発表の直前に、彼女に会うように誘ったという事実は、オプラというキラー支援者と、多くの聴衆をもたらした。信頼できる人物から世界的インフルエンサーのインナーサークルに引き入れられるかどうかで、すべてが変わるのだ。

スコットは業界リーダーとしての資質をすべて備えていたにもかかわらず、適切な文脈で関係が発展するよう時間をかけた。業界のインフルエンサーとの関係を築くのに時間をかけ、それからグローバルな人物とつながる方法を見つけるのだ。

経験上、このプロセスは効果的ではあるが、私たちが期待するほど満足できるものとは限らない。第一に、人とつながることの醍醐味《だいごみ》は、永続的な関係を築くことである。世界的に活動する人々は、必ずしも私たちの社会的サークルやコミュニティに引き込まれるだけの心の広さや関心を持っているわけではない。これは、彼らが参加することを好まないということではなく、彼らには多くのスポンサーを抱えている責任があるため、現実的ではないことが多い。それに、正直なところ、英国女王が新しい親友を探し回っているとは思えない。

さらに重要なのは、あなたが何を達成したいかによって、おそらく彼ら自身よりも、彼らの側近の人たちの方がうまく対処できるということだ。リチャード・ブランソン卿《きょう》にあなたの大義に協力してもらいたいのであれば、彼の非営利団体であるヴァージン・ユナイトの代表とつながった方がいいだろう。その人物の方が連絡を取りやすく、関係を築きやすいだけでなく、彼らは日々の優先順位や、何が可能で何が不可能かの複雑さを知っている。リチャードに接触するのにかかる時間で、ヴァージン・ユナイトのような20の組織とつながることができるだろう。グローバル・インフルエンサーのインナーサークルにいる人々は、業界のインフルエンサーであることが多いので、彼らとつながる方法を見てみよう。

業界インフルエンサー

リチャード・ソール・ウルマンが第1回TEDカンファレンスを開催した当時は、それは大失敗だった。彼は「究極のディナーパーティー」を開催するようなものになると期待していたが、1984年当時、人々は彼のアイデアを受け入れる準備ができていなかったのかもしれない。彼は、聴衆はカンファレンスに飽き飽きしており、スーツを着た初老の白人が、自分の会社がいかに素晴らしいかを1時間も語り続けるような話は聞きたくないはずだと考えていた。

代わりに彼は、シンプルさと機能性を重視するバウハウスのデザイン運動からインスピレーションを得た。リチャードは会議から本質的でないものをすべて取り除こうと考えた。パネル、スーツ、講演台、長いスピーチ、パワーポイント、自己紹介、その他数え切れないほど小さなこと、誰も見逃さないようなことを取り除いた。最終的に残ったのは、たったひとつの素晴らしいアイデア、18分以内に伝えることのできるアイデアだけだった。[4]

これは、反カンファレンスであり、彼が最高の人材を集めることができる場所であり、世界の他のほとんどのカンファレンスとは異なり、単一の関心分野（例えば、医学、コンピューター、建築）に限定されない場所である。彼はテクノロジー、エンターテインメント、デザイン（TED

の名前の由来）に焦点を当て、業界を超えて人々を集めた。さらに独特なことに、多くの最高のディナーパーティー同様、ＴＥＤは招待制だった。[5]

リチャードのスタイルは、誰もが想像していたのとはまったく違っていた。彼はプレゼンターと一緒にステージに立ち、聴衆が飽きたら止めて講演者を降ろす。講演は短時間だったため、素晴らしいプレゼンターは観客を大喜びさせ、そうでない場合は観客がイライラする前に姿を消した。一流の頭脳による素晴らしいプレゼンテーションや、コンパクトディスクプレーヤーや電子ブックリーダーなどの、当時の最先端技術のデモンストレーションがあったにもかかわらず、このカンファレンスは大赤字だった。

リチャードと彼のビジネスパートナーが再挑戦するまで、さらに6年の歳月を要し、今度こそ、世界の準備は整っていた。[6]ソーシャルメディアやバイラル・マーケティングが登場する以前の時代だが、ＴＥＤは1年前に完売していた。[7]ＴＥＤは、受賞歴のあるミュージシャン、億万長者、建築家、作家、ノーベル賞受賞者、発明家などが、同じ場所で肩を並べられる数少ない場所のひとつであり、今もそうである。

リチャードは最終的に会社をクリス・アンダーソンに売却し、彼は組織を非営利団体に変え、その驚異的な世界的拡大を指揮した。２００６年、当時のＴＥＤメディア責任者ジューン・コーエンの提案により、ＴＥＤは講演のオンライン公開を開始した。[8]それ以来、ＴＥＤは、複数の大陸で開催されるカンファレンス、世界有数のブランドとのパートナーシップ、そして世界中の何百もの都市で独自に運営されるTEDxとして知られる分科会など、グローバルな存在となった。

多くの組織が並外れたカンファレンスやイベントを作ろうと試みているが、なぜTEDは最終的に成功したのだろうか。その答えの一端は、リチャードの特異なリーダーシップ・スタイル、カンファレンスの型破りな形式、そしてもちろん、TEDが立ち上げられた特定の文化的瞬間に関係している。しかし、他者とつながり、影響を与えようとする私たち自身の努力の中で、そこから学び、再現することができる、時間のかからない資質がさらにある。

業界のインフルエンサーたちの生き方を調査し始めたとき、TEDやインフルエンサー・ディナーで目にするようなタイプの人たちから、人々がいかに多くのものを求めているかに気づいた。具体的には、人々が求めるものは、私がSTEAMと呼ぶ5つのカテゴリーに分類される（STEAM：ステータス、時間、専門知識、アクセス、お金）。

カンファレンスで業界リーダーに歩み寄ったり、メールでリクエストを送ったりすれば、前向きな返事がもらえると考えるのは甘く、おそらく傲慢《ごうまん》ですらある。業界リーダーには依頼が殺到しており、慎重に依頼を選別することを学んでいる。しかし、私は研究を通じて、交流やイベントをより魅力的で持続可能なものにするために、あなたが活かせる4つの資質を特定した。「気前良さ、斬新さ、キュレーション、そして畏敬《いけい》の念」だ。

この4つの資質は、業界のインフルエンサーたちの関心を常に引きつけ、彼らを引きつけることがわかっている。気前良さ、斬新さ、キュレーション、そして畏敬の念は、より深く意味のあるレベルでつながりたいという欲求を生み出すものだ。この4つすべてを常に盛り込む必要はないが、盛り込めば盛り込むほど、業界のリーダーたちが関わりたいと思う可能性が高まることを指摘しておきたい。どのように優先順位をつけるかは、あなた次第だ。

気前良さ

気前良さとは何か。贈り物をしたり、引っ越しを手伝ったり、慈善団体に寄付したりすることだろうか。気前良さとは、何か（お金、時間、製品など）を必要以上に、あるいは期待以上に与えることだ。そう聞くと、人に贈り物を浴びせなければと思うかもしれないが、私が言いたいのはそうではない。この考え方を理解するために、有名なペンシルベニア大学ウォートン校のアダム・グラント教授の研究を調べてみよう。グラントは、医学生、セールスパーソン、エンジニアの成功率を調べ、それぞれのグループ内で、ギバー（与える人）、テイカー（搾取する人）、マッチャー（行動を模倣する人。与える人にはお返しをするが、テイカーには与えない）を比較した。

この3つのグループを比較したところ、グラントは驚くべきことを発見した。医学部での成績が最も低かった人、営業マンとしての収入が最も低かった人、エンジニアとしての生産性が最も低かった人は、みなギバーだったのだ。これは私がこれまで説いてきたことに反するようだ。他人を気遣ったり、貢ぎ物をしたりしたいという思いが、どうして自分の成功を減らすことになるのか。

さらに、疑問を投げかける。最も成功した個人は誰か。奇妙なことに、最も成功しているのもギバーだ。グラントは、成功する人と失敗する人を分けるのは、どこに線を引くかを知っているかどうかであることに気づいた。

期待以上のものを与えすぎて、必要なものをケアしきれなくなった人は、燃え尽き症候群になる可能性がある。もしあなたが医学生で、皆の勉強を手伝っているにもかかわらず、自分の勉強に十分な時間を割けなければ、成績は落ちるだろう。一方、期待以上のものを与え、同時に自分自身のケアも怠らなければ、他のギバーだけでなくマッチャーからも支持される。

では、なぜギバーがトップになりやすいのか。グラントは、テイカーはすぐに出世し、すぐに没落する傾向があると説明した。公平さを求めるマッチャーが、搾取的であるとして彼らを非難するからである。実際、寄付文化のある企業は、利益や顧客満足度、従業員の定着率の向上、営業経費の削減など、あらゆる指標で経営がうまくいっている。

これが私たちのスイートスポットである健全な気前良さだ。私たちは、人々を歓迎し、人々がその一員であると感じられる気前良さと、私たち自身が成功し燃え尽き症候群に陥らないようにするため、バランスをとる必要がある。

ＴＥＤにおけるリチャードの卓越した手腕のひとつは、体験全体に気前良さという精神を取り入れたことだ。リチャードの主な目的が、人々を儲《もう》けさせることではなく、特別なことのために人々を集めることなのは明らかだった。このような価値の高いコミュニティの一員になることは並大抵のことではなく、運が良ければ、彼はステージを与えてくれる。それは、あなたが最も尊敬する業界のリーダーたちとアイデアを共有し、あなたを輝かせる機会なのだ。TEDの気前良さは、コミュニティの貢献がTEDを実現させたことに由来する。人々が期待以上のものを提供し、期待以上のものを受け取るからこそ、TEDは機能する。講演料が支払われることはなく、人々は出席し、参加することを光栄に思っている。

これは重要な違いだが、人々はしばしば気前良さと贈り物を混同する。ブランドや多くの人々は、豪華な見本市や高額商品、パーティーでのイベント用福袋などで人々を魅了しようとする。これらの福袋をどうしたか尋ねると、ほとんどの人は、何も残っていないと答えるだろう。その会社や商品のファンでない限り、携帯電話やパソコン、家電製品などの高額商品であっても、通常は捨てるか再びプレゼントする。

ベンジャミン・フランクリンがライバルに勝ったのは、本を贈ったからではなく、ライバルがわざわざ本を持ってくるように仕向けたからだということを思い出してほしい。同じように、私たちは、人々が共同の努力を投資し、仲間に加わっていると感じ、つながりを生み出す機会を与えるような、気前良さに焦点を当てる必要がある。

そうやって、人々が期待以上のものを受け取れるような信頼の土台を作るのだ。インフルエンサー・ディナーでは、このような気前良さを基本としている。私たちは人々に、共同作業とつながりを可能にする招待状を送る。街のハイキングに出かけたり、ワークショップ、スポーツ、アート・プロジェクトに参加したりするように人々を招待する。協力的なチームでのビデオゲームでも効果が実証されている。

ただ残念ながら、気前良さだけで十分であることはほとんどない。業界インフルエンサーたちは、数え切れないほどのイベントへの招待を受けたり、無料の製品をもらったりしているため、私たちは気前良さを超え、他に何で彼らの注目を集めることができるかを検討する必要がある。

斬新さ

『クリエイティブ・スイッチ』(千葉敏生訳、早川書房)の著者アレン・ガネットは、物事が私たちに訴えかけるのは、それが十分に独創的で興味深いものであると同時に、十分に身近で安全なものであるときだと主張する。馴染《なじ》みがありすぎると陳腐で面白くないし、異質すぎると居心地が悪くなり、前衛的でニッチにしかアピールできなくなる。アイスランドで最も有名なミュージシャン、ビョークの名前は誰もが知っているが、彼女の音楽を繰り返し聴くことはまずないのはそのためだ。

それは新しいものと馴染みのあるもののバランスで、おそらくSN／VTA(黒質／腹側被蓋《ひがい》領域）として知られる脳の一部と関係がある。これは、研究者が脳の「主要新奇性中枢」と呼ぶものである。[9] 私たちが何か新しいもの、異なるものに触れたとき、SN／VTAはその目新しさに比例して反応する。私たちにとって重要なのは、〝それを探求し、理解しようと私たちを誘う〟ということだ。つまり、何かが新しく異なっているとき、私たちはそれを見て理解しようと引き寄せられる。

しかし、クリエイティブ・カーブと同じように、あまりにも斬新なもの、例えばエイリアンの宇宙船が着陸するようなものであれば、私たちは怖くなってそれを避けてしまうだろう。重要なのは、そのスイートスポットを見つけることだ。私たちの多くにとって、挑戦は、私たちのすることをより斬新なものにすることだろう。しかし、私たちの中には、人々を魅了してぞっこんにさせるほどのクレイジーなアイデアを思いつく人もいる。

何かが十分に斬新かどうかを知るための簡単なテストがある。自分自身に問いかけてみてほしい。「それは正しい理由で注目に値するか」。つまり、並外れたもの、珍しいものであるために注目される価値があるかということだ。何世代にもわたって、私たちの種は口承史を通じて知識を伝えてきた。何かが重要であったり、文化的に重要であったりすれば、人々はそれについて言及する。注目されなければ、忘れ去られてしまう。影響力のある人々に気づいてもらい、あなたに関わってもらいたいのであれば、適切な理由で目立つものが必要だ。

「血を流せばつながる」という古い新聞の格言は、この逆説を示している。暴力的な記事は私たちの注目を集めやすいが、衝撃的で動揺させるからこそ注目されるのだ。私たちは、正しい理由、つまりあなたが関わりたいと思う理由で目立つ必要がある。

ＴＥＤでは、この原則が非常に健全な形で発揮されている。ＴＥＤはひとつの業界に限定されていないため、人々はあらゆる分野の優れた思想家に接することができ、講演は知識や専門知識のレベルに関係なく理解できるように工夫されている。突然、アイデアが業界間で相互につながるようになる。以前は、あるアイデアに触れるためには何時間も講義を聞いたり、何百ページも読んだりしなければならなかったが、リチャードのスピーカーは、あなたが知らなかったトピックについて数分で個人的なマスタークラスを提供してくれる。クリス・アンダーソンとジューン・コーエンがビデオをオンラインに公開し始めると、この業界の巨人たちは世界に向けて話し始めた。

注目度テストに合格したということだ。間違いなく、何億回という動画再生回数を記録した。視聴者たちはそれを見ただけでなく、共有し、全世界の人々が学び刺激を受けることができるように、視聴者がボランティアで他の言語に翻訳するほどに、人々はＴＥＤの最高のトークを愛した。

ＴＥＤトークを見たことがある人なら、センセーショナルでもなく、世界の終わりを説くわけでもなく、暴力について語ることもほとんどないことに気づくだろう。しかし、それらは斬新で、リチャードのフォーマットも、クリスがそれを世界的なプラットフォームへと進化させた方法も同様である。斬新さは、驚くほどシンプルな特徴から生み出される。インフルエンサー・ディナーでは、ゲストは自分のキャリアについて話すことはできないし、ほとんどのTEDトークは9分に制限されている。

私が好きな例のひとつは、ラリー・スミスが広めた「6ワード・メモワール」プロジェクトだ。アーネスト・ヘミングウェイにヒントを得たもので、6つの言葉で自分の人生を語るというものだ。いくつか例を挙げてみよう。アリソン・ハリスの「引っ越し 1年 ごと そして 故郷 に 戻る」や、リサ・アン・ポトルの「彼女の 夢は 彼女の 現実を 温め 続けた」[10]などだ。私の場合、「失読症の ドジっ子 本を 書いて それを 見せた」となるだろうか。これらの例がいかにシンプルであるかに注目してほしい。

多大な労力は必要ないが、何か大きなものを創り出したいと思うのであれば、そうすればいい。重要なのは、その結果が好奇心を刺激し、話題にする価値があるということだ。一番良いことは、ほとんどの斬新な体験は多額の資金を投資する必要がないということだ。リチャードは、ステージに上げる前に、リビングルームでTEDのフォーマットを無料で試すことができた。私が弊社を始めたとき、レンタル機材も、スタッフも、高価な食べ物もなかった。ただ、目立つ人々と形式があっただけだ。

キュレーション

私たちの文化において最も影響力のある人々は、誰と最も長い時間を過ごしているだろうか。この質問に対する私の最も一般的な答えは、〝他の影響力のある人々〟か〝彼らの家族〟である。次に、重要なリーダーが管理者やチーフ・アシスタントとどれだけの時間を費やしているかを思い起こす。管理者とは、彼らのスケジュールを管理し、いつどこに行くかを知らせ、彼らの生活をうまく機能させる人だ。管理者の次に、彼らはチームや顧客、会社によっては上司に話をする。そして一日の終わりには、家族や友人と話す。

実際、彼らもあなたと同じように影響力のある人たちに会いたいと思っている。だから彼らは、ダボス会議、ミルケン研究所のグローバル会議（1万5千～5万ドル）、TED（5千～5万ドル以上）などに出席するために、遠距離を移動し、巨額の資金を費やすことをいとわない。興味深いアイデアを聞くチャンス（オンラインで、無料で視聴できるにもかかわらず）のためで、より重要なのは、優れた人々と出会い、時間を過ごすためだ。コロナ禍以降、物理的なスペースに集まることは減ったが、それでも〝適切な〟ズームルームやバーチャルイベントに参加することに高い価値が置かれていた。

社交的なものであれ、プロフェッショナルなものであれ、あるイベントに参加しようと考えるとき、私たちが最初に抱く疑問は通常こうだ。「誰が来るのだろう」。正直なところ、私もつまらない人や嫌いな人とは一緒にいたくない。

影響力のある人物であればあるほど、時間に対する要求も多くなる。そのため、業界のインフルエンサーたちは、自分が会いたい人でいっぱいの部屋に入れるように、旅費や出費を惜しまない。優れた美術館の学芸員が、展示する美術品の適切な組み合わせを選ぶように、私たちの仕事は、部屋にいる人々と、私たちの社会的サークルやコミュニティにいる人々の両方を選ぶことだ。

はっきりさせておきたいのは、自分の人生から人を切り離せとか、それぞれの人間関係を計算し尽くせと言っているわけではないということだ。理想的な状況では、その場にいる全員が、少なくとも１人か２人の人と会ったり話したりすることに興奮している。みんなが同じ人と話したがると、その集まりはバランスを欠いたものになる。また、人数が多ければいいというわけでもない。適切な３、４人であれば、２００人よりもはるかに楽しめることも多い。

どんな大勢が集まる場でも、参加者の数より参加したい人の数の方が多いものだ。これは、ナイトクラブが人を締め出すことでクールに見せようとするような、注目を集めるための排他性ではない。むしろ、人が増えるにつれて親密さが失われ、有意義なレベルでの絆《きずな》を築く能力が低下していく危険性があるからだ。私たちの目的は、人間関係を発展させ、成長させ、人々が互いにつながることだ。キュレーションとは、興味深い人々の組み合わせで場を満たし、それによって皆が楽しみ、より良い結果を得ることである。

リチャードはTEDを究極のディナーパーティーと見なしていたので、出席者全員がステージ上の人物になれるようなゲストを招待した。このような高い水準によって、全員が興味深く、話す価値があることが保証された。ゲストの経歴や専門知識の多様性は、競争や上下関係を減らしつつ、価値や新しさを増した。これはインフルエンサー・ディナーでも同じだ。トニー賞を受賞した演劇人は、ピューリッツァー賞を受賞した写真家やオリンピック選手と競合するわけではない。彼らはそれぞれ、互いに魅了され、深い尊敬の念を抱いているのだ。

このような多様性が必要だと言っているわけではない。特定のコミュニティ（例えば、学校の先生、サイバーセキュリティの専門家、作家、マーケティング担当者）の中で、より大きなつながりを作りたいと思うかもしれない。コミュニティの規模にかかわらず、効果的なキュレーションを心がけたい。

畏敬の念

人間の感情や精神状態の中で、間違いなく最も望まれているのは畏敬の念だろう。決して愛や幸福や帰属意識が素晴らしくないからではなく、畏敬の念があまりに希少だからだ。畏敬の念とは、「壮大、崇高、極めて強力、あるいはそれに類するものによって生み出される、畏怖、賞賛、恐怖などの圧倒的な感情」と表現される。[11] それは、人々が宇宙の中で自分自身を置き直すきっかけとなる。これは、親が初めて子供を抱くときのような、めったにない瞬間である。「宇宙が私の周りから消えて、私たち2人だけの完璧《かんぺき》な時間だった」と言うかもしれない。

畏敬の念を経験すると、人はより寛大になり、つながりを感じるという。この感覚をある程度誘発することは、人間関係を構築する上で素晴らしい背景となる。

私は2つのことを強調したい。1つ目は、これは非常に高い基準であるということだ。畏敬の念が頻繁に起こるとは思わないが、それを原則に含めることで、私たちはより高い基準で考えるようになる。もうひとつは、畏敬の念は目新しさとは違うということだ。私たちは新しいことに挑戦するたびに畏敬の念を抱くわけではない。むしろ、畏敬の念を抱くような瞬間は、私たちが世界を新しい方法で見ることを可能にする視点の突然の転換を引き起こす。私たちは生命の壮大さ、相互のつながりを経験する。以前は不可能だったこと、考えられなかったことが、新しいパラダイムとなる。

月面着陸を見た人、マッキントッシュのデモに初めて参加した人、プラネタリウムで初めて自分たちがいかに小さな存在であるかを知った人は、怖敬の念を抱いたことだろう。目新しさを演出するのはもっと簡単で、その効果は一般に一時的なものだ。一方、畏敬の念はめったに忘れられないものであり、視点を変えるきっかけとなる。畏敬の念は、素晴らしい景色や感動的な芸術作品、あるいは顕微鏡を覗《のぞ》き込んで現存する最小限の生命体を見ることによって引き起こされるかもしれない。

ＴＥＤでは、このような瞬間が時折訪れる。科学者が初めて発見を披露したり、技術者が予想もしなかった技術の飛躍的進歩を示したり、アーティストが飛び抜けた創造性を披露したりするのだ。私たちが毎日使っているテクノロジーのない世界を想像するのは難しいが、１９８４年のＴＥＤのステージでは、アマゾンのキンドルが発売される20年以上も前に、最初の電子書籍リーダーのデモンストレーションが行われた。このような瞬間は、無数の業界にまたがる聴衆の考え方に、根本的な変化をもたらすことになる。

インフルエンサー・ディナーでは、人々が言葉を失ったり、唖然《あぜん》としたりする瞬間がある。すべてのディナーで起こるわけではないが、そのような時は忘れられない。一緒にワカモレを作った人がノーベル賞受賞者だったり、ＮＢＡオールスターに12回出場した人だったと知った参加者は、目を見開いて困惑し、信じられないという表情を浮かべる。本当に素晴らしいことだ。

何を作りたいかを考えるとき、どうすれば畏敬の念を引き起こすことができるかを自問する。これは不可能に近い基準だが、それを達成することができれば、人々は遠くからやってきて、つながり、刺激を受けるだろう。

業界インフルエンサー：気前良さ、斬新さ、キュレーション、そして畏敬の念をひとつにする。

リチャードとクリスがTEDを成功に導くことができた理由はたくさんあるが、この例から学ぶことができるのは、業界のインフルエンサーたちを結びつける決定的で、時代を超越した柱や価値観があるということだ。このような特徴を1つでも2つでも備えたイベントや体験を作れば、ヒットを飛ばすことができる。これらの柱を3つか4つ組み合わせることに成功し、うまく組織化され、設計されれば、ホームランが生まれるだろう。

業界のインフルエンサーに注目され、その人たちとつながりを持ちたいのであれば、際立った新しい何かを生み出す必要がある。自問してみよう。

1 どうすれば気前良くなれるか、気前良い空間を作れるか

多くの時間やお金をかけてイベントを開催する必要はない。持ち寄り軽食の会を主催したり、業界の重要なトピックについてオンライン・フォーラムを始めたりといった簡単なことでもよい。最も重要なのは、あなたが与えるものに、彼らが労力を費やすに値する価値があることだ。私たちは、彼らが気にかけていることを確認し、イケア効果が発揮されるようにしたい。

2 どんな斬新なものを準備すれば良いか

もしあなたが持っているものが他のイベントのコピーであれば、それは目立たず、人々の好奇心や注意を引くきっかけにはならないだろう。もしそれが十分に斬新であれば、注目され、人々はそれについて話すだろう。目新しさは、形式、料理、あるいは人々が持ち寄るもの、話すこと、その場で行うことから生まれる。

3　誰をキュレーションするのか

あなたはどの業界、交差点（テクノロジーと映画など）、あるいは複数の業界をまたいでつながっているのか。私たちのコンサルティング業務では、企業が業界固有のコミュニティを作るのを支援する場合でも、近隣の業界から数人（例えば、アイデアを共有する研究者やストーリーを伝えるジャーナリスト）を参加させることをよく提案する。こうすることで、メンバーが長年の共同作業で既に知っている人以外の人を確実に加えることができる。

4　どうすれば畏敬の念を引き起こすことができるのか

これが最も難しい原則だ。時には驚きや新しいアイデア、自然とのふれあいによって起こることもある。あまりこれにとらわれすぎず、自分自身や他の人に問いかけ、周囲を探しても損はない。

インフルエンサー・ディナーに加え、私のチームと私は、インフルエンサー・コミュニティとクライアントの双方に、数え切れないほどの体験を提供してきた。最も人気のあるもののひとつが、「インスパイアー・カルチャー」で、インフルエンサーによるサロンだ。ほとんどのディナーの後、さらに60人から100人のコミュニティ・メンバーを招いてカクテルを楽しみ、約1時間後に、科学者、アーティスト、著名人による、新しい意外なアイデアを紹介する12分間のプレゼンテーション3本と、ミュージシャンやマジシャンによるパフォーマンスで驚かせる。

講演者は、科学教育番組『ビル・ナイ・ザ・サイエンス・ガイ』出演者や、グラミー賞を2度受賞した元ザ・ルーツのラーゼル、伝説の建築家ビャルケ・インゲルス、ミュージシャンのレジーナ・スペクター、オリンピックメダリストやノーベル賞受賞者など多岐にわたる。講演が終わると、ゲストは自由に交流し、何でも話し合うことができる。2020年までに、私はニューヨーク、ロサンゼルス、サンフランシスコで毎月3回、このようなサロンを開催するようになった。このシンプルな構成が、気前良く、斬新で、キュレーションに優れ、適切なトピックを提供することで畏敬の念を抱かせることに成功している。これは、ディナーに参加した後もコミュニティの絆を深める役割を果たしている。

さて、つながりの方法を理解したところで、誰に焦点を当てるべきかを少し考えてみたい。潜在的なゲストの包括的なリストを作成しようとすると、圧倒されてしまうかもしれない。このプロセスをより管理しやすくするために、私たちは「プライスの法則」と呼ばれるものを適用する。物理学者のデレク・プライスは、科学分野で発表されるすべての研究を見ると、その半分は貢献者の平方根によって生み出されていることに気づいた。つまり、科学論文の執筆者が25人いれば、そのうちの5人が半分の仕事をしたことになる。

ハリウッドのエンターテインメント・コミュニティを作りたいなら、まず業界で働く40万人から始める。平方根をとると、プライスの法則によれば、約632人が半分の仕事をしていることになる。同じ俳優、監督、プロデューサーの名前をあちこちで見かけるのはそのためだ。600人のリストを作るのは、40万人を見直すよりずっと管理しやすい仕事だ。この法則がすべての業界で有効かどうかはわからないし、おそらく、あなたにとって理想的でありながらリストに入らなかった人はたくさんいるだろう。しかし、あなたが関わりたい人を絞り込むことはできる。

誰とつながりを持とうとしているかに関係なく、特に最初は、出費と物流を最小限に抑える。同時に、あなたをサポートし、正直で建設的なフィードバックをくれる人たちを受け入れるようにしよう。

何を作るにしても、4つの基準のうち少なくとも2つを満たすようにする。人々が貢献できる機会を探すと同時に、貢献した人が見返りを得られるようにする。型を破る方法を探す。今まで試したことのないようなことをやってみたり、確立されたジャンルをミックスしてみたり。

参加する人を選ぶ。誰がリードし、誰がフォローするのか、誰が話し、誰が聞くのか、誰が教え、誰が学ぶのか。そして、驚きや畏敬の念を抱く瞬間があるように、イベントや体験をプログラムする。

そして最後にもうひとつ、何を作るにしても、自分も参加して楽しめるようなものにすること。自分自身を主催者としてだけでなく、参加者として考えてみてほしい。他の人に当てはまる4つの要素が、あなたにも当てはまる。あなたは気前が良いか。新しいことを学んだりしたりしているか。他の参加者との出会いに興奮しているか。その体験に畏敬の念を抱き、刺激を受けているか。事実、あなたが楽しめなければ、それを続けようとは思わないだろう。

今は何もアイデアがなくても心配はいらない。時間はたっぷりあるし、やり直せることもたくさん残っている。

第8章

コミュニティ・インフルエンサー、パーソナル・インフルエンサーとつながる

前章で世界的なインフルエンサーに使ったのと同じ戦略を、コミュニティ・リーダーとのつながりにも使えないかとよく聞かれる。シンプルな答えは「イエス」だ。気前良く、斬新で、よくキュレーションされた体験をしたいと思わない人はいないだろう。

しかし、グローバル・インフルエンサー向けの戦略は、彼らの社会的プレッシャーに対応するように設計されている。コミュニティ・インフルエンサーには異なる社会的プレッシャーがあるため、誤ったマッチング戦略を用いると、望むほど多くの人々にリーチできなくなる可能性がある。定義上、コミュニティは業界の数よりも多いので、より大きなスケールで機能する

可能性のあるアプローチが必要だ。興味深いことに、このアプローチは、最も身近な人々に最大の影響を与える可能性も秘めている。

そこで私たちは、まずコミュニティ・インフルエンサーとつながる方法を検討し、次に私たちが最も関心を寄せる人々とつながる方法を検討する。

コミュニティ・インフルエンサー

ディートリッヒ・マテシッツが、旅回りの練り歯磨きセールスマンだったというのは滑稽《こっけい》な話だ。

１９８４年に発表された彼の最新のアイデアは、クラティン・デーンと呼ばれる清涼飲料水をヨーロッパに持ち込むことだった。彼は自分の貯蓄を賭《か》けてこの改良に取り組んだ。[1] しかし、第一印象で人々はその味を〝炭酸の咳止《せきど》めシロップ〟とか〝小便を思わせるマイルドな味〟と評した。

否定的な評価を受け、プロジェクトで１００万ドル以上の損失を出しても、彼はめげなかった。彼のような境遇にある起業家の多くは、プロジェクトを中止するか、話題性や露出の増加、ハロー効果が売上や人気につながることを期待して有名人の推薦に力を入れるだろう。何しろ、その年の初め、ペプシは当時世界最大のスターだったマイケル・ジャクソンと、当時としては記録的な５００万ドルでスポークスマンとして契約した。[2] それは成功のための試行錯誤の方程式だった。残念ながら、ディートリッヒはそのようなお金を持っていなかったが、経済的な欠点を補って余りある素晴らしいマーケターだった。

マーケティングを大々的に展開する予算がなかったため、同社はゲリラ戦術の達人となった。なかでも、ナイトクラブのトイレの床に空き缶を投げ散らかし、ブランドへの好奇心を煽《あお》るというアイデアは秀逸だった。何しろ、そんな場所で見かけたら、違法かルール違反に違いないのだから、神秘的でエキサイティングなものに思えたのだ。

彼らは酒類ブランドとの提携を開始し、国によっては禁止されているという事実さえ利用し、人々がよりこの飲料を欲しがるようにした。インターネットの人気が急上昇したとき、同社はウェブサイトに噂のコーナーを設け、会話を弾ませた。しかし、私たちにとって最も重要なのは、彼らがどのようにして、コミュニティ・インフルエンサーの注目を集めたかを理解することである。

１９９７年、ディートリッヒはついに、自分のドリンクをアメリカに持ち込む準備を整えた。彼は、ヤダスターというブランドカルチャーのコンサルとマーケティングを行う会社のドイツ人共同設立者であるメニー・アメリとトーステン・シュミットと提携した。彼らの理論はシンプルだった。真のブランド・ロイヤリティを作りたければ、コミュニティに溶け込み、価値を付加する必要がある。

多くのブランドは、スタジアムやコンサート、ビルボードなどに自社の名前を掲載するために莫大《ばくだい》な資金を費やすが、ヤダスターは、ブランドはコミュニティのメンバーと深く持続的なつながりを形成することがより重要だと主張した。

表面的なスポンサーシップは、イベントのハロー効果からちょっとした影響力を提供したり、ステージの時間枠を与えたりするかもしれないが、人々はそれを見抜いている。それは、コミュニティとブランドとの関係を築くものではなく、消費者にブランドの価値観を感じさせるものでもない。

フェスティバルのスポンサーになる代わりに、彼らは小さな音楽アカデミーを始めた。便利なオンライン・フォームがなかった時代、応募者らは手書きの願書を提出し、オリジナル曲のCDを送って、2週間の研修に申し込んだ。

初年度は3カ国から300人の応募があり、60人が選ばれた。ビート・プロデューサー、レコード・コレクター、ジャズ・ミュージシャン、MC、エンジニア、音楽の名手、シンガー・ソングライター、DJ、そしてその中間に位置するあらゆる人々が集まった。一日中、共同設立者のトーステンとメニーは、ミュージカル界のあらゆる場所からプロデューサーやクリエイターを招いた。自由時間には、会場内のレコーディング・ブースにインスピレーションを持ち込んで、新しい音楽を共同制作することが奨励された。

音楽アカデミーは瞬く間にヒットした。そして何年もかけてアカデミーの評判が高まるにつれ、講演を行ったクリエイターの地位も上がっていった。エリカ・バドゥから池田亮司《いけだりょうじ》、プシャ・T、ヴェルナー・ヘルツォーク、ビョーク、エイサップ・ロッキー、ナイル・ロジャース、坂本龍一《さかもとりゅういち》まで、レジェンドたちがささやかな謝礼で集まった。卒業記念品として、卒業生にはブランドロゴ入りのオリジナルTシャツが贈られた。当時、この会社はスワッグ（袋）など作っていなかったので、このシャツを所有することはステータスの証であり、自分の地位を獲得したことを意味した。

その後、ミュージシャンたちが何千人もの観衆の前で演奏するようになると、彼らは誇りを持ってそのTシャツを着た。メディアのインタビューを受けたとき、彼らはブランドに感謝した。そして、彼らが地元のフォロワーを持つコミュニティのインフルエンサーから、業界のリーダーへと成長するにつれて、彼らがブランドを代表するようになった。音楽アカデミーが彼らの成長を助けたからだ。

これが、レッドブルのブランドとロゴを、誰もが知っている理由だ。

レッドブル・ミュージック・アカデミーには、20年以上にわたって8万人以上の応募者が集まり、120カ国から1000人以上の生徒が集まった。レッドブルは音楽コミュニティの真の尊敬を集めるメンバーとして、アカデミーを60カ国以上で開催されるローカルワークショップ、スタジオセッション、イベントのエコシステムへと成長させることができた。

レッドブル・ミュージック・フェスティバルは、世界19都市で1カ月にわたって開催される、素晴らしい音楽、音楽文化、そしてその背後にある変革の精神を称《たた》えるフェスティバルである。これらの現実的なプロジェクトは、24時間365日放送のラジオ局「レッドブル・ラジオ」、長文の論説ハブ、ポッドキャスト、印刷出版物、書籍、映画など、詳細な音楽ジャーナリズムのための特徴的なチャンネルによって補完された。

長年にわたり、レッドブルは数々の見事なマーケティングを展開してきたが、カフェイン入りの砂糖水から、マディソン・アベニューのマーケティング担当者が羨《うらや》む、世界で最も価値のあるライフスタイル・ブランドへとレッドブルを導いたのは、製品志向のマーケティングから、音楽コミュニティへの本格的な関与への転換だった。

多くのブランドが、聴衆に到達するためにメディアにお金を払わなければならないのに対し、レッドブルはメディアを所有し、理想的な顧客と直接つながることができる。この驚異的なブランド関係とステータスのおかげで、世界で最も価格の高い飲料のひとつとなり、ディートリッヒは年間75億缶以上を販売している。[3] これは地球上のすべての人に1本以上ということになる。

これと同じ戦略が、完全に狂気としか言いようのないイベントである、レッドブル・フルークタ―ク（ドイツ語で「飛行日」または「航空ショー」を意味する）につながった。フルークタークの期間中、人々は人力飛行マシンを設計・製作し、それを現地に運び、桟橋から発進させてマシンがどこまで飛べるかを競う。技術者たちが競い合う科学博覧会のようなものだと思うかもしれないが、実際はもっと創造的でばかばかしいものだ。

人気のある参加者には、巨大なゴム製のアヒル、赤ちゃんを抱いたコウノトリ、巨大なフグ、スター・ウォーズのXウイング、車輪のついた4本足のドラゴン、『フェリスはある朝突然に』に登場する車（映画のように後方へ暴走した）、翼のついた巨大なローラースケート、翼のない段ボール製の消防車などがある。これらの仕掛けのどれもが実際に飛ぶようには設計されておらず、ほとんどが水に直接落下し、華麗な水しぶきを上げ、20万人を超える観客から盛大な拍手を浴びた。

では、他の多くの企業がコミュニティやそのリーダーとのつながりに恥ずかしいほど失敗しているのに、なぜヤダスターとレッドブルは成功したのか。

その答えは、レッドブル・ミュージック・アカデミーに合格した新進気鋭のアーティストのような、コミュニティ・インフルエンサーたちのメンタリティを理解することにある。彼らはある程度の成功を味わっているが、次のレベルに到達するためのノウハウはまだ持っていないことが多い。業界レベルで活動することが彼らにとって魅力的でなくても、熟練した技術を身につけたり、エキサイティングなプロジェクトに取り組んだりすることは、しばしば魅力的なのだ。

アカデミーは彼らに4つの重要な資産を与えた。

1　スキル：彼らの能力を洗練させる（例：プレゼンテーション、マネジメント、チームワーク、あるいはDJやペインティングのような業界ベースのスキル）。

2　オポチュニティ（チャンス）：ユニークなプロジェクトや経験について知り、それに応募したり、参加できること。これらは自分自身を証明し、スキルと能力を実証して評判を高める貴重なチャンスになる（例：シェフが有名な料理評論家のために料理を作ったり、コメディアンが大物コメディアンの前座を行ったり、ミュージシャンが有名なプロデューサーに演奏を聴いてもらったり）。

3　アクセス：業界のリーダーに会ったり、厳選された会合や場所に参加したりできること。

4　リソース：人々が必要としているのはお金だけではない。レコーディングスタジオ、専門家、消耗品や資材、交通手段などがある。

要するに、私たちは彼らのSOAR（スキル、オポチュニティ〈チャンス〉、アクセス、リソース）を支援する必要があるのだ。トーステンとメニーがレッドブル・ミュージック・アカデミーで行ったことは、まさにそれだった。彼らは、ミュージシャンがキャリアを次の段階に進められるよう、サポートシステムを提供した。彼らはミュージシャンをトレーニングし、紹介し、知識を共有し、レコーディングスタジオを提供し、その他数え切れないほどのことを行った。そして、レッドブル・ミュージック・フェスティバルに出演するために彼らを雇った。彼らのキャリアを育てることができたのは、スポンサーとしてではなく、彼らが何を必要としているのかを理解し、彼らに寄り添うことができたからだ。非常に具体的な方法で、レッドブルは人々の生活に付加価値を与えたのだ。

2019年、レッドブル・ミュージック・アカデミーの閉鎖が発表されたとき、卒業生もメディアもその消滅を惜しんだ。音楽雑誌『クワイエタス』は、「レッドブル・ミュージック・アカデミーは、スポティファイやユーチューブなどが体現する、非個人化された音楽と文化の集合体に対する解毒剤となる、永続的で深く個人的な価値のあるものを創り出した」[4]と書いている。

ヤダスターとレッドブルが作り上げたものは、本当に並外れたものだった。たいていの企業は、他者のSOARを支援する戦略に時間を費やそうとはしない。しかし、もしそれができれば、自社ブランドを成長させるために広告に費やすはずの資金を、自分たちが最も大切にしているコミュニティとの直接的な関係づくりに使うことができる。レッドブルは、コーチェラやEDCのようなフェスティバルのスポンサーとしてバナーに名前を載せる代わりに、音楽メディア業界を本格的に支援し、独自のフェスティバルやメディアを世界中に作ることができた。

大企業がインフルエンサーと関係を築くには、より多くの時間と労力がかかることに注意する必要がある。企業はスポンサー枠の予算組みで出稿してみたり、しなかったり一貫性がないため、大規模な信頼性を確立するには時間がかかる。一方、個人や小規模な企業であれば、先入観が少ないため、信頼性をアピールすることが容易であり、ブランド認知に影響を与えるため、それほど大きな規模を必要としない。

先に述べたように、これだけが有効な戦略ではない。コミュニティ・インフルエンサーは、業界のインフルエンサーのように、気前良く、斬新で、よくキュレーションされた、畏敬《いけい》の念を抱かせるような体験に引き込まれるだろう。難しいのは、業界リーダーたちも、スキルやチャンス、アクセス、リソースを求めているとしても、彼らのニーズはキャリアを積めば積むほど、より専門的になることだ。ある業界に特化すればうまくいくかもしれないが、業界をまたいでうまくいくのを私はまだ見たことがない。

業界インフルエンサーにSOARのアプローチを使う際の難題は、彼らはたいてい、自分たちに欠けているものについては、自分で人を雇うことができるということだ。もし彼らにスキルやアクセスがなければ、コンサルタントや代理店、新しいスタッフを雇う。あなたがどの戦略を選ぶかにかかわらず、彼らには彼らそれぞれに強みがある。

キャリアを次のレベルに引き上げるために学生を引きつけるMBAプログラムから、健康増進に取り組むウェイト・ウォッチャーズまで、多くの組織がSOARのアプローチを使っていることにお気づきだろう。いずれにせよ、そこに参加することで、自分の将来を再定義するために必要なものを手に入れることができるという約束がある。もしこれが、あなたが適用したい戦略であれば、レッドブルのように多額の投資をする必要はない。小規模な集まりから始めても、人々が何を最も必要としているかを知ることはできる。やがて、あなたや参加者同士で教え合ったり、知識を共有したり、外部から講師を招いたり、あるいはクレイグスリスト（訳注：ジモティーのような地域プラットフォーム）のようなオンラインプラットフォームを開発することもできる。

パーソナル・インフルエンサー

影響力を行使するのが最も難しいのは、最も身近な人々、つまり友人や家族といった個人的なネットワークであることは、驚くことではないだろう。

確かに、どの携帯電話を買うべきか、どのレストランに行ってみるべきかという私たちの勧めには耳を傾けてくれるかもしれないが、もっと運動する必要があるとか、禁煙する必要があると提案すると、彼らはしばしば、なぜ彼らが変わるべきかという、私たちの完璧《かんぺき》な理由付けと研究に基づいた議論に抵抗する。彼らを見限れと言っているわけではないが、別のアプローチが必要かもしれない。

第1章では、私たちの社会的環境が行動に与える影響について学んだ。肥満の人、憂鬱《ゆううつ》な人、幸せそうな人、喫煙者、ある特定の方法で投票したりする人を知っているというだけで、同じような特徴を身につける可能性が高まる。行動や習慣は伝染する。だから、その人を説得してアドバイスを取り入れさせることに集中するのではなく、相手に取り入れてほしい、スキルや習慣を持っている他の人につなげるとよい。

このアプローチが成功する可能性が最も高いのは、その人がコミュニティ・インフルエンサーであり、尊敬され、実際にその価値観に従って生きている人である場合だ。習慣やライフスタイル、メンタルモデルを変えることは、どんなことであれ難しい。また、単に父親を医師に紹介して運動するように勧めるだけでは十分ではない。私が知っている医師のほとんどは、医師である自分自身のアドバイスも取り入れない。その人は、あなたが気にかけている価値観や特性を生きている必要があり、一貫した接触が必要になる。このような関係を十分に築くことで、あなたはポジティブな影響力を持つコミュニティを作ることができ、変化に影響を与える可能性はかなり高くなる。

ここまでは、尊敬する人たちとの信頼関係の築き方に焦点をあててきた。次は、「影響力の方程式」の3つ目である「共同体感覚」を育《はぐく》む方法だ。参加型の活気あるコミュニティに人々を参加させることで、私たちの関係はより強固なものとなり、すべての人の人生にプラスの影響を与えることができる。私たちは、単につながるだけでなく、時間の経過とともに関係が確実に成長するようにしたいと考えている。そのためには、何が私たちに帰属意識を与えるのかを理解する必要がある。

第9章

コミュニティの構造

さて、ここからは私の大好きなトピックのひとつ、「人々に共同体感覚を与える」ことについて掘り下げていこう。

第2章で学んだ、長生きし、幸せで健康的な人生を送るために不可欠な特性は、仕事、子育て、健康づくりなど、私たちが関心を寄せるあらゆることを成功させるためにも不可欠だ。5人、10人の親密なグループであろうと、2000万人の全国的な草の根運動であろうと、誰とつながりたいかにかかわらず、私たちの目標は深く有意義な関係を築くことだ。それは、フィットネスクラスを受けることと、フィットネス・コミュニティの一員であると感じることの違いである。それは人々に帰属意識を与える。

自分が何に関心を持ち、誰とつながりを持ちたいかを考えるとき、一番提案したいのは、本当に価値があると考えていることに集中することだ。多くのスキューバダイバーと付き合いたいのに、泳ぐのが嫌いになってしまうようなことは避けたいものだ。既存のコミュニティに参加して積極的なメンバーになるにせよ、自分の周囲でコミュニティを発展させるにせよ、自分が本当に大切にしているものの一部になることは、関係者全員にポジティブな影響を与える可能性が大いにある。

個人的な興味に基づいてつながることは、決して簡単なことではなかった。人類が誕生して以来、コミュニティは地理的な距離によって定義されてきた。2000年前のローマに住んでいたとして、現在の南米に住んでいた人たちと同じコミュニティには属さないだろう。どちらのグループも相手の存在すら知らなかった。ローマ人とマヤ人で構成されるコミュニティが一緒になるプラットフォームも場所もなかった。

交通と通信が高速時代になって初めて、同じような興味を持つ人々を見つけることが可能になった。

やがて私たちは、専門職のコミュニティ（組合、ギルド、協会など）、趣味の人たち（アマチュア無線家、バードウォッチャーなど）、ファングループ、宗教団体など、近接した関係だけでなく、関心のある分野へとコミュニティが広がっていくのを目にするようになった。人々は、米国ガールスカウトやナショナル・ジオグラフィック探検隊から、社交クラブやドローンレースの競技リーグまで、さまざまな組織のメンバーとなった。

コミュニティの活動的な一員になると、私たちは自分がいるべき場所にいるような帰属意識を経験する。驚くべきは、テクノロジーのおかげで、地球上にいなくても参加できることだ。地球の軌道の近くにいる宇宙飛行士は、『レディット』のようなウェブサイトにログインして質問に答えたり、宇宙愛好家やアマチュア・ロケット・エンジニアのコミュニティとつながったりすることができる。

100年前なら居場所を見つけることができなかった人々が、今ではどこからでもつながり、地域的・世界的なコミュニティを見つけることができる。

この帰属意識こそ、私たちが育《はぐく》み、発展させたいものなのだ。ここで重要な違いがある。「帰属」ではなく「帰属意識」と書いていることに注目してほしい。私たちの感情こそが現実を見極めるための試金石であり、私たちは自分がどう感じるかに基づいて一貫して行動する。だからこそ、人は単にコミュニティに属したいという願望を持つにとどまらず、家にいるような感覚を味わいたいのだ。

心理学者のデイヴィッド・マクミランとデイヴィッド・チャヴィスが、「メンバーが持つ帰属意識、メンバー同士やグループにとって重要であるという感覚、そしてメンバーが一緒にいることを約束することによって、メンバーのニーズが満たされるという共通の信念」と表現したものである。[1]

これまで述べてきたように、この帰属意識は、人生のあらゆる側面に多大な影響を及ぼし、私たちが気にかけているどんなことでも、牧歌的な特効薬のように機能するようだ。例えば、乳がんにかかった女性が生き残る確率は、友人がまばらにいる場合よりも、友人の大きなネットワークに属している場合の方が4倍高い。[2] 互いにつながりを感じている従業員は、より積極的で健康的であり、会社はより成功している。社会運動は、個人的な抗議活動よりも長期的に大きな効果をもたらす傾向がある。

では、私たちに共同体感覚を与えるものは何だろうか。1986年当時、研究者のマクミランとチャヴィスはこの問いを理解しようとしていた。彼らは、真の帰属意識を育むために必要な4つの特徴を特定した。[3]

1 **メンバーシップ**：内側にいる人と外側にいる人が存在する。
2 **影響力**：コミュニティはメンバーに影響を与え、メンバーはコミュニティに影響を与える。
3 **ニーズの統合と充足**：会員とコミュニティのニーズが一致し、双方が価値を得る。
4 **感情的なつながりの共有**：会員が参加してきた歴史や旅路が共有されている。

これらの特徴がなぜ重要なのか、そして私たちにどのように当てはまるのかを理解するために、私たちは南アフリカ、ウィキペディア、アメリカの刑務所、そして私のお気に入りの場所のひとつであり、オタクの天国であるコミコンを訪れる。そう、コミコンだ。

第10章

メンバーシップ

2003年、ラグビーの南アフリカ代表チーム、スプリングボクスはボロボロだった。ラグビーワールドカップでの彼らのプレーは、控えめに言っても恥ずべきものだった。

さらに悪いことに、チームはラグビー史上最大のスキャンダルの渦中にあった。「Kamp Staaldraad（アフリカーンス語でキャンプの有刺鉄線を表す）[1]」として知られる事件では、選手たちは、氷水をかけられながら狐の穴で一緒に裸になったり、砂利の中を這《は》ったり、鶏を殺して調理したり（ただし食べない）する「チームビルディング」体験に連れて行かれた。[2]

2004年、ジェイク・ホワイトが新監督に就任した。それまでの多くのコーチとは異なり、ホワイトは地方のプロチームのコーチ出身ではなく、高校ラグビーのコーチからスタートし、その後21歳以下のナショナルチームのアシスタントコーチを務めてきた。

彼が監督に就任すると、チームはU21のラグビーワールドカップで優勝した。今、彼はナショナルチームのコーチとして、〝大物たち〟とプレーすることになった。〝大きい〟という意味だ。彼がチームキャプテンに選んだジョン・スミットは身長約185センチ、体重約121キログラムだが、一番大きな男でもなかった。

ホワイトは、2007年のワールドカップに向けてスプリングボクスを強化するのに数年しかなかったので、シンプルな計画を立てた。まず、スプリングボクスを成功に導くことができると思われる選手に的を絞り、彼らを中心にチームを作り上げた。次に、プロスポーツチームとしては極めて異例のことだが、ホワイトは主力選手たちに、短期的な結果を心配する必要はない、彼らのポジションは安全だと伝えた。最後に、2007年ワールドカップで優勝できるという完全な信念を植え付けた。その後、彼は、ワールドカップで優勝するための準備とトレーニングに揺るぎない意志を持って取り組んだ。

チームパートナーへのインタビューでは、ホワイトの最大の能力のひとつは、彼の個性を引き立てる人材を募集し、採用することだったと語っている。ホワイトの長所や短所に関係なく、アシスタントコーチやキャプテンはそれぞれの役割を果たした。結果、スプリングボクスが築き上げた文化は、兄弟愛だった。アパルトヘイト撤廃からまだ20年も経っていない異人種チームで、監督のホワイト、アシスタントコーチ、そして主将のスミットは、全員が参加できるように配慮した。多くのチームが出身地や政治、人種などによって固まってしまうのに対し、スプリングボクスには分裂の余地はなかった。

ホワイトは中心選手を選び、彼らを信頼し、味方し、何があってもメディアで彼らを守った。それが彼らに安心感と帰属意識を与えた。彼らはチーム一丸で戦い、その結果はすぐに現れた。開幕からいきなり4連勝を飾り、2004年のトライネイションズシリーズでは、1998年以来の優勝という予想外の快挙を成し遂げた。その驚異的な逆転劇から、ワールドラグビー協会のチーム・オブ・ザ・イヤーを受賞するに至った。

翌2005年、スプリングボクスは完全復活を遂げたが、トライネイションズではボーナスポイントで敗退。翌2006年は、9試合で5連敗を含む計6敗という波乱の年だった。数え切れないほどの怪我、手術、そして首の骨折まであった。なにしろ、ラグビーは弱者のスポーツではないのだ。ホワイトの決断を批判する人たちから、中心選手に固執しているとバッシングされても、彼は選手たちへの信頼を失うことなく、プレーを続けた。ホワイトの選手への忠誠心を感じてもらいたくて記すが、スプリングボクスが国際ラグビーに復帰したのは1992年（アパルトヘイト撤廃後）である。

本書を執筆している時点で、100キャップ（フル代表同士の試合に100回出場）のステータスを獲得した選手は6人しかいないが、そのうちの5人がホワイトのコアチームだった。ホワイトは、コアチームへの忠誠心が高く、批判や短期的な結果に関係なく、彼らを起用した。[3] 年上の選手や負傷した選手を、若くてスピードのある、よりマッチした選手と入れ替えるのが、一般的な戦略であるにもかかわらずである。

監督就任初日から、ホワイトは2007年にチームが直面する課題に備えていた。トライネイションズシリーズだけでなく、ラグビーワールドカップにも出場するのだ。トライネイションズは好調にスタートしたが、中心メンバーは負傷と消耗が激しかった。南アフリカラグビー協会は、「ワールドカップを前に、残されたスター選手を危険にさらすことはできない」とするメディカルレポートを発表した。[4] スター選手を欠いたスプリングボクスは最下位に終わった。

批評家が何と言おうと、ホワイトは自分の優先事項を忠実に守った。来年もトライネイションズはあるが、ワールドカップは4年に1度しかない。また、南アフリカには証明すべきことがあった。彼の仕事は選手たちを守り、ただプレーするだけでなく、勝利と健康面を維持させることだ。批評家たちがメディアで彼を非難する中、疑問が立ちはだかった。スミット主将とコアチームに対するホワイト監督の信頼は、ワールドカップに向けて正しいのだろうかと。

2007年のラグビーワールドカップは、20の国際チームがフランスに集結した。スプリングボクスは予選リーグ突破を早々に決め、フィジーとの準々決勝進出を決めた。残念ながら、スプリングボクスのジャケ・フーリーがメディアに語った抱負ほどには簡単ではなかった。残り15分、スコアは同点に追いつかれ、フィジーは激しく戦っていた。スミットはチームを招集し、ここで終わりにしたくなければゲームに集中しろ、と檄《げき》を飛ばした。チームは奮起し、リードを奪い37―20で勝利し、[5]準決勝でアルゼンチンと対戦して、突破する機会を得た。

2007年10月20日、スプリングボクスはイングランドと対戦するためピッチに立った。緊張は高まっていた。ホワイトとコーチ陣は、この兄弟愛を築くためにすべてを注いできたのだ。しかし、適切なメンバー選出だっただろうか、それとも、お互いにあまり馴染《なじ》みがないとはいえ、若いスター選手を選ぶべきだったのだろうか。批評家たちはこのゲームを、ホワイトが厳しい批判に値することの証拠か、チームが南アフリカの英雄であるという証拠の、どちらかのテストとして見ているのだ。

両チームとも一歩も譲らない攻防を繰り広げたが、最終的にはスプリングボクスが得点を重ね、リードを広げた。タイムアップの瞬間、スプリングボクスは2007年ラグビーワールドカップの覇者となった。ジョン・スミットが、優勝の瞬間について最もよく覚えているのは、悲鳴や歓声ではなく、強烈な安堵《あんど》感だったと語っている。ちょうどその1年前、彼らは5連敗を喫しており、どう考えても彼を含むコアチームの多くは交代すべきだった。しかし、ホワイトはそんなことは考えもしなかった。彼はチームに忠実であり続けた。結局、ホワイトは批評家にもファンにも自分自身を証明し、ラグビー史上最も象徴的なコーチの1人として帰国することになった。

その数年前、スプリングボクスは国際的な恥さらしだった。何が彼らをワールドカップ優勝チームへと成長させたのだろうか。

スプリングボクスのパートナーたちに話を聞くと、彼らは、ホワイトの、共同体感覚を見事に作り上げた能力を指摘する。ホワイト自身は個々の選手と親密ではなかったかもしれないが、彼のコーチ陣と主将のスミットは、選手たちを兄弟のような絆《きずな》で結びつけ、共同体感覚を与える術《すべ》を理解していた。

前章で述べたように、共同体感覚は4つの特徴から構築される。メンバーシップとは、所属する権利という意味である。自分がそのコミュニティで歓迎されていて、居場所があるという家族のような感覚だ。これが会員と非会員を分ける。スプリングボクスの指導者たちは、コアチームを継続的にプレーさせるだけでなく、選手たちの間に形成された兄弟愛によって、これを達成したのである。

メンバーシップは5つの特徴に分けられる。境界線、精神的安全、帰属意識と識別、個人的投資、共通のシンボルシステムだ。

境界線

ある集団に属していると感じるためには、内側にいる者と外側にいる者との間に明確な区別がなければならない。ユニフォームを着るコミュニティもあれば（ガールスカウト、スポーツチーム、軍隊など）、ウェブサイトにログインする必要があるもの（レディット、ウィキペディア、フェイスブック）、ただ顔を出す必要があるもの（読書クラブ、ＡＡ〈アルコホーリクス・アノニマス：禁酒の自助グループのこと〉、ミートアップ）などがある。境界線がなければ、人々を結びつける明確な特徴を識別できないため、共同体感覚を感じることができない。ホワイトの境界線は、ユニフォームや、その場に参加することだけにとどまらない。彼は自分のコアチームに対して非常に忠実で、結果がどうであれ、毎年そのチームでプレーした。

境界線は簡単な方法で作ることができる。活動に名前を付けるだけで、他と区別する境界線を与えることができる。私はサパークラブを主催しているのではなく、インフルエンサー・ディナーを主催しているのだ。そして今は、そのＯＢがいる。

重要なのは、不健全な競争や激しい恐怖の中で境界線を押し広げると、ネガティブな結果を招く可能性があるということだ。敵対するスポーツチームのファン同士が喧嘩《けんか》したり、集団が部外者に暴力を振るったりすることは珍しくない。あなたの境界線が健全な交流を育《はぐく》み、コミュニティにとって素晴らしい評判となるようにしたいものだ。

精神的安全

脅威を感じたり、自分の意見が疎外されるのではないかと心配したりするようでは、人は自分の居場所を感じることができない。第4章で見たように、脆弱《ぜいじゃく》さは、どのようなグループ、コミュニティ、チームにとっても重要な要素だ。もしメンバーが安全な方法で懸念を表明したり、提案したり、反対意見を出したりできなければ、コミュニティやチームは失敗の可能性が高くなる。ホワイトは、選手を守り、短期的な結果で判断しないことを明言した。スミット主将自身の言葉を借りれば、彼はワールドカップの1年前に交代させられて当然だった。そのようにあなたを守ってくれるリーダーのためなら、あなたはどこまでできるか想像してみてほしい。

人々をもてなすとき、あるいは集めるとき、安全で歓迎されていると感じてもらうために何ができるだろう。参加者一人ひとりに挨拶《あいさつ》をしているか。新しい参加者全員を集団で迎え入れるのか、それとも誰かに指南役になってもらい、手ほどきをしてもらうのか。複雑である必要はない。

私たちのEメールには、よくある質問を載せてすべてを明確にし、マナーを理解してもらうようにしている。これは、彼らが歓迎され、いつでも質問できることを確認するための、数え切れない小さなシグナルのひとつだ。

帰属意識と識別

これは、自分がグループの一員であるという感覚と、メンバーであると表現する感覚である。

「教会に時々行く」あるいは「教会のメンバーである」と言う場合、また、「会社で働いている」と言うのと「会社を〝我々〟として語る」のとでは、この違いがある。前者は、あなたは訪問する部外者であるが、後者は、そのグループはあなたが自己認識する方法の一部なのだ。

スプリングボクスの指導者たちは、彼らがひとつのチームであるという文化を作り上げた。チーム内に派閥はなく、誰もが歓迎され、受け入れられているという感覚を持っていた。所属しているという基本的な期待があった。企業によっては、法務がマーケティングに逆らったり、生産部門が問題を起こしたりする文化があるが、どのような肩書きを持つ人でも、他の誰とでもつながることができれば、そこには真の帰属意識が生まれる。

もし人々に自己認識してもらいたいのであれば、ある用語を定義するとよいだろう。例えばAAのコミュニティでは、創立者の1人の名前を使って「私はビルの友人です」と自称する。だから、インフルエンサー・ディナーでは、決して不健全な行動を奨励したり、その原因になったりしたくないので、「あなたはビルの友人ですか」と静かに尋ねることもある。こうすることで、私たちは敬意と慎重さを保ちつつ、彼らにアルコールを勧めないようにできる。

個人的投資

この原則については何度か議論してきた。

人が努力（ベン・フランクリン効果やイケア効果）を投資するとき、人はより多くのことを気にかけ、より深いつながりを感じる。第4章の女子大クラブのメンバーは、宣誓儀式に莫大《ばくだい》な努力を捧《ささ》げた。スプリングボクスの選手たちは、国を代表してピッチに立つために人生を捧げた。私は、人々に努力を投資させ、サポートを提供することを勧めたい。そうすることで、グループとのつながりをより強く感じられるようになり、メンバーである意識をより実感できるようになる。

共通のシンボルシステム

医師同士の会話には共通の医療言語がある。この内部のコミュニケーションシステムは、社交クラブでの秘密の握手から、オンライングループでの言葉や記号、友人との個人的なジョークに至るまで、あらゆる種類のコミュニティに存在する。スプリングボクスのように何年も一緒に練習するようなグループであれば、グループ内部の言い回しや略語、ジョークの文化を持っているはずだ。それに加え、グループを象徴するシンボルもある。女子大クラブにはギリシャ語のアルファベットがあり、企業にはロゴがあり、国には国旗がある。グループやコミュニティを発展させるにつれて、ロゴやシンボルを作りたくなるかもしれない。

このようなメンバーシップの合図は、「あなたはここの人間で、あなたは安全です」と伝える方法を持っている。ひとたび誰かが内側に入れば、私たちはその人たちにコミュニティから影響を受けるだけでなく、コミュニティの発展に良い影響を与える機会も提供したい。

第11章

影響力

それはアイデンティティをめぐる議論だった。大文字の「I」か小文字の「i」かをめぐる、激しい議論から始まった。[1] それぞれの立場の論客が、それぞれの意見の複雑さと正当性を語り合った。時には敬意を払い、友好的に、時には子供じみた議論に発展した。各陣営の哲学的かつ技術的な議論は、おそらくソクラテス自身をも誇らしげにすると同時に失望に苛《さいな》ませただろう。しかし、彼らが情熱を持って議論したのは、それが彼らにとって重大なことであり、彼らが気にかけていることを世界に示せるからだった。

塵《ちり》も積もれば山となる。誰も満足しない結論に至るまで、2カ月と4万語以上を要した。[2] これは、本書のここまでの言葉よりも約5000語多い。

映画『スター・トレック イントゥ・ダークネス』のウィキペディアページは、以下のように書かれている。「Star Trek Into Darkness」と。

あまりに微妙な違いであり、正直なところ、ほとんど誰にとっても関係ないことなので、見逃したかもしれないが、〝into〟という単語は大文字で始まるべきか、小文字で始まるべきかという議論だった。そう、その通りだ。F・スコット・フィッツジェラルドの名作小説『華麗なるギャツビー』(4万7094語)やダグラス・アダムスの『銀河ヒッチハイク・ガイド』(4万6333語[3])とほぼ同じ量の文章量で行われた、映画についてのサイトの文字の大文字表記について、読むのが止められない魅力的な議論が展開された。

まだ、あなたは確信を持てていないかもしれないが、私はオタクだ。スター・トレックが大好きだ。実際、シリーズ全体が大好きだし、この議論に何時間も費やした人たちも大好きだ。私はそれについての議論に時間を費やしたいとは思わないが、インターネットのこの一角は、それが気になる人たちのホームであり、彼らがこの場所と互いを見つけてくれたことをうれしく思う。

匿名ユーザーが「もったいぶったバカどもよ、公式ウェブサイトを読め」と投稿した後、サイトは最終的に「Star Trek Into Darkness」に更新された。

私がこの話を気に入っているのは、ほとんどどんなトピックにも関心を持つようなコミュニティを見つけることができることを示しているからだ。このウィキ・エントリーについて議論した人々は、少なくとも2つのことに熱中している可能性がある。

1 **ウィキペディアの正確さ**：多くの人が答えを求めてこのサイトを利用することを考えると、信じられないほど重要だ。

2 **スター・トレック**：私がこの番組をどれだけ好きかを考えれば、同様に重要だ。まあ、同じくらいではないかもしれないが、この本を書いているのは私なので、「非常に重要」で同意してもらいたい。

討論では、共同体感覚の第2の特徴である影響力の重要性が示された。第1章で述べたように、影響力とは結果や人に影響を与える能力のことである。人々が共同体感覚を持つためには、共同体に貢献することも、共同体から影響を受けることもできるのが重要である。影響力は双方向に流れなければならない。

貢献できなければ、影響力を持つこともできず、関係は一方向にしか流れない。それは、聴衆、ファン、フォロワーである。これが、ソーシャルメディアのフォロワーが多い人や、影響力がほとんど一方向であるメディアと、地元の編み物グループや保護者会の会合とを区別する点である。このウィキペディアのページでは、重要だと感じた人なら誰でも自分の見解を投稿することができ、彼らは4万語に及ぶ投稿をした。そして、コミュニティ内で交流するうちに、彼らは他の人々の視点に触れ、思考を広げることができた。影響力は双方向に作用した。

この例はばかばかしいと思われるかもしれないが、正直に言えば、私たちは誰でも、自分か少数の人しか興味のないことに夢中になっているものだ。ただひとつ違うのは、これは公然のものであり、面白いほど荒唐無稽《こうとうむけい》だということだ。

たいていの場合、同僚との会話、宗教センターでのボランティア活動、生徒の指導、アイデアの共有など、人の影響力はもっと微妙なものだ。その行為は大げさである必要はなく、ギブ・アンド・テイクであればいいのだ。

第12章 ニーズの統合と充足

コス・マルテが医者にかかるのは1年以上ぶりだった。待合室に入り、70代前半の男性の隣に座った。健康診断の後、医師はコスを座らせて、厄介な話をした。不健康な食生活と運動不足がついに彼を追いつめたのだ。身長177センチメートル、体重105キログラムのコスは病的な肥満だった。すぐにケアを始めなければ、彼は5年後には死んでしまうだろう。すると医師は待合室にいた70歳の男性を指さし、「あなたは24歳かもしれないが、気を付けなければ、あの人はあなたより長生きするだろう」と言った。

残念ながら、コスのキャリアは健康的なライフスタイルを促進するものではなかった。コスは高級化が進む前の1980年代、マンハッタンのローワー・イーストサイドで育った。彼の母親はドミニカ移民で、搾取的な工場で働いており、食費と家賃をかろうじてまかなっていた。

そこでコスは商売を学んだ。5セント硬貨で空き缶を集め、数ドルで洗車をし、使い走りをした。彼は生来の起業家で、営業は彼の天職であり、特に「医薬品」とでも呼ぶべきものを売っていた。13歳でマリファナの売買を始め、それがコカインやクラックへとエスカレートし、短期間のうちにデリバリー・ビジネスは24時間体制になった。

2000年代初頭に近隣が高級化するにつれ、彼の顧客は医者、弁護士、裁判官となり、宅配業は3州全域に広がった。19歳の頃には500万ドル以上のビジネスを展開し、年間200万ドルを手にしていた。顧客があまりに多かったため、すべての電話番号を保存するために7種類の電話が必要だった（当時の電話の最大連絡先登録数は1500件）。彼は毎日、車の中で飲み食いしながら金を集めていた。体重が増えすぎたのも無理はない。

23歳の時、麻薬取締局が現れてコスは逮捕された。麻薬王として起訴されたが、年間50キロ以上のコカインを動かしていたのだから驚くにはあたらない。コスは有罪判決を受け、懲役7年を言い渡された。服役から1年後、ようやく医者に診てもらうことができたが、おそらく死ぬのだとわかった。

変化を起こそうと必死だった彼は、囚人たちに庭で2時間の時間が与えられると、毎日ぐるぐると歩いた。初日は歩くことしかできなかったが、2週間後には少しジョギングができるようになった。1カ月が経ち、体重が5キログラム減ったころ、バスという仲間の受刑者（身長180センチ、体重140キログラム）が助けを求めてきた。バスは糖尿病と診断され、人生を好転させなければ、数年後には冠動脈疾患を患うところだった。

コスは毎日彼と一緒にトレーニングを始め、体重が減るにつれて、さらに多くの受刑者が参加するようになった。数カ月もしないうちに、コスは73キログラムの健康体になり、20人以上のグループをトレーニングし、彼らは合わせて450キログラム以上の減量に成功した。グループの仲間意識は信じられない程だった。コミュニティ・フィットネス・トレーニングの試練として、バスは州の刑務所内で開催されたウェイトリフティング大会に出場し、約270キログラムのリフトをやって優勝した。

コスは模範囚だったため、6カ月間の特別な囚人更生プログラムに受け入れられることになった。このプログラムに参加できれば、彼は3年以上も早く、生まれ変わった身体で家に帰ることができる。出所まであと2カ月というところで、このプログラムは彼に歯科医を紹介してくれた。

彼が中に入ると、警備員が彼を身体検査するよう要求した。力ずくでコスを壁に押しつけ、地面に倒れさせた。彼が立ち上がって警備員と向かい合ったとき、警備員は警報を鳴らした。さらに6人の警備員が駆けつけ、コスを殴り倒した。彼は暴行未遂で起訴され、独房に入れられた。

コスは〝箱〟の中で1人、行ったり来たりしていた。この事件によって、当初の刑期の残り3年半を服役しなければならなくなるとわかっていたからだ。苦し紛れにコスは、自分の立場を説明する手紙を書いたが、切手がないことに気づいた。独房での彼の唯一の持ち物は、姉からもらった聖書だった。彼は憂鬱《ゆううつ》な気分で横たわり、次に何をすべきかを考えていた。ところが驚いたことに、姉から手紙が届き、聖書の一節を読むように勧められた。

コスは信心深い人間ではなかった。彼が聖書を持っていた唯一の理由は、看守に取り上げられないことと、それにメモができるからだった。退屈に耐えかねて、彼は姉が書いた聖書の一節を開いた。そして、コスに奇跡が起こった。切手が落ちたのだ。

コスはそれを、聖書を隅から隅まで読むようにとのサインと受け止め、読みながら、自分が傷つけてきた人々や、薬物中毒にしてしまった家族のことを考え始めた。彼はそれを正さなければならなかったが、その方法が分からなかった。彼は重罪犯で、独房に閉じ込められていた。たとえ出所できたとしても、誰も雇ってはくれないだろう。さらに悪いことに、彼はドラッグの売り方と他の受刑者との運動の仕方という2つのことしか知らなかった。だがその時、彼は人生を好転させ、世の中で前向きな力を発揮する方法を悟ったのだ。

コスは連日独房にこもってコン・ボディを開発した。このフィットネスプログラムは、刑務所で囚人を訓練するのと同様に、人々を教育するものだった。人々を健康にするだけでなく、刑務所システムの不公平さを教育するのだ。そして、安定した仕事を見つけられるように、元収監者のみをトレーナーとして雇うのだ。アイデアは素晴らしかったが、彼は自分の将来がどうなるのかわからなかった。

コスはある提案を受けた。暴行未遂の罪を認めれば、囚人更生プログラムに再参加できるが、最初からやり直さなければならない。あと3年半服役する代わりに、あと6カ月で済むという。罪を認めるのは不当であると感じながらも、これが最短の出口であることを知っていた。コスは模範囚として刑務所を出所し、6カ月後には母親のソファーで寝ていた。そして、1日に2回、公園で一緒にワークアウトしようと、毎日、見知らぬ人に話しかけた。

コン・ボディのフォロワーが増えるにつれ、彼はダンススタジオを引き継ぎ、ワークアウトグループの元囚人を雇った。ダンススタジオが手狭になると、コスは専用のスペースを開き、さらにトレーナーを雇った。やがて、マリオットやサックス・フィフス・アヴェニューといったブランドのホテルやデパートからコン・ボディの出店を打診されるまでになった。

設立以来、コン・ボディは何千人もの人々を訓練し、彼らの健康づくりを支援するとともに、刑務所制度における社会正義の問題や、重罪犯が経験する差別について教育してきた。同社は、犯罪で有罪判決を受けたからといって、社会に貢献できないわけではないことを人々に教えている。

本書の執筆時点で、コスは42人の元受刑者を雇用しているが、犯罪生活に戻った者は1人もいない。アメリカの刑務所制度の再犯率が44%、犯罪によっては80%近くであることを考えれば、これは驚くべき成果である。このことから、コン・ボディはアメリカ史上最も効果的な仮釈放作業プログラムのひとつとなった。

コスはその旅を通して、当初は庭で受刑者仲間と、そして今ではインストラクターやコン・ボディの顧客と、真の意味での共同体感覚を作り上げることができた。コミュニティが繁栄するのは、価値観と目標やニーズが統合されているからだ。人々が参加するのは、その組織が掲げるものが自分たちの関心事だからだ。

エリート軍隊、学術プログラム、同人サークルやクラブ、さらには会社の役員のメンバーとして認められることは、高いステータスが伴う。コン・ボディのトレーナーであることは、人生を好転させ、出所を真摯《しんし》に受け止めていることを意味する。だが、参加するというステータスは、それほど大げさである必要はない。ガールスカウトはエリートではないが、彼女たちが成長し発展することに関心があることを表している。同じように、あなたが作るものは何でも、あなたが楽しむこと、人と人とのつながり、教育、環境保護、その他何にでも価値を置いていることを表すだけでいい。

コミュニティは、能力の実証を提供することができる。私たちは、司法試験に合格していない人に法的支援を求めたり、衛生検査に合格していないレストランで食事をしたりはしない。同様に、もしあなたがコン・ボディのトレーナーなら、あなたが信頼でき、効果的で、人々と関わることができることを私は知っている。これらの資質は、プロフェッショナルな組織を立ち上げるために重要だ。

コミュニティの強さは、メンバーにとって有益な価値を共有することから生まれる。プロフェッショナルなコミュニティはキャリアを促進し保護し、スポーツ・グループは試合を愛し、宗教的コミュニティは精神的信念を共有している。どこを見ても、コミュニティの価値観は、メンバーのそれと一致している。

コスの場合、庭やジムでトレーニングをしていても、仮釈放中の人々と仕事をしていても、彼らがそこで何かを成し遂げようとしているのは明らかだった。それは、今日、彼らが以前より良くなれることを証明するためだ。

人間関係を築き、共同体感覚を養うには、あなたがどのような価値観を持っているのかを理解してもらうことが重要だ。社会運動、企業文化、スポーツチームは、それぞれ目的が大きく異なる。いずれの場合も、明確な価値観を持つことで、誰がメンバーになるべきかを理解しやすくなり、参加するのが楽しくなる。

結局のところ、共同体にいるということは、共に旅をするということなのだ。目標が一致しなければ、私たちは異なる旅路を歩むことになり、価値観が一致しなければ、そこに到達するための方法について合意することはできない。だからこそ、強いコミュニティには、価値観の一致とニーズの充足があるのだ。

第13章

感情的なつながりの共有

ギャレブ・シェイマスが経済学の学位を取得して大学を卒業したとき、彼には2つの問題があった。それは、学位を何に使うのかよくわからなかったことと、自分の人生をどうしたらいいのか見当がつかなかったことだ。

良いニュースは、最終的にその大卒が、実家の子供部屋で、インクレディブル・ハルクの巨大ポスターと、スパイダーマンの巨大ポスターが貼られているのを見つけたことだった。悪いニュースは、彼はその部屋に留《とど》まることになったことだ。2つ目の問題（自分の人生をどうするか）が解決するまで、彼は実家で暮らすことになる。

そのお返しに、彼は実家の漫画喫茶を手伝った。1990年当時、コミックファンであることは、まだクールだとは思われていなかった。当時、アベンジャーズが誰なのか知っているのも、マーベルという名前を聞いたことがあるのも、オタクだけだった。しかし、ニューヨーク郊外の実家に住む、この失業中の物静かなオタクのせいで、すべてが変わろうとしていた。

店に出て最初の週、ギャレブは、お客が雑誌の発売日や古いコミックの価値についてしきりに尋ねてくることに気づいた。そこで彼はひらめいた。新しいマッキントッシュ・コンピュータの簡単な出版ソフトを使って、彼はコミック業界に関する週刊ニュースレターを作り、見識や価格を提供した。彼の小さな副業は瞬く間に人気を集め、それから数カ月の間に、彼のようなファンのためのコミック雑誌を創刊する計画を練った。

1991年7月、わずか22歳でギャレブは雑誌『ウィザード』の発行人となった。この雑誌の人気は急上昇した。初めて、世界中に散らばるファンが、お気に入りのアーティストやストーリーテラーについて学び、流行を発見し、おもちゃ、映画、漫画、テレビ番組についてのニュースを知ることができた。雑誌の後半には、コレクターが所有するすべてのコミックの価値を知ることができるよう、価格ガイドを掲載した。

ギャレブはコミックファンのための中心的なハブを作り、何十万人もの人々が購読した。当時はまだインターネットが普及する前だったので、定期購読とは、雑誌を自宅に届けてもらうために毎年料金を支払うことを意味していた。インターネット・コミュニティがない時代のコミック展覧会は、ファンが集まる場所だと思うかもしれないが、そのほとんどはバックナンバーを売るコミック販売者で、おもちゃや記念品を売り、数人のアーティストがカバーにサインをする場所だった。

運がよければ、最大規模のコンベンションには数千人が集まり、それぞれ10ドルを払って参加する。それは、私たちが慣れ親しんできた、有名人だらけのマーケティングや、コスプレのイベントとはまったく違っていた。

1995年、ギャレブは「何かクレイジーなことをやってみよう」と決心した。コミックの世界観を愛する人々のために、大規模なパーティーを開こうと。そこで、22歳の若者が雑誌を創刊したのと同じ大胆な方法で、〝ずっと賢くなった〟27歳の若者が、古いシカゴ・コミコンを買い取り、生まれ変わらせることにした。

コスプレ時代以前は、クラシックなスタイルの仮装パーティーであるマスカレードの時代まで遡《さかのぼ》るが、『ウィザード』の世界観では、最も優れたコスチュームを着た者が次号で特集されることになっていた。世界中の何百万人もの人々がこれらの記事や写真を目にすることになり、それまで「コスプレ」という言葉はほとんど存在しなかったが、突然、コスプレはクリエイティビティの一形態となった。[1]

10年以上もの間、彼らの革新は続き、多種多様なファン・コミュニティと、彼らの興味を取り込む方法をさらに見いだしていった。雑誌のおかげで、ギャレブと彼のチームは、玩具《がんぐ》メーカー、ビデオゲーム製作者、映画スタジオ、マーケティング担当者とつながりができた。

突如として、彼は世界を融合させ、エンターテインメント業界の魅力と、高い生産価値を持ち込んだのだ。プロフェッショナルなセレブとの記念撮影やミート&グリート、ビデオゲームのアクティベーション、映画のプロモーション、マーケティングのポップアップなどを行った。革新のたびに、より多くのグループが訪れ、より多くのコミュニティが集まった。

やがて、それらは16都市以上に拡大し、コミュニティができた。その間、雑誌は、年間を通じてファンがアクセスできるようにし、彼らの体験を年ごとのイベントのようなものから、自分たちの一部である文化へと拡大したのである。

1990年代後半になると、コミック業界は低迷していた。マーベルは連邦破産法第11条の適用を申請せざるを得なくなり、2000年には事態を好転させるために新社長を招聘《しょうへい》した。新社長は新しい職務に就く前にギャレブに電話をかけ、マーベルの将来について話をした。業界のほとんどの人が、オフィスで執筆や作画、経営に携わっていたのに対し、ギャレブはユニークな視点を持っていた。あらゆる関連業界の人々とつながっていただけでなく、コンベンションや雑誌を通じてファンのコミュニティと毎日関わり、サブカルチャーの複雑さを理解していた。

ギャレブは、シリーズを何年も継続したため、コミックのストーリーはキャラクターを老けさせ、『スパイダーマン』の次号は『ピーター・パーカー対前立腺《ぜんりつせん》検査』になるだろうと冗談を言った。事実、マーベルのキャラクターの多くは、もはや現代的でも社会的でもなくなっていた。新しいファンとのつながりを持ちたいのであれば、再発明が必要であり、ギャレブはそれをスパイダーマンから始めることを提案した。

ニューヨーク出身の内気で痩《や》せっぽちのオタク少年が、僕たちに必要なヒーローは、バットマンのような億万長者でもハルクのような筋骨隆々の巨人でもなく、ニューヨークで家族と暮らし、社会に溶け込むことしか考えていなかった、不器用でいじめられっ子のオタクだと提案したことは、驚くには当たらない。世界はこれまで以上にスパイダーマンを必要としていた。

マーベルの新社長は、フレッシュで若い読者とつながるチャンスと考え、壁を這《は》うヒーローを再生させるという使命を持ったチームを招いた。ほどなくして、彼らはコミック『アルティメット・スパイダーマン』を創刊し、史上最も売れたシリーズのひとつとなった。2年も経たないうちに、より若く、より現代的なこのスパイダーマンは、トビー・マグワイアによって世界中の映画館で演じられ、全世界で8億2100万ドルという驚異的な興行収入を記録した。

約20年にわたり、ギャレブと彼のチームは人々を結びつけるだけでなく、業界全体を結びつけ、その結果、映画、テレビ、ゲーム、ポップカルチャー、クリエイティブな自己表現、マーケティングの世界を再定義した。彼らは、世界最大かつ最も活発なコミュニティ文化の舞台を整えた。私のようなオタクが幼少期に溶け込めたのは、ギャレブ・シェイマスが私を歓迎する場所を作ってくれたからだ。今では、コミック、SF、スーパーヒーロー、ファンタジーなど、あらゆる分野のコスプレーヤー、コレクター、スーパーヒーローファン、オタク、ダサ男に居場所ができた。

コンベンションやオンラインでは、フーヴィアンズ（ドクター・フー）、トゥルー・ビリーバーズ（マーベル）、ウォーシーズ（スター・ウォーズ）、ゲーター（スター・ゲート）、バフィスタ（バフィー・ザ・ヴァンパイア・スレイヤー）のようなファンが、ブロニーズ／ペガシスターズ（マイリトルポニーの男女ファン）、フリー・フォークまたはスロニーズ（ゲーム・オブ・スローンズ）、シュフティーズ（リック・アンド・モーティ）、トレッキーズ（スタートレック）、その他無数のサブカルチャーとつるんでいるのを見かける。彼らは集まり、仮装し、好きなものについて語り、ホームと呼ぶ場所を持つ。彼らはもはや孤立して番組を見たり、ストーリーを読んだり、ゲームをしたりすることはない。そのため、私たちはギャレブと彼が共に働いたすべての人々に感謝しなければならない。

ギャレブはコミック・ファンダム（訳注：大規模なファンコミュニティ）を発明したわけではない。彼が生まれる前からファンはいた。そうではなく、彼はファンが集まり、批判を受けずに自分自身を表現できる場所を提供したのである。これらのサブカルチャーのメンバーが感情的なつながりを共有できる場所だ。

コミックや番組、物語シリーズのファンであれば、神話や歴史に共感するようになる。スター・ウォーズのファンなら誰でも、フォースやダース・ベイダー、ルーク・スカイウォーカーのことを知っているし、スパイダーマンのファンなら誰でも、ピーター・パーカーがベンおじさんを殺した犯人を止められなかったことを深く後悔していることや、大きな力には大きな責任が伴うことを知っている。そしてもちろん、ハリー・ポッターのファンなら誰もがヴォルデモート卿（きょう）を知っている。『ウィザード』誌、そしてやがてギャレブのコミコンは、これらすべてのファンに、自分たちが愛する歴史と神話を中心につながる場を提供した。

マーベルが衰退の一途をたどっていた頃、若いコミックファンに共通の歴史と神話に参加するチャンスを与えたのは、再起動されたスパイダーマンだったことを思い出してほしい。そして、興行収入につながったことで、さらに多くの人々を迎え入れることができた。今やマーベル映画の大ヒットで、アベンジャーズのストーリーを知らない子供や大人に出会うのは難しいだろう。

宗教的で精神的な歴史を共有するコミュニティでも、政治的で歴史的な課題を共有するコミュニティでも、ファンタジックで不思議で遊び心のある神話を共有するコミュニティでも構わない。それはすべて、そこに共感する人々を結びつける役割を果たす。あなたのコミュニティが実在の歴史を共有しているのか、それとも創作された歴史を共有しているのかは重要ではない。

重要なのは、あなたが受け入れることができる何かがあり、それがあなた達を結びつけるということだ。ウォーキングに関する記事を読んで、それに触発されてウォーキング・グループを立ち上げたとか、ジュリア・チャイルドを最高の料理人だと思い、彼女のレシピを楽しむために友人たちと持ち寄りパーティーを開いたとか。それが何であれ、それはあなたが共有する旅なのだ。

世界中に、そしておそらくあなたの近所にも、あなたが関心を持っていること、あるいはそれを知ったら興味を持つであろうことに関心がある人々がいる。コミュニティの素晴らしさは、人々はつながる方法を見つけるようにできているということだ。私たちはただ、人々が集まれる場所を提供するだけでいい。月に1度、カフェで朝食をとったり、フェイスブックやレディットでグループを作ったり、友人を誘ってバスケットボールをしたりするような簡単なことでもよい。


ギャレブ、コス、そしてスプリングボクスが成し遂げたことについて読むと、圧倒されるような気持ちになるかもしれない。どうすればそんなことができるのか、と思うかもしれない。手始めに、彼らが成し遂げたことは数十年の間に起こったことであり、小さな改善を積み重ねながら、やがて信頼に足るものになったのだ。

しかし、もっと重要なことは、私たちのほとんどは、ギャレブのように何百万人もの人々と関わりたいという欲求を持っていないということだ。ほとんどの場合、親密なコミュニティや企業文化、あるいは一貫した集まりが理想的だろう。内向的な人には、小規模で個人的な絆《きずな》を深める体験がぴったりだ。

そこで、次にやりたいこと、つまり、あなたにとって最も重要な人たちを集めることに集中しよう。それは、あなたにとって大切なものを創造し、生産し、普及させるのに役立つだけでなく、人々に共同体感覚を提供し、彼らの人生に予想もつかないような素晴らしい結果をもたらすだろう。

最初に、私はあなたに、あなたが尊敬する人たちと真の関係を築くための実証済みのアプローチを分かち合い、そしてその過程で、あなたにとって重要なことを成し遂げるだけでなく、全員の人生が向上することを約束した。第1部では、有意義な人間関係が私たちの健康、幸福、キャリア、会社、そして大義に与える驚くべき影響について学んだ。また、私たちの人生で最も重要と思われる方程式を分解した。この方程式を使って何かを計算するわけではないが、「影響力の方程式」を使えば、私たちが自分の人生や大切な人たちに、どのような影響を与えることができるかを理解することができるからだ。

Influence＝（Connection × Trust）Sense of Community

影響力＝（つながり×信頼）を共同体感覚で累乗したもの

あなたは今、誰とでもつながり、素早く信頼を築き、真の共同体感覚を身につける方法を知っている。

率直に言って、ほとんどの本はここで終わってしまうだろう。残念ながら、これらの原則を理解することと、それを使うことはまったく別のことなのだ。ジーン・ニデッチは、体重を減らすには食べる量を減らす必要があることを知っていたが、それを実際に維持できるようになったのは、彼女を支える仕組みができてからだった。同様に、私たちが有意義な人脈を作ることに成功するためには、これらの考え方を応用する方法を学ぶ必要がある。

第2部と第3部では、素晴らしい不合理性を持つ私たち人間の行動を理解し、これまで話してきたことをすべて達成するためのプロセスを共有する。楽しい話、信じられないような科学、そして「影響力の方程式」を現実のものにするための、あなたが使えるアプローチに期待してほしい。なぜなら、次の目的地は、地球上で最も幸せな場所なのだから。

第
2
部

信頼の経路

影響力の方程式を活用する

第14章

経路、それがあなたの人生をどう変えるか

人や組織との関係を築く仕事をしている私が、最もよく聞かれる質問に次のようなものがある。ゲストはそのイベントに興味があるだろうか。また、来てほしい人が自分の招待を受け入れるだろうか。あるいはその人が自分とのつながりを求めてくるだろうか。

彼らは、私の経験と行動科学の知識を駆使して、事前に人の行動を予測してほしいのだ。このような予測ができれば、ある種の安心感を持つことができ、もし誰かがそれを学ぶことができれば、人とつながるための完璧《かんぺき》なアプローチを知ることができるだろう。

グーグルは行動予測の好例だ。近年、グーグルがユーザーについて追跡している膨大なデータのおかげで、インフルエンザの流行（97％という高い精度）、入院患者の寿命（90％以上[1]）、そし

てもちろん、あなたがまさに今入力しようとしている文字の予測に驚くべき成功を収めている。人の行動を予測する可能性があるとすれば、それはグーグルに他ならない。そこで、倫理的な問題を提示しよう。グーグル社は、検索で悪質な行為が増加していることに気づいた場合、警察に通報する道徳的義務があるのだろうか。あるいは無視するのは怠慢だろうか。

警察がその検索履歴に悩まされた人物といえば、ジェフ・デイヴィスだろう。当初、彼の検索は経路サーチや楽しそうなことなど一般的なものだった。

しかし、2004年ごろから、殺人、動物虐待、儀式的カルトの生け贄《いにえ》、連続殺人犯へと移行していった。このような検索は年々増えたが、警察当局が彼を訪ね、質問することはなかった。結果、2020年2月現在、何百人もの罪のない人々が死んでいる。少し誤解を招いただろうか。何百人もの罪のない〝キャラクターが〟死んだのだ。ジェフのグーグル検索履歴を見ただけなら、彼のことを錯乱した殺人鬼だと思うだろう。実は彼は、『ティーン・ウルフ』や『クリミナル・マインド』などのヒット作を生み出し、大成功を収めたTVプロデューサー兼脚本家なのだ。

ジェフは彼の検索内容とは全く違う人物だ。彼は俳優たちに休息の機会を与え、脚本家チームと共同ワークアウトを主催することで知られる良き支援者だ。では、ジェフ本人と現実での私たちの予測が、これほどまでに食い違うのはなぜだろう。答えはジェフのショーにある。『クリミナル・マインド』はフィクションのドラマだが、FBIの全米暴力犯罪分析センターを題材にしている。この組織にはいくつかの行動分析ユニット（ＢＡＵ）がある。15シーズン、３２４エピソードに及ぶこの番組は、専門的な訓練を受けた犯罪プロファイラーで構成されるＢＡＵが、連続殺人犯を阻止しようとする姿を描いている。どのエピソードも、誰かが殺され、ＢＡＵは容疑者が誰なのかを突き止め、次の襲撃の前に容疑者を捕まえるために集められる。実際、本物のＢＡＵ捜査官たちは、長年の経験と訓練を積み、犯罪現場から重要な洞察を得て、容疑者が誰なのか、どこにいるのかを説明する。

『クリミナル・マインド』『プロファイラー』『マインドハンター』といった番組では、こうしたプロフェッショナルが持つ、畏敬《いけい》の念を抱かせる洞察力が視聴者に届けられる。特に、誘拐された被害者、追跡シーン、ＣＧ、危機に瀕《ひん》したシーンなどが組み合わさると、非常に説得力のあるテレビ番組となる。では、世界最高の彼らは、人の行動予測について何を教えてくれるだろう。残念ながら、ほとんど何もない。

ジェフなら、まずこう言うだろう。犯罪学者は連続殺人犯のパターンを理解するための長い道のりを歩んできたが、ＢＡＵは人をプロファイリングするのはまったく苦手だ。何も予測できない。ジェフによれば、「行動分析課が実際に殺人犯を捕まえるわけでないことはよく知られており、捜査の手助けにほんの少しなるくらい。プロファイルは驚くほど正確なこともあれば、驚くほど間違っていることもある。もちろん、プロファイルが正確であれば、テレビは見やすくなる。私たちは、テレビの捜査官が信じられないような推理の飛躍をすることを望んでいるが、現実はもっと難しいものなのだ。実際のところ、サムの息子ことデイヴィッド・バーコウィッツが逮捕されるきっかけとなったのは、駐車違反だったんだ」。

ほとんどの業界において、私たちは専門家が初心者を大きく上回ることを期待している。もし私がNBAのドラフト1位指名選手とほぼ同じようにバスケットボールをプレーできたら問題だろう。しかし、メタ研究（研究者が、あるテーマに関する大規模な研究を調べ直して、そのパターンを発見すること）では、プロファイラーや経験豊富な捜査官のグループは、比較グループに比べて「犯罪者全体の特徴を予測する能力がわずかに優れている」だけであり、犯罪者の社会的習慣、既往歴、身体的特徴、思考を予測する能力は全く優劣がないことが判明した。[2]

これは懸念事項で、プロファイリングが専門的で学習可能なスキルであるなら、犯罪者を特定する能力は一般人よりはるかに優れているはずだ。

ジェフや犯罪プロファイラーが教えてくれるのは、何年もの訓練と経験を積んでも、1人の人間を予測することは不可能に近いことだ。正しいアプローチさえすれば、特定の人物とつながることができると考えたくなるが、人間はあまりにも予測不可能なのだ。

グーグルが予測や検索結果の提供で優れた仕事をしているのは、何十億もの人々が何を検索しているかを調べ、大きな傾向を例外的に見ることができるからだ。たいていの場合はあなたが探しているものを教えてくれるが、常にそうとは限らないということだ。誰か1人だけが「インフルエンザ」と検索しても、それは意味がない。「フルート」の打ち間違いかもしれないし、テレビ番組のリサーチかもしれないし、罹患《りかん》していないことの確認かもしれない。100万人がインフルエンザを検索すれば、トレンドが見えてくる。このトレンドは私たちに何か伝えてくれる。だから、ジェフが誰かを殺す方法を検索していたことは問題ではなかったのだ。

今のところ、1人の人間の行動は予測不可能すぎて、私たちが注目することはできない。いつか変わるかもしれないが、今のところ、私たちの最善の策は、大勢の人々がどのように行動するかを見て、私たちが関わる個々の人々の中には一貫した行動をとらない人もいることを理解することである。

インフルエンサー・ディナーを創設した当初、私は自分が尊敬する、あるいは会ってみたい特定の人を招待することに、とても関心があった。何を話すべきか、彼らが何を気にかけているかを正確に予測しようとしたものだが、それはうまくいかないと、受け入れなければならなかった。1人に焦点を当てるのではなく、人々に焦点を当てる必要があった。私は共同体感覚を作る必要があった。実際のところ、私たちが知りたいと思う人の中にも、興味を示さない人は必ずいるもので、たいていの場合その理由は私たちとは何の関係もない。

はみ出し者にこだわるのではなく、私たちの仕事はコミュニティ全体に注意を払うことだ。誰か1人がその一員であることが重要なのではなく、私たちが関心を寄せるタイプの人々がその一員であることが重要なのだ。個人の行動を予測しようとするのではなく、グーグルから学び、大勢の人々がどのように行動するかを見てみよう。グーグルはオンライン上での行動を理解することに長《た》けている。私たちは対人間での行動理解が得意な人々から学びたい。それがプロファイラーではないのは確かだが、いったい誰なのだろう。

私の考えでは、それはテーマパークの設計者だ。何百万人もの来園者があり、環境は完全に管理されていて、変更を加えればいつでもその効果を知ることができる。苦情が増えたり、売上が上がったり、ゲストの滞在時間が変わったりすれば、その情報をもとに設計を微調整することができる。

フロリダ州オーランドにあるウォルト・ディズニー・ワールドに行ったことがある人なら、あるデザインの癖に気づいたかもしれない。車を駐車場に停め、列に並び、入場券を買った後、すぐにパークに入ることはできない。実際、あなたや他の入園者は、ボートかモノレールに乗り、マジック・キングダムのメイン・エントランスに行かなければならない。乗り込んでから約23分後、あなたたちはようやく正面ゲートに到着し、子供たちがシンデレラ城に向かって走るディズニーのメイン・ストリートの象徴的な光景を目にする。

さて、問題だ。もしディズニーのゴールが地球上で最も幸せな場所になることであり、高収益のビジネスを成功させることであるならば、なぜチケット売り場がメイン・エントランスから23分も離れているのだろうか。その間に楽しんでお金を使うこともできたはずだ。

意外なことに、その答えは人々の収入に関係しているのかもしれない。

視点を変えてみよう。2019年、アメリカの税引き後の平均世帯収入は、年間3万2000ドルから5万9000ドルだった。[3] 仮に約4万5000ドルとしよう。平均的な家庭では、食費、家賃、衣料品費、医療費、携帯電話代、自動車代、クレジットカードの支払いなど、毎月約3800ドルの支払いがある。残念ながら、アメリカ人の半数はそれ以下の収入しかない。だから、お父さんやお母さんが家族分のディズニー4日間パス代として1200ドルを支払うのは、彼らにとっては一大事であり、しかもその金額には食費、おもちゃ代、ホテル代、旅行代は含まれていない。

カウンターにクレジットカードを渡した瞬間に、すべてが彼に襲いかかる。住宅ローンと車のローンの支払いを一度にしてしまったようなもので、突然、「買い手の後悔」という、あまりにも身近な不満と後悔を経験するのだ。しかし、ウォルト・ディズニー・ワールドが地球上で最も幸せな場所であるはずだとしたら、彼らはどのようにそれに対応しているだろう。

その答えは、テーマパークの神話の一部となっている。ディズニーがデータを調査したところ、「こんなにお金がかかるのか」「稼ぎは僅《わず》かなのに」と、私たち買い手の後悔が続く時間は、人によって異なる。しかし、23分間というのは、私たちがそのモヤモヤを乗り越えるには十分な時間なのだ。つまり、チケットを買ってモノレールに乗れば、マジック・キングダムの正門に着く頃には、その後悔の念を忘れているか、少なくとも安心して、地球上で最も幸せな場所を楽しもうと（そしてもちろん、もっとお金を使うために）ワクワクしているのだ。

テーマパークの専門家の中には、これはパークレイアウトの幸せな副次的効果に過ぎないと指摘する人もいるが、もし意図的なものだとしたら、これは私がこれまで見た中で、最も見事に人の行動心理を重視した設計の例だと思う。ディズニーは、「体験の一瞬一瞬を楽しんでもらい、ビジネスを成功させる」という最終目標を実現したのだ。

もし来園者が、高額支払いの後悔から、怒ったりイライラしたりしながら入園したら、それは悪い思い出になるだけで、お金を使うことを後悔し、二度と来たいと思わないだろう。その代わりに、設計段階でゲストの行動を考慮することで、誰もがより良い体験をすることができる。家族連れはより幸せになり、より良い思い出を作り、パーク内のムードも良くなり、結果としてビジネスもうまくいく。

私がこの例を気に入っている理由は2つある。1つは、行動経済学者ダン・アリエリーが言うところの「予測可能な不合理」を完璧に示している。私たちの決断や反応はしばしば意味をなさないが、それらは一貫して毎回同じ方法で、というわけではない。毎年同じような新年の抱負を立て、今年は何かが変わると思っている人を見ればわかる。何かが変わったと信じることは不合理であり、人々がこれまでのことを続けるのは予測できる。

もうひとつは、このような不合理な行動力学がどのように機能するかを学べば、その周辺を設計できるということだ。ウォルト・ディズニー・ワールドでは、誰もが前もってチケットの値段を知っていて、それに同意したから並んでいるにもかかわらず、私たちの行動力学が働き、多くの人が買い手の後悔を感じる。私たちはチケットを買うことを強制されているわけではない。にもかかわらず、せっかく購入したのに、気分はすぐれない。

残念ながら、買い手の後悔は私たちの行動力学の一部である。これは、損失回避として知られるバイアスの副産物である。要するに、私たちは何かを得る喜びよりも、何かを失うことの痛みを大きく感じるのだ。ほとんどの人にとって、100ドルを失うことは、得る喜びの2倍痛い。それは合理的思考ではないし、感情は平等であるべきだ。しかし、行動力学とバイアスが働いているとき、私たちの合理的な頭脳にできることはほとんどない。そして、これは重要なニュアンスにつながる。ディズニーは、プロファイラーのように人の行動を予測するのではなく、人が実際にどのように行動するかに注目し、その体験が特別なものになるように、人の行動を中心に設計したのだ。

人間の行動を中心に設計すれば、誰もがより良い状況を作り出すことができる。これは、人と接するときの私たちの目標であるべきだ。私たちは、人がどのように行動するのかを予測するのではなく、実際に人がどんな行動をするかに注目すべきである。人々のメカニズム、バイアス、習慣に気づけば、ディズニーのように、それに基づいた設計をし、人々が最も解放的な気分でつながり、信頼関係を築き、共同体感覚を醸成できるような機会を作り出すことができる。

ディズニーの例を知ってから、私はイベントの歓迎の仕方を変えた。これまで料金を徴収したことはないが、彼らがくつろげるように遷移時間（トランジション・タイム）を設けた。入ってきた人にカクテルを渡して、彼らを見知らぬ人たちと一緒にさせるのではなく、会話のプレッシャーを減らしたかった。そこで、人々の家やアートを見学したり、バーテンダーやコート係のような仕事を割り当てたりした。このようなちょっとした変化が、ストレスを減らし、おしゃべりを増やすことにつながった。

私たちが行動力学の効果を理解すれば、それを中心に計画を立てることができ、ゲストにより配慮し、彼らが自分の居場所だと感じるために必要なものを提供することができる。

私たちが直面している問題は、損失回避やイケア効果、ハロー効果、暗黙のエゴイズムなど、180以上ある認知バイアスのほんの一握りにすぎない。誰と結婚するか、何を買うか、選挙でどう投票するか、何に気づき、何に気づかないかに至るまで、あらゆることに影響を及ぼしている。

我々の行動を学ぶことで、どうすれば人とより良くつながることができるかを理解できるだけでなく、時にはより良い決断を下すこともできるようになる。

例えば、「おとり効果」として知られるバイアスは、私たちの選択に美しく不合理的な影響を与えることがある。このバイアスを選んだのは、私たちがいかに不合理的であるかを端的に示しているからだ。売り手は、顧客が2つの選択肢から選ぶ際に、3つ目の無関係な選択肢（おとり）を加えると、元の2つの選択肢のうちの、高価格の商品を買う可能性が高くなると発見した。

その典型的な例が、エコノミスト誌の年間購読料である。参加者は、2つのシナリオ（1つ目はおとりあり、2つ目はおとりなし）に分けられた。次のページに、定期購読のシナリオと、それぞれの選択肢を選んだ人の割合を示す。

明らかなとおり、シナリオ1では、合理的な人であれば、印刷物とオンラインが同じ値段で手に入るのに、印刷物だけを125ドルで買うというおとりの選択肢を選ぶはずがない。しかし、シナリオ2では、誰も欲しがらないオプションを取り除くと、印刷物とオンラインという高価な選択肢を選ぶ人ははるかに少なくなった。その代わりに、オンラインのみという安価な選択肢を選ぶ人が4倍になった。[4] これを踏まえて考えると、おとりを加えるということは、ゴミ箱から3日前のチーズサンドという第3の選択肢が出てきたので、夕食をチキンからビーフに変更したいとウェイターに伝えるようなものだ。馬鹿馬鹿しいことなのだ。

私たちは皆、こうしたバイアスの影響を受けていることを理解することが重要だ。あなたも例外ではない。実際、他人がより影響を受けていると考えるのはバイアスの盲点と呼ばれるもので、これもまた、よく論じられる行動の癖の一例である。ある時点で、私たちはこれらが脳に組み込まれた限界であることを受け入れなければならない。どうにかして脳をもっとうまく

定期購読の選択事例

定期購読シナリオ１

オプション：価格	選択率
オンライン：59ドル	16%
印刷物：125ドル	0%
印刷物&オンライン：125ドル	84%

定期購読シナリオ２

オプション：価格	選択率
オンライン：59ドル	68%
印刷物&オンライン：125ドル	32%

使うことができれば、もしかしたら誰もが口にする10％の限界を超えて、より良い判断ができるのではないかと考えたくなる。

神経科学者モラン・サーフは、この理論の問題点は、私たちがすでに脳の１００％を使っていることだと指摘する。サーフは、私たちの意識がコントロールできることが非常に限られている（例えば、世界を白黒で見るかカラーで見るか、寒いときに暖かく感じるかなどはコントロールできない）ため、誤った情報がもたらされていると考えている。

サーフは脳をピアノにたとえている。ピアニストが演奏するとき、彼らは一度にいくつかの鍵盤《けんばん》しか使わない。もしすべての鍵盤を同時に叩《たた》いたら、それはひどい音になるし、多くのエネルギーの無駄にもなる。同様に、脳は必要なときに必要な特定の部位を活性化させる。一度にすべてを活性化させても意味がない。実際、活性化させすぎると、発作のような壊滅的な影響をもたらす可能性がある。

結局のところ、私たちの脳はできるだけエネルギーを使いたくないのだ。そのため、脳にエネルギーを供給しようと、常に多くの食べ物を見つける必要もない。思考は非常にエネルギーを消費する。これが、私たちが認知バイアスを持つ理由である。認知バイアスはショートカットとして機能するため、私たちは多くのエネルギーを使わずに素早く決断を下すことができる。意思決定をするたびに、考えられるすべての要素を徹底的に詳細に検討するとしたら、気が狂ってしまうだろう。

アイスクリームのコーンを選ぶ際、各原材料の仕入先リスト、輸入品と国産品のどちらを食べるかの倫理的意味合い、炭素への影響、従業員の賃金はもちろん、会社の方針、そして、その他数え切れないほどの要素を、チョコレートアイスクリームを食べるためだけに見直す必要がある。わずかな糖分とおいしいカロリーのために、これだけのエネルギーと時間を費やすのは理にかなっていない。

その代わりに、このアイスクリームはオーガニックで、地元で採れたもので、あるいは楽しいロゴのブランドが作っていて、だからひと口いただこう、というような近道が必要なのだ。

同様に、私たちの脳は何百万年もかけて発達し、このようなショートカットが大量に組み込まれており、選択につけて毎回考える必要はない。脳は非常にハードに配線されているため、私たちはこうしたショートカットに気づかないばかりか、それを正当化して説明してしまうのだ。これは非常に重要なポイントなので、もう一度強調しておこう。私たちの意識には、自分のバイアスに対して実に素晴らしい物語的な説明をする癖がある。たとえおとり効果で、印刷物&オンラインを選んだとしても、質問されれば、それが本当に欲しかったから選んだと答えるだろう。

これはサバイバルのための見事な解決策だ。常に食料の心配をする代わりに、狩猟採集の労力を減らし、生存の可能性を高めるために、ほとんどの状況で有効な近道を作っている。どのような選択であったとしても、私たちの意識が素晴らしい物語や説明を与えてくれるようにすることで、私たちは自分の行動に納得できるのだ。誤解を恐れずに言えば、意識は時として私たちに不利に働き、私たちは買い手の後悔を経験したり、おとりのせいで、より高価な食事をしたりしている。しかし、もし私たちがこのようなバイアスを発達させなければ、私たちの祖先は、常に稼働している脳を養うための食糧を得ることができず、絶滅していただろう。

このようなバイアスの面白いところは、それに気づいていても影響を受けてしまうことだ。自分にとって都合の悪い人とは付き合うべきではないとわかっていても、その人に惹《ひ》かれるのを止められないのと同じだ。同様に、買い手の後悔を経験することを知っていても、何かを買った後にそれを感じることを止めることはできない。その代わり、このプロセスを理解することで、私たちは2つのことができるようになる。

1つは、個人として、一歩引いて考えることができる。「これは自分にとって、そして自分が大切にしているものにとって、本当に意味のある選択や行動なのだろうか」と。これは疲れることなので、常にできるわけではないが、重要な実践方法である。2つ目は、ディズニーがウォルト・ディズニー・ワールドの入り口で行ったように、バイアスを中心に設計することだ。

今、私たちには戦略がある。人間を予測するのではなく、人間の行動力学に注目し、その力学に沿った設計をするのだ。人間の意思決定が持つ驚くべき不合理性をすべて考慮に入れることで、私たちはより良いつながり、より大きな信頼レベル、より大きな影響力、より強固なコミュニティを生み出すことができる。そのためには、行動建築家や設計士になる必要がある。テーマパークの設計士が環境を設計する際に人々の行動を考慮するように、私たちもそうなるのだ。

人間の脳は、ゾウ使いのいるゾウのようなものだとちょっと想像してみてほしい。このたとえは完璧ではないが、私の考えについてきてほしい。ゾウ使いは私たちの意識的な脳であり、言葉を話し、行動を指示することができる。ゾウは私たちの無意識の脳で、感情、偏見、自動システムを含む。ゾウ使いはゾウほど強くないが、ゾウ使いにエネルギーがあればゾウを必要な場所に導くことができる。

例えば、朝起きたとき、私は健康的な食事をすることをとても大切にしている。一日を通して、私は徐々に疲労していき、それに伴ってゾウ使いも疲れ果てていく。夕方になると、私のゾウ使いはゾウをコントロールするエネルギーを持っていない。だから、ゾウは私のキッチンカウンターにチョコレートバーがあるのを見ると、それを残さず食べてしまう。私の意識＝ゾウ使いには2つの選択肢がある。

1　ダイエットを守らなかった自分に腹を立てる。

2　ゾウの思い通りだとわかっていながら、二流の論理で行動を正当化する。

これは私の意識的マインドが輝くところだと思う。私は本当にクリエイティブな人間だが、チョコレートバーを食べること、友人と飲みに行くこと、その他私のゾウがやりたがっていることを正当化するために使ってきた創造性のレベルは、人生で最高レベルだ。

このような問題を克服するために、人々はゾウ使いがより良く振る舞い、より強くなるように説得しようと試みてきた。彼らは人々の意志の力と自信を高める手助けをする。これは非常に崇高な行為であり、人々の人生に大きな影響を与えることができる。次の選択肢は、ゾウに訴えることだ。お父さんに痩《や》せてほしいだろうか。では、お父さんが死んでしまって結婚式に来られなくなるのが心配だと、お父さんの前で大泣きすると良い。うまくやれば、ゾウに訴えることができるかもしれない。しかし、ゾウやゾウ使いに訴えても、第3の選択肢がなければうまくいかない。

ゾウとゾウ使いがどこへ行こうとしているのか、誰がコントロールしているのかにかかわらず、ゾウとゾウ使いは道を歩かなければならない。その道が非常に広ければ、ゾウは迷い、トラブルを引き起こす可能性がある。逆に、その経路がうまく設計されていれば、ゾウは私たちの望むところに行くしかない。

ゾウが世界中のチョコレートを欲しがっても、家にチョコレートがなく、すべての店が閉まっていたら、ゾウはチョコレートを手に入れることはできない。これはとてもシンプルな経路設計だが、うまくいくのは分かるだろう。私たちの目標は、ゾウ使いの論理とゾウの感情、バイアス、行動力学の両方に理想的に訴えかけ、最終的には到達すべき場所に続く道に人々を導く体験を構築することだ。

これが、ウォルト・ディズニー・ワールドがモノレールやボートを使って成し遂げたことの素晴らしさだ。あなたは正門まで連れて行かれる間に、ゾウが買い手の後悔を乗り越えるという美しく斬新な体験をする。ディズニーは、あなたが行きたい場所に物理的に連れて行ってくれるだけでなく、あなたが感情的に行きたいと思う場所にも連れて行ってくれるのだ。

ディズニーは、あなたが感情的になる場所を予測し、そこであなたに会おうとしたのではなく、ほとんどの人のゾウとゾウ使いを考慮した経路を設計したのだ。つまり、後悔したり、興奮したり、悲しんだり、あるいは怒ったりしながらも、乗り終わったときにはより幸せな気分になっており、パークを楽しみ、素晴らしい思い出を作る準備ができているのだ。

これからは、人とつながる経験を同じように効果的で楽しいものにするための経路を、どのように設計できるかを理解する必要がある。設計の過程を学べば、あなたの社会的大義の重要性を人々に認識してもらい、それを支援してもらうことや、あなたがマーケティングしている商品の価値を理解してもらい、それを購入してもらうこと、あなたの持っている素晴らしいスキルを理解してもらい、採用してもらうことまで、あらゆることに応用できるようになる。では、伝説的なコーチがこの方法を用いて、体操競技史上、最も成功したチームのひとつを育てた方法をご覧いただこう。

第15章

経路の設計

ヴァロリー・コンドスがＵＣＬＡ（カリフォルニア大学ロサンゼルス校）女子体操チームのヘッドコーチのオファーを受けたとき、彼女は少し驚いた。彼女は体操のことは何も知らなかった。彼女は体操のことは何も知らなかったが、プロのバレリーナだったので、動きや振付の素養はあった。ヴァロリーにはコーチの経験がなかったが、それを補って余りある演技力はあった。彼女に必要なのは、歴史上で最も優秀で厳しいコーチがやっていたことを学び、彼らのように演じることだと思った。彼女は容赦ない独裁者のようなコーチを手本にし、選手たちの行儀がよくないと怒鳴り散らしていた。

彼女の優れた演技力のおかげで、結果はすぐに出た。彼女が監督に就任した当時は尊敬を集めていた体操の名門が、２年足らずで国内最悪のレベルにまで落ち込んだのだ。

ヴァロリーは少なからず迷っていた。UCLAのスポーツ施設に入ると、立ち止まって建物を見つめた。この学校は学生アスリートのトレーニングに、毎年約5000万ドルを費やしている。彼女は、勝つこと、そして学生アスリートを卒業させることの2つのために雇われている。彼女は、自分を偽《いつわ》った目的のために大金を費やすことの無意味さに苦しんだ。正直なところ、それは彼女の文化ではなかったのだ。プロのダンサーとして大切にしていたのは、そのプロセスを楽しみ、そこから成長することだった。

その日オフィスに座っていた彼女は、あることに気づいた。容赦がないわけでも、堅物なわけでもなかった。実際、彼女は最も思いやりがあり、気遣いのできる人物の1人だ。彼女は勝つために雇われたが、それは彼女の本当に望むところではなかった。彼女は選手たちの人生を向上させたかった。

晴れ渡るカリフォルニアとロサンゼルスの文化は、初めて一人暮らしする17歳の若者には魅力的に映る。つまり、ヴァロリーは世界で最もエリートな体操選手たちを指導する機会に恵まれているのである。学生の多くは、彼女に出会うまでにすでにオリンピックに出場していた。

ケガのリスクが非常に高く、権威主義的なコーチスタイルのスポーツであるため、こうした選手たちは指示に従うことに非常に長《た》けている。彼女たちはずっと怒鳴られ、管理されて生きてきたのだ。ヴァロリーは若い女性たちをさらに追い込むことが目標ではないと気づいた。彼女は何年もそのやり方を試したが、うまくいかなかったばかりか、自分も彼女たちも惨めになっただけだ。

そのため、彼女にとっての成功は、「勝つことだけに集中するのではなく、スポーツを通じて人生のチャンピオンを育てるというコーチング哲学を発展させることに転換した」[1]。つまり、それは彼女が、学生であるアスリートに全身全霊を捧《ささ》げ、彼女らが人として大きく成長するのをサポートすることを意味した。順位という観点から見れば、これ以上悪くなることはないのだし、もし学生らが失敗したとしても、少なくとも彼女らの人生はその過程で向上していくはずだ。

ヴァロリーが自分自身とチームの目標に新たな基準を設定したことで、彼女はもう演技をする必要がなくなった。代わりに、愛にあふれ、楽しく、心のこもった自分でいられるようになった。彼女の役目はスポーツのコーチから人生のコーチへと変わった。彼女は少女たちに、正しい決断と健康的な生活について話した。若い新入生との電話では、ほとんどすべて彼女たち自身と彼女たちが気にかけていることに集中し、トレーニングとはほとんど関係がなかった。

学生アスリートたちが力をつけるにつれて、彼女への信頼も増し、成績も向上した。その後25年間、UCLAブルーインズ女子体操チームは、全米大学選手権で7度の優勝を果たした。そして、選手たちから「ミス・ヴァル」と呼ばれた彼女は、UCLAアスレチックの殿堂入りを果たし、パック－12の世紀最優秀コーチに選ばれた。これは彼女の驚異的な成功の証《あかし》ではあるが、もしこれが彼女の成し遂げたことのすべてであったなら、彼女は自分自身を失敗者だと考えただろう。彼女にとって「本当の成功とは、勝っても負けても人生のチャンピオンを育てること」[2]だった。

数年後、ミス・ヴァルの価値観が試されることになった。学生アスリートの1人、カイラ・ロスがオフィスにやってきて、彼女らしくもなくソファに座り、授業や将来の夢についてミス・ヴァルと話し始めたのだ。この時点で、ヴァルはカイラの信頼を獲得していたが、おしゃべりを続けるうちに、これが普通の会話でないことが明らかになった。人生で初めて、カイラが米国体操協会の元チームドクター、ラリー・ナッサーから性的虐待を受けていたことを打ち明けたのだ。その直後、カイラは他の被害者とともに名乗りを上げ、勇敢にもナッサーが他の被害者を傷つけるのを防いだ。その結果、ナッサーは後に連続性犯罪者として有罪判決を受けた。

カイラの告白の際、オフィスに座っていたヴァルには2つの選択肢があった。チームを次の大会に完全に集中させることで、他の犠牲者やその友人の気が散らないようにするか、あるいはこの問題に真っ向から取り組み、人生のチャンピオンを育てる機会とするか。ヴァルは自身の持つ責任を明確に分かっていた。選手たちの心の健康を犠牲にしてまで優勝することは受け入れられない。

それから数週間、彼女はチームのミーティングで数回にわたってこの問題に取り組み、カイラとチームがこの問題を解決するための、安全な空間を作り出した。カイラをサポートしてくれるコーチとチームがいたことは幸運だった。ナッサーが虐待した250人以上の被害者が、今も抱えるトラウマや苦痛は想像しがたい。ありがたいことに、名乗り出た人がいたからこそ、ナッサーは今も服役中で、罪のない子供たちを傷つけずにいる。

その後、UCLAは女子体操全米大学選手権で優勝した。そして、カイラは彼女に、優勝できた理由のひとつは、ヴァルがこの問題に取り組んでくれたからだと言った。「ミス・ヴァル、シーズンが進むにつれて、文字通り背筋が伸びていくのを感じたわ。選手権会場に足を踏み入れた時、無敵だと感じたの」と、カイラは語った。

つきつめると、これがヴァロリーの言わんとすることだ。「尊厳、人間性、喜びを犠牲にして勝つことはむなしい勝利です」。彼女は、競技に勝つためだけでなく、非凡な人格を持った女性に成長するために必要な力を引き出すことで、少女たちが全人格的な成長を遂げるのを手助けすることを個人的な責任とした。

彼女は、人生のチャンピオンを育てることが競技での成功につながると信じていたし、それが功を奏したのは明らかだ。本書のためにヴァロリーにインタビューしたところ、信頼の構築や徳、真の共同体感覚の育成まで、私たちが取り上げた教訓の多くを彼女が体現していることは明らかだった。

しかし、彼女が本当に優れているのは、ゾウとゾウ使いに効果的な経路の作り方を理解していることだ。彼女は、学生アスリートたちが卒業の日に、どこにたどり着いてほしいかを、明確に理解していた。それは技術的なスキルではなく（技術なら彼女らはすでに持っている）、コーチの有無にかかわらず、素晴らしい決断を下せるような人格形成だった。

彼女の以前の目標であった「釘《くぎ》のようにタフであること」に比べ、これは彼女と彼女のチームが設計し、チームミーティング、1対1の会話、練習、エクササイズを通して、重要なコア・バリューと教訓を植え付け続けながら、選手たちと共有することにインスピレーションを得た経路であった。生徒たちが卒業証書を受け取ったとき、自信をもって自分の人生を生きられるように、生徒たちに力を与える成長の旅を作り上げたのだ。

経路を作るとき、ほとんどの人や会社、組織は、あなたの注意を引き、交流し、できれば会員になってもらおうと、シンプルな3段階のプロセスを展開する。

これは、UCLAの体操選手を募集したり、定期購読サービスの顧客になることであったりする。私はこれらの段階を次のように説明する。

1　発見：（広告、招待状、紹介状などで）あなたの注意を引き、あなたを何かに導く方法。

2　エンゲージメント：（商品を買う、イベントに参加する、直接会うなど）ブランドや人とつながり、それがうまくいけば結果につながる。

3　メンバーシップ：（より多くのものを購入する、次のイベントに参加する、友人を維持するなど）つながりの感覚と、継続。

これは素晴らしいアイデアで、とても合理的に聞こえるが、1つ大きな欠点がある。それは、設計が逆向きということだ。

旅を計画するとき、現在地を確認し、漠然と目的地まで歩いたり運転したりするのではなく、最終目的地を確認し、そこから遡《さかのぼ》って計画を立てる。子供の頃、迷路を最短距離で通り抜ける方法を知りたいと思ったとき、私は端から始めて最初に戻る道を探したものだ。同じように、ヴァルはインスピレーションを受けた目的地を選び、卒業の日から遡って、経路を設計することで成功を収めた。そのプロセスは私たちにとっても同じだ。最終的な結果（この場合はメンバーシップ）を見て、どんなメンバーシップを作りたいかを問うのだ。人々にどう接し、どう感じてもらいたいか。

ヴァルにとってメンバーシップとは、学生アスリートたちがともに成長の旅に出ることだった。それは、権威主義的に運営される伝統的な体操チームのイメージとはまったく異なるものだ。ヴァルが理想的なメンバーシップを作り上げるためには、メンバーシップと仲間意識を生み出すよう、学生アスリートとの関わり方を検討する必要がある。

人々とどのように関わりたいかが明確になって初めて、彼らにどのようにアプローチするかを考えるべきである。ヴァルは、どのようなメンバーシップにしたいかを明確にした後、トレーニングのやり方を変え（エンゲージメント）、次に新入生へのアプローチの仕方を変えた（発見）。もし彼女が他の方法で、募集プロセスの設計から始めようとしたならば、募集はエンゲージメントと一致しなかっただろうし、どちらも彼女が必要とするメンバーシップと一致しなかっただろう。それは、車に乗ってドライブに行き、気に入った目的地に着くことを祈っているのと同じことだ。広告を出したり入会を呼びかけたりする前に、自分が何を目指しているのかをはっきりさせ、メッセージを明確にしたい。メンバーシップから始めることで、あなたが重視したい文化や価値観を創造することができる。

すべてのメンバーシップが同じというわけではない。レッドブルはミュージシャンを埠頭《ふとう》から沖に出させるのに成功した。一方アップルは、オンラインで注文した新しい携帯電話をいち早く手に入れようと、一晩中野宿する人を集めている。臓器を提供するような親切な人もいれば、一切の時間をくれないような人もいる。

つまり、あなたのコミュニティについて考えるとき、顧客、寄付者、支援者、友人、コミュニティ、従業員など、どのようなメンバーシップを築きたいかを自問してみてほしい。そして、ここが最も重要だが、あなたの価値観とブランドの価値観が一致していなければならない。

もしあなたがその価値観に感化され、その価値観にコミットしていないのであれば、毎年、毎年、イベントのたびに、あるいは製品のリリースのたびに、人々と真のつながりを築くことなどできるはずがない。むしろあなたはそれを嫌うようになるだろう。

これが、UCLAのトレーニング施設に入ったヴァルの転機だった。彼女が勝つために必要だと思い込んでいた価値観は、「何としても」ではないことに気づいたのだ。彼女がその価値観を信じていないだけでなく、人を愛し、思いやり、成長を助けるという彼女の価値観とは正反対のものだった。一旦《いったん》そのことを受け入れれば、彼女は自分の価値観に沿った新たな目標を打ち立てることができた。それは、競技の枠を超えて、自信と健康をもたらすチャンピオンを育てることだった。

しかし、彼女が独裁者として学生アスリートと関わり続けていたのでは、それが不可能であることは明らかだった。

つまり、彼女は選手との関わり方のプロセスをすべて作り直さなければならなかった。それは、チームミーティングをやり直し、個人的な成長について話し、深い信頼関係を築くことを意味した。やがて彼女はコーチとして成長し、チームは成功を収めた。彼女は効果的な決断ができるチームの育成に注力した。すると、彼らは自分自身をより大切にするようになり、大会前にパーティーに出かけたり、ボーイフレンドからひどい扱いを受けたりしなくなった。

どのようなメンバーシップを作りたいかが分かれば、それを生み出すためにどのように人々を巻き込むかを設計することができる。適切な人が入会し、文化に合わない人が自主的に退会するような経路やプロセスを作りたい。例えば、チームメンバーに暴言を吐くような乱暴なアスリートは、おそらくヴァルのプログラムにはふさわしくない。

ヴァルのプログラムにおける発見プロセスに関しては、彼女にとっては簡単なことだ。コーチが入団希望者やその家族に電話をかけたり、会ったりするのは当たり前のことだ。彼女の電話は、人生のチャンピオンを育てるという目標を持って本人に焦点を当て、その同じ価値観がメンバーシップに至るまで貫かれた。

私たちは人生を前進させながら生きているが、深い成果や影響力、コミュニティなどを発展させることに関しては、逆算して設計しなければならない。ヴァルは終わりを念頭に置き、そこから逆算してプログラムを構築した。それが私たちのすべきことだ。

メンバーシップ：私たちは人々に何を感じ、考え、行動してほしいか
エンゲージメント：何がこのようなメンバーシップにつながるのか
発見：このような関わり方をする適切な人々を引きつけるものは何か

ヴァルの経路は見事だ。彼女は右記の各段階に対処しただけでなく、正しい決断を下し、精神的な強さを身につけることについて話すことで、ゾウ使いに訴えた。彼女はまた、学生である選手と強い感情的な絆《きずな》を作ることで、ゾウにも訴えかけた。ゾウが迷いすぎないような構造が、経路にはあった。選手たちが道を見失わないよう、明確なトレーニング・プロセスがあり、アシスタント・コーチ、トレーナー、サポーターがいた。

人脈作りに取り組む場合、何年もかけてトレーニングする余裕はない。Eメールなら数秒、電話なら数分、直接会ってのイベントなら数時間といったところだ。つまり、私たちが設計する経路は、より計画的である必要がある。

では、どのように経路を設計すればいいのか、その過程で何に集中すればいいのか。私自身の経験から例を挙げよう。この例はコミュニティを立ち上げてから数年後のものであるため、グループの立ち上げ時ではなく、私とチームがどのようにイベントを設計し、最大限のインパクトを与えるかということに焦点を当てたものだ。

2015年3月7日土曜日、私の夕食会の同窓生60人は、「美的香味ブランチ」参加への最終確認を受けた。指示はこうだ。

・ブランチを用意してある（今回は料理を作る必要はない）
・3人の愛する人の名前と住所を持参する
・世界的な専門家がやってきて、何かを教えてくれるまた、このイベントはある企業と提携しているため、楽しいサプライズを用意するようにとも言われた。

ゲストはおいしいブランチ・ビュッフェ、カクテルが用意された部屋に入り、ゲームを楽しんだ。食事をしていると、驚くことに、一度に12人ずつが別室に通され、2人ずつが花で覆われた各テーブルに割り当てられ、この界隈《かいわい》で最も尊敬されているプロのフローリストが出迎えてくれた。

その後30分間、フローリストは完璧《かんぺき》な花束を作るための理論とテクニックを披露し、ゲストを指導した。ブーケができあがると、ゲストたちはそれぞれ自分が誰なのかを明かした。先頭の小柄な女性は有名な性科学者ルース・ウェストハイマー博士、その隣は『X－MEN』や『トランスフォーマー』のプロデューサーのトム・デサント、そして当時の『エル』編集長ロビー・マイヤーズ、その他のセレブ、ジャーナリスト、作家、プロスポーツ選手と続き、最後の1人が言った。

「私はアジェイ・コリ。アーバンステムズの創設者です。街中どこにでも美しい花束を手ごろな価格でお届けしています。ご来場のお礼に、今すぐあなたの大切な人に花束を届ける配達員を準備しています」

人々が歓談し楽しんでいる間に、花束を受け取った大切な人の写真が送られてくるのだ。とても楽しそうに思えるかもしれないが、ここで起きていることはたくさんある。私たちがなぜこのような体験を設計したのか、ゾウとゾウ使いに歩いてもらいたい経路とどのような関係があるのか。その理由を説明しよう。

メンバーシップ

まずは終わりから考えよう。どのようなメンバーシップを大切にし、どのように感じてもらいたいのか。ブランドの核となる価値観は何か。

アーバンステムズにとってフラワー配達とは、相手に特別感を感じてもらう喜びを提供すること。誰かが「感謝を伝えたい」と思ったとき、その気持ちをアーバンステムズのフラワーアレンジメントと結びつけてほしい。

この感覚を植え付けるために、私たちはピーク・エンドの法則として知られる認知バイアスを中心に設計した。あなたは人生における最高のデート中だとしよう。3時間後、あなたがキスをしようと身を乗り出しているとき、デート相手があなたの目を見た。そして、今まで聞いたこともないような酷いことを言う。帰宅直後に友達から、「いいデートだったの、それとも良くなかったの」と聞かれたとする。何と答えるだろう。

3時間の完璧な体験の後、わずか3秒間の酷い体験があったにすぎないが、誰もが「酷かった」と言う。ノーベル賞受賞者ダニエル・カーネマンの研究によれば、人間は、喜びや苦痛の持続時間を処理できない。人間が不均衡に覚えているのは、経験のピークと終わり方だ。

ピーク・エンドの法則を採用するなら、ブランドにエモーショナルな価値を感じて終わる必要があり、ゲストが自分でアレンジしたばかりの花束を、彼らの大切な人が受け取り、その喜ぶ写真をゲストが見て驚く場面を作ることで、それを達成した。これが会員になるきっかけとなった。

エンゲージメント

最終的な結果を明確に定義した後、私たちは人々にどのように関わってもらうかを計画した。詳細を説明するのではなく、私たちの考え方の大まかな流れを紹介しよう。

アーバンステムズは業界のインフルエンサーとのつながりを求めていたため、私たちは、気前良さ、斬新さ、キュレーション、そして畏敬《いけい》の念を中心に構築していた。無料イベントを提供していたため、気前良さやキュレーションについては気にしていなかったが、それでも斬新さと畏敬の念の課題はあった。プレゼンテーションやゲーム、アクティビティといったものが必要だった。多くの選択肢を検討したが、ブランドとの信頼関係を築き、より大きなつながりを築きたかったため、イケア効果を取り入れた。

ゲストに花束を作ってもらいながら、花について学んでもらえば、アーバンステムズへの評価は高まる。しかしそれではまだ、心を揺さぶったり、畏敬の念を抱かせたりはできない。何度も話し合いを重ねた結果、私たちは、花束の配達と、花束を受け取った大切な人の写真をプレゼントすることを思いついた。そうすれば彼らは鳥肌ものだ。

私たちは、その体験と、仲間のゲストが誰なのかを知ることを組み合わせることで、畏敬の念を引き起こすことに期待した。それが達成できなかったとしても、畏敬の念を抱かせる瞬間を作るという目標設定のおかげで、より良いコンセプトを開発できた。

発見

この例では、私のイベントに参加したことがある人を中心に招待していたため、基礎となる信頼はあった。それでも私たちは、人々にアピールするポイントを複数用意した。

1つ目は、気前良さ、斬新さ、キュレーションという基本的な特徴にヒントを盛り込んだり、明示的に言及したりしたこと（畏敬の念は保証できないので省く）。2つ目は、ミステリアスにしたこと。花の体験全体がサプライズだったため、何が起こるかをほのめかし、好奇心を育《はぐく》んだ。これは、情報ギャップとして知られる行動メカニズムだ。知っていることと提示されたことの間にギャップがある場合、以下3つのうちの1つが起こる。

ギャップが大きすぎる場合（例えば、パーティーで誰かが、理論素粒子物理学のような、私たちがまったく理解していないことについて話している)、私たちは興味が持てず、その場から立ち去りたくなる。ギャップが小さすぎる場合(例えば、誰かがあなたに日付を知らせる)、驚きではないので何の疑問も抱かない。

しかし、もしそのギャップが避けたいと思うほど大きくもなく、興味がないほど小さくもないというスイートスポットにある場合、あなたは好奇心を抱く。

例えば、バズフィードの記事タイトルを見てみよう。好奇心の際立った特徴は、痒《かゆ》いところに手が届くような感覚を覚えることだ。あなたの脳は、何かを得るために、それに関与する必要性を感じている。だから、バズフィードが「バナナの27の用途、15番目はあなたを驚かせるだろう」のような記事を掲載すると、クリックせずにはいられない。残念ながら、15番目が私の心を揺さぶったことは一度もない。バズフィードのようなクリック誘導を作る代わりに、私たちはイベントに対する好奇心を生み出し、そしてゲストが参加してよかったと思えるような満足のいくものを提供した。

私たちはそれを「美的香味ブランチ(the Aesthetic Scentability Brunch)」と名付けた。意味不明な造語なので、「感性(sensibility)」じゃないのか、香りと何の関係があるのだろう、と何度も読んでしまうだろう。さらに、世界の専門家が来て何かを教えてくれると知ると、好奇心が高まってくる。その専門家は誰だろう、どんな新しい技術を学べるのだろう、他のゲストは誰だろう、と。好奇心を生み出すためにこのアプローチを使うのであれば、その中身も満足のいくものでなければならない。クリック誘導ではいけない。

花を見て、花束の作り方を知れば、それが美的であることに気づき、香りを嗅《か》ぐことができる。これが「香味（scentable）」だ。実在しない言葉だが、結論は満足のいくものだった。

今なら、発見プロセスが、特定のエンゲージメント、ひいては特定のタイプのメンバーシップや感情へと導くために構築されていることがおわかりいただけるだろう。私たちはゾウとゾウ使いに訴えかけ、私たちが行きたいところに行くための、効果的な経路を設計したのだ。

アーバンステムズのクライアントによると、このイベントは、特にそのささやかな予算を考慮すると、これまで行ってきたイベントの中で最も効果が高かったそうだ。ほとんどのPR会社やイベントチームは、インスタグラマーや有名人を大勢パーティーに招待し、彼らがソーシャルメディアに投稿してくれることを期待し、そこに重点を置いていた。もちろん、そのようなイベントにも価値はあるが、ブランドとの強い感情的なつながりは生まれない。会社のリーダーシップと意味のある関係を築くことはできない。

代わりに、このアプローチを使えば、イベント後にアジェイはグループのほぼ全員にメールを送ることができるし、彼らもそれに応えただろう。このアプローチは、新規顧客、有名人とのパートナーシップの可能性、そしてかなりの数のメディア記事につながった。最も重要なのは、こうした関係をPR会社から借りるのではなく、関係性をアジェイと会社に帰属させ、何年にもわたって維持したことだ。

認知バイアスや行動のクセは数多く存在するため、どれに焦点を当てればいいのかわからなくなることがある。初期の段階では、「美的香味ブランチ」で取り上げた3つをお勧めする。

発見の段階では、ゲストがつながりを持ちたくなるように、情報ギャップを利用して好奇心を生み出すことに重点を置く。また、FOMO（fear of missing out）と呼ばれる、見逃したらどれだけ損をするかという感情を思い起こさせることで、発見の段階で損失回避を利用することもできる。さらに、空き枠を限定し、すぐに満席になるから早く行動するようにと伝えることで、希少性を利用することもできる。

しかし、2つの重要な基準を忘れないでほしい。1つ目は明らかだ。人に嘘をつかないこと。あなたの評判を傷つけることになる。もう1つは、好奇心や損失回避を煽《あお》るのであれば、参加する体験にそれだけの価値があるか確認しなければならない。そうしなければ、人々は悪質なクリック誘導記事のように騙《だま》されたと感じることになる。

エンゲージメントの段階では、参加者が集団で努力するよう、イケア効果に焦点を当てる。そうすることで、参加者同士、そしてあなたやあなたのブランドとの絆が深まる。メンバーシップの価値観を浸透させるには、ピーク・エンドの法則を適用し、人々が強い感情的なつながりを持ち、それを記憶するようにする。時間が経つにつれて、これはより大きな共同体感覚につながるだろう。

人間の行動を倫理的に設計することの重要性をもう一度強調したい。簡単なテストがある。もし、自分が考えたすべての行動とその理由を参加者に共有したら、参加者は受け入れるだろうか。私はディナーの最後に、定期的にその科学について説明し、皆に喜ばれているので、安心して眠ることができている。

同じように、ヴァルは学生アスリートたちに、自分のプログラムの意義を正確に伝えることができ、学生らにも愛されている。もし私がこの知識を不善意や不誠実な理由で使ったら、たちまち人々の信頼を失い、私が築き上げたものすべてに反することになるだろう。

倫理に関する重大な注意事項

バイアスがどのように働くかについて学ぶにつれ、自分自身を振り返り、ある種の道徳的あるいは倫理的な境界を越えているのではないかと考える必要がある。前にも述べたように、私が行う一般的なテストはこうだ。もし私が、友人でもない参加者に、そのイベントの裏側まで共有したら、参加者は操られていると感じるだろうか、それとも、その心遣いをありがたく思うだろうか。

第3章では、信頼は、能力、正直さ、そして徳によって築かれると述べたが、これは徳の問題だ。あなたは、参加者やコミュニティメンバーの最善の利益を考えているだろうか。もし誰かが、この体験全体が参加者をタバコ中毒にさせるために設計されたものだと知ったら、怒るのは当然だ。それは徳に反する。もしその体験が、人々に楽しんでもらい、役に立つブランドや製品を発見してもらうために設計されていれば、問題はない。

問題の未然防止のため、インフルエンサーズでは2つのポリシーを設けている。

1　私たちのイベントにブランドが関わる場合は、招待状にその旨が書かれている。

2　ブランドとは価値観、目的、予算を共有するが、設計はすべて私たちがコントロールする。私たちは常にブランドのために仕事をしているが、コミュニティを犠牲にすることは決してない。

このように、私たちはコミュニティを守り、常にコミュニティの最善の利益を念頭に置いている。

イベントにこれだけの思いを込めるのは大変に思えるかもしれないが、恐れることはない。時間をかけて、人を集めたり、イベントを作成したり、オンライン・コミュニティを育成したり、クラブを運営したりすれば、こうした配慮は自然に発展し始めるだろう。

初めて主催したディナーは散々だった。真夏だったし、エアコンは壊れたし、料理は最悪だった。うまくいかなかったことを思い出すと、ぞっとする。当時はお金もなかったし、みんなに出す適当な食器も持っていなかった。今思えば、欠点があったからこそうまくいった。

表面的に取り繕った華やかなパーティーではなく、私は斬新でよく吟味されたもののために人々を集めていた。彼らは徳を評価してくれた。実際、私が何をやっているのかまったくわからなかったことで、私は脆弱《ぜいじゃく》な立場に置かれ、それを見かねて人々が参加し、よりつながりを感じることができた。

何をするにしても、最初は素晴らしくも、少し散々なものになるだろう。だが、そうであるべきだ。そうすることで、初期のコミュニティメンバーに当事者意識を持ってもらうことができ、時間とともに、より良く仕上がっていく。自分の歩んできた道のりを懐かしく振り返ることができるだろう。

ここまで、人々の行動を考慮し、人々の結びつきを誘い、信頼を培うような、ゾウとゾウ使いのための、経路を設計する方法を見てきた。次に私たちは、このすべてがどのように作用して、帰属意識を発展させ、影響力を高め、人々の生活を改善するのかを理解したい。そのため、世界最大級のクリエイティブ・コミュニティを訪れ、彼らがどのようにして1つのアイデアから世界的な現象になったのかを学んでいく。

第16章 コミュニティづくりの経路

ティナ・ロス＝アイゼンバーグがアメリカに来たとき、スイスを離れることで、これほど孤独になるとは思ってもみなかった。彼女の夢はプロのデザイナーになることだったが、小さなデザイン会社でインターンシップをすることに成功し、何人かの友人を作ることができたものの、「仲間」と呼べる人にはまだ出会っていなかった。彼女は、寛大でオープンで包括的なクリエイティブ・コミュニティの一員になりたかった。

残念ながら、課題が2つあった。1つは、礼儀正しく言うと、彼女の英語力には改善が必要だった。人々があなたを理解できないと、友人を作るのは難しい。

もう1つは、彼女がつながりを持ちたいと思っていたクリエイターたち（デザイナー、建築家、映画制作者など）が、それぞれの業界でサイロ化しており、1つのコミュニティとしてまとまっていなかったことだ。さらに悪いことに、カンファレンスやイベントはすべて業界特有のもので、参加費も高額で、すでに成功してお金を持っている人しか払えない額だった。この排他性は、クリエイティブな人々をさらに細分化する原因だった。

年月が経つにつれて、彼女の英語力は向上し、巧みなタイトルのデザイン・ブログ『スイス・ミス』の人気も高まっていった。人気ブロガーとしての地位によって彼女は、苦闘していたインターン時代には買えなかったあらゆるカンファレンスへのフリーパスを獲得し、これにより、誰かがこれらのサイロ化したコミュニティを1つにまとめるべきだという彼女の信念はより強固なものになった。

ティナは試してみることにした。ある金曜日の早朝、クリエイターたちをオフィスに招待し、交流を図るのだ。イベントは無料、コーヒーもベーグルも無料。誰でも参加できる。あなたが写真を学びたい苦学生であろうと、世界的な建築会社の創設者であろうと関係ない。みんなウェルカム、みんな無料だ。彼女はそれをクリエイティブ・モーニングと名付けた。

彼女がそれを自分のブログで宣伝すると、エレベーターが故障した古びたビルに、朝早くから60人ほどが集まった。階段で6階まで上ると、硬くなったベーグルで迎えられ、コーヒーはすぐに来るということだった。しかし、ベーグルがまずいことなど誰も気にしなかった。ティナが人を集めてくれたことだけで、早起きして出勤前に集合する理由としては十分だった。

最初のイベントには何の形式もなく、ただ歓談するだけだったが、回を重ねるごとに改良されていった。

2回目のイベントでは、人々の会話を活性化させるために、デザイナーによるトークを追加し、地元のクリエイティブ・エージェンシーにホストを依頼した。20分のトークと15分の質疑応答は、ネットワーキング・イベントというより、文化的なひとときのように感じられた。端的に言えば、特に内向的な人たちにとって、気まずい雰囲気が和らいだのだ。

月日が経つにつれ、彼女はイベントの合理化を続けた。笑顔のボランティアがゲストを出迎え、ニックネームの書かれた名札を渡した。創造性と所属感を刺激するために、装飾には「今日も素敵だね」、「みんな、ようこそ」、「誰もがクリエイティブ」といった手作りの看板を飾った。人脈を育《はぐく》むため、ティナはキャリア目標に基づいたペアを組むためのコラボレーション・センターを作った。コンテンツが組織の価値観を表すように、思想リーダーによる講演に加え、ミュージシャンによるパフォーマンスや参加者による30秒ピッチも行われた。

2008年の設立以来、クリエイティブ・モーニングのコミュニティは大きく成長し、ティナは毎月500人以上の人々を受け入れ続けている。

〝仲間〟とのつながりを求めていたのは彼女だけではなかった。彼女は世界中の人々から、地元でクリエイティブ・モーニングを開催したいというメッセージを次々と受け取った。「信頼が魔法を生む」と信じるティナは、主催したい人なら誰でも開催できるようにし、クオリティを担保するため標準的なルールを決めた。1つは、スポンサーシップの販売はできるが、イベントの精神が損なわれないように、その資金をイベントとコミュニティに使用しなければならないというものだ。

本書の執筆時点で、クリエイティブ・モーニングは67カ国216都市で毎月2万5000人を対象に無料イベントを開催している。ティナは新天地で孤立したスイス人女性としてスタートしたが、いまでは彼女に魅了されたクリエイターたちに囲まれ、スタートアップをいくつも成功させているパワフルなリーダーだ。世界中の何十万人もの人々がクリエイティブ・モーニングに参加し、その過程で人間関係を築き、出会って結婚し、会社を立ち上げ、新しいスキルを学び、キャリアを向上させてきた。すべては、ある日、ティナが見知らぬ人々に招待状を送ることにしたからだ。

ティナはデザイナーとして、「影響力の方程式」を見事に実現する経路を作った。

彼女は、創造性とつながりを刺激するために、その経路の進むべき先を知っていた。発見とエンゲージメントのあらゆる側面が、彼女が望むタイプのメンバーシップにつながり、改良を重ねるごとにそれが強化されていくのがわかるだろう。

エンゲージメント・プロセスの中で、名札や挨拶《あいさつ》係からコラボレーション・センターに至るまで、彼女は絶えず憧《あこが》れを抱くきっかけを作り、人々が互いにつながる機会を作り出した。たとえ出勤前の早起きで不機嫌でも、食事やカフェインを摂《と》り、刺激を受け、何日も元気に過ごすことができるのだ。彼女は、人々が今どこにいて、これからどこにいてほしいかを考えて設計した。

「影響力の方程式」の3つの部分がすべて満たされた。ティナのクリエイターを引きつける戦略は、長年の経験と直感から生まれたものだが、それが、第8章で説明したSOARモデルと完璧《かんぺき》に一致していることに気づくだろう。

彼女は人々にスキル、チャンス、アクセス、リソースを提供する。参加することで、メンバーの創造性が発揮され、彼らが大切にしていることを達成するための洞察力、人脈、ツールが得られる。設営、撮影、撤収に時間を割いてくれるボランティアから、才能を提供してくれるミュージシャンや講演者、さらにはグループに歓迎され、アイスブレイクに参加したり、コラボレーション・センターに行ってクリエイティブな仲間との共創に至るまで、信頼は無数の脆弱性《ぜいじゃくせい》のループから培われる。

体験のあらゆる側面が一体となって、人々に共同体感覚を与える。コミュニティの参加者は、外の世界と、自分たちが参加することになったインスピレーションと帰属意識との間に、明確な境界があることに気づく。それは受動的な経験ではない。メンバーは講演やピッチをしたり、ボランティアをしたり、看板を作ったりすることができる。メンバーは基本的に影響力を持つ。参加するたびに、彼らはスキルを高め、クリエイティブの輪を広げていく。彼らは皆、同じ旅路を歩み、同じ方向を目指し、創造性とインスピレーションという同じ価値観を共有しているのだ。

意外なことに、ティナの最大の強みはデザインの技術ではなかった。むしろ、ほとんどスキルを必要としないもの、つまり彼女の一貫性だった。一度イベントに参加して、それっきりになってしまっては、人々が共同体感覚を持つことは不可能に近い。私たちが作りたいと考えている人間関係は、一緒に過ごす時間、特に一貫した日常生活によって育まれる。宗教団体は、毎週の行事を通じてこれを達成する。キリスト教では日曜日に教会礼拝があり、イスラム教では金曜日にアル・ジュムア（集会の日）と呼ばれる集団礼拝がある。

このような一貫性は、人々が互いに顔を合わせ、儀式に参加し、絆《きずな》を深める時間を提供する。共同体感覚が高まる機会だ。さらに、週を通じて集まる祈りのグループ、ボランティアの機会、グループ旅行、大型連休のような誰もが参加できるイベントなどの、派生した活動もある。

社会的なグループにも似たような構造がある。スポーツファンは毎週、地元のバーに行き、チームの試合を観戦する。派生すると直接会うようになる。たとえ、自分のチームがプレーしていなくても誰もが観戦するシーズン最終戦は、最高のイベントとなるだろう。同様に、クリエイティブ・モーニング、インフルエンサーズ、ウェイト・ウォッチャーズ、コン・ボディ・ワークアウトの強みは、コミュニティの集まりの一貫性だ。

以下は基本的な3つのカテゴリーであり、あなたが達成しようとしていることに合ったものに焦点を絞ればよい。

・**フラッグシップ（主要イベント）**：これは最も一貫性のある経験で、毎週、毎月、またはその他の決まった周期で行われる。インフルエンサーにはインフルエンサー・ディナーがある。スプリングボクスのようなスポーツチームには練習、そのファンたちには試合が、宗教には奉仕活動、クリエイティブ・モーニングには朝のイベントがある。ある組織にとっては、このイベントはコミュニティへの入会や、会社でのオリエンテーションであり、別の組織にとってはメイン・プラットフォームである。

・**分科会**：これらは2次プログラムだ。サブグループに、関心のあるイベント、経験、またはトピックに関して集まる機会を与える。インフルエンサーズでは、「美的香味ブランチ」（217ページ参照）のように、外部の企業と提携したカスタムイベントを年に7～10回開催している。1、2カ月に1度、LGBTQIAコミュニティのメンバーのための「プライド・ワークアウト」や「ウーマン・オブ・インフルエンス」のイベントを開催しており、他にも有色人種、非営利団体、マーケティング担当者などを対象としたイベントをいくつか企画中だ。クリエイティブ・モーニングは、メンバーが自分のオフィスに他のメンバーを招き、自分たちの会社がどのようなものかを共有する見学会を開始した。

・**大規模イベント：**年中行事や季節ごとの大きなイベントを開催し、テントポールイベントと呼ばれることもある。アメリカンフットボールにはスーパーボウルがあり、スーパーヒーローファンにはコミコンや待望の映画の公開があり、インフルエンサーズには同窓会やインスパイアード・カルチャー・サロンシリーズがある。

コミュニティの規模にもよるが、何かを作りたい、あるいは参加したいと考えているのであれば、ほとんどの場合、フラッグシップ・イベントがあればよい。

クリエイティブ・モーニングは、世界中で一貫して開催している1つのイベント設計を通じて、その目標を達成している。ある時点で、彼らは見学会の実施を選択した。これは、ティナの時間を取らずに、コミュニティのメンバーがより深く参加できるようにする素晴らしい方法だが、それがあってもなくても、彼らは素晴らしい結果を残しただろう。

彼らの規模なら、世界中からクリエイターが集まる大規模なイベントを年に1回開催することも可能だろう。しかし、ゲストからはお金を取らないため、大規模なスポンサーを見つけるか、素晴らしいボランティア・プログラムを開発するか、ルールを変更して参加費を徴収するかのいずれかが必要になるだろう。

大がかりなイベントを開催することで、現在の形式よりも目標を達成しやすくなるのかどうかは不明だ。一般的なルールとして、本当に有益でない限り、大規模化は避けるべきである。規模が大きくなると、毎週や毎月だったものが、1年をかけて1回の開催となるため、時間、費用、潜在的な問題が大きくなる。

これが、私が一般的に推奨する構成である。対面であれオンラインであれ、標準的なフォーマットを開発したら、それを何度か実行し、ねじれを解消し、継続的に改善していく。つまり、効果的な経路を作り、「影響力の方程式」を適用するのだ。

最初から完璧にできるわけではないが、時間をかけて改善していく。標準的な形式がすでに50人から100人規模のものであれば、大規模な集まりは必要ないかもしれないが、分科会的なイベントも検討してみよう。一度に2人から20人規模で主催し、それが同じグループ（毎回同じ人）ではなく、毎回変化するグループである場合、おそらくゲストは互いに会いたいと思うだろう。そこで、大規模な集まりが共同体感覚を生み出す。一般的には、小さく始めて、積み上げていくのがベストだ。ストレスが少なく、準備過程も楽しい。一方、大規模なイベントは計画段階で悪夢となり、燃え尽きてしまう。

もしインフルエンサー・ディナーの後、再び招待することがなかったら、ゲスト同士や私とのつながりは感じられても、共同体という感覚は得られなかったかもしれない。そこで、私たちはインスパイアード・カルチャーを開発した。これは大勢が集まる形式のインフルエンサーによるサロンで、招待客を再び招き、互いに顔を合わせる機会を作る。

イベントの一貫性は非常に重要だ。招待したい人が仮に今回都合が悪くても、次やその次の機会があると知ることができる。安定感を与えることができ、構造と歴史を持つコミュニティは、その能力を示していることになるからだ。

あなたが法人営業をしていて、毎週友人や見込み客とユニークなイベントをしているとしよう。この集まりは、単に製品の売り込みだけでなく、つながりを持つ一貫した理由を与えてくれる。彼らが参加することで、あなたは関係を築くことができ、一貫性があるおかげで、彼らが困ったときは、あなたを一番に思い浮かべる。クリエイティブ・モーニングが成功したのは、この一貫したアプローチと改善プロセスのおかげである。

クリエイティブ・モーニングのコミュニティが過去12年間で成長するにつれ、ティナは自分自身と数え切れないほど多くの人々がくつろげる場所を見つけた。「自分の仲間」を見つけたことで、信じられないようなキャリアの機会が訪れた。ティナは現在、クリエイターのためのコワーキングスペース、短期間持続するタトゥーの会社、コンサルタント会社、成長し続ける個人ブランドなど、複数の会社を経営し、成功を収めている。

彼女は数え切れないほどの人生に触れてきただけでなく、コミュニティの一員であることの素晴らしい恩恵をすべて得てきた。彼女がデザイナーだったことが役立ったのだろうか。もちろんだが、最初、彼女は、英語もほとんど話せない、お金もない移民だったことを思い出して

コミュニティ運営の例

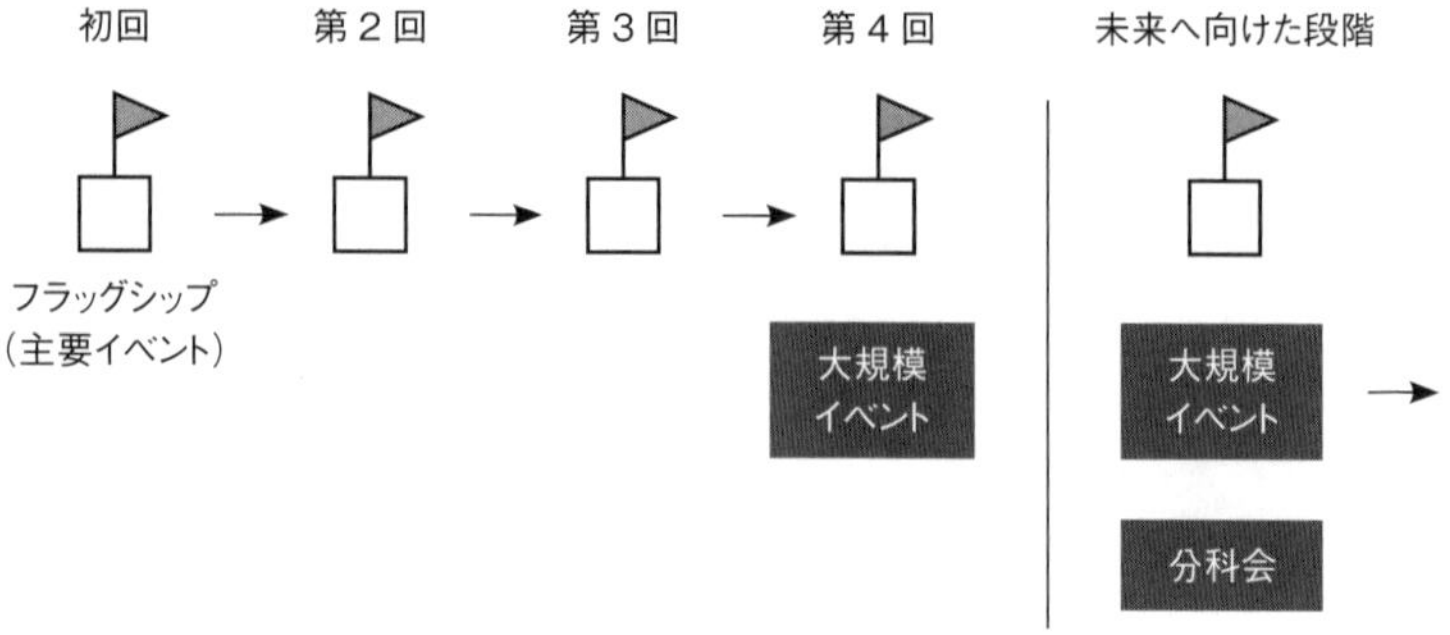

ほしい。彼女のデザインの知識は役立ったかもしれないが、何よりも成功につながったのは、彼女の一貫性だ。硬いベーグルを用意した最初のイベント以来、彼女は12年間、毎月クリエイティブ・モーニングを運営している。彼女がこうしているのは、無限のゲームをプレーしているからだ。少し奇妙に聞こえるかもしれないので、説明しよう。

1986年、ジェームズ・P・カースは『Finite and Infinite Games』という、大きな影響力を持つ本を出版した。彼は、人生のあらゆる局面において、私たちはこの2つのうちどちらかをプレーしているという。

有限のゲームには始まりと終わりがあり、勝つためにプレーし、合意されたルール（プレー時間や勝利の定義など）がある。バスケットボールは有限のゲームである。決められた時間が過ぎたら試合は終了し、得点の多いチームが勝利する。その後、希望すれば新しい試合をすることもできるが、最初の試合は終了している。これが有限のゲームだ。

一方、無限のゲームには終わりがない。合意されたルールもないため、勝者も敗者も存在しない。人々はゲームを楽しむためにプレーし、その目的はゲームをできるだけ長く続けることである。結婚は無限のゲームであり、隣人や友人を出し抜いたり、長生きさせたりするために参加するのではない。結婚が自分にもたらす価値のために参加するのだ。そして、結婚に普遍的なルールがないのは分かるだろう。それぞれのカップルが異なるプレーをする。結婚とは、できるだけ長く続けようとする無限のゲームなのだ。そして、私たちがこの世を去った後も、他の人たちがプレーを続けるのだ。

結婚と同じように、人とのつながり、コミュニティ、信頼、帰属意識はすべて無限のゲームである。私たちがプレーするのは、プレーすることで得られる喜びがあるからだ。帰属意識はそれ自体が報酬なのだ。勝とうとするのは馬鹿げている。そんな方法はない。より大きなコミュニティを持つことが勝利ではない。自分の価値観に合った、小さな、プロフェッショナルなつながりのあるコミュニティで生きることに喜びを感じられるのだ。ゲームに参加するだけでも十分な報酬だ。プレーすることで影響力は増すだろうが、それは副産物であって目的ではない。

作家サイモン・シネックが指摘するように、人や組織が間違ったゲームをすると、その結果は壊滅的なものになる。フォルクスワーゲンが自社製品をより良く見せるために自動車の排ガス結果を捏造《ねつぞう》した時も、ウェルズ・ファーゴが顧客のために不正に銀行口座を開設した時も、短期的には利益を得たかもしれないが、不正行為が明るみに出た時、どちらも評判に多大なダメージを受けた。これらの企業はビジネスという無限のゲームに参加しているにもかかわらず、有限であるかのようにプレーしていたのだ。

彼らの目的は、できるだけ長くゲームを続け、できるだけ長くプレーすることだったはずだ。それなのに幹部たちは貪欲《どんよく》になり、ボーナスさえ稼げれば、自分たちの行動の影響など気にしなくなった。同様に、コミュニティを有限のゲームとして扱うと、帰属体験ではなくチェスに変わってしまう。一人ひとりに価値があり、彼らは目的のための手段として使う駒になる。やがて、私たちが築き上げた信頼と共同体感覚は崩れ去り、私たちが懸命に作り上げたものそのものを失ってしまうのだ。

ここでティナ・ロス＝アイゼンバーグ、ジーン・ニデッチ、コス・マルテ、そして本書で紹介されている他のオーガナイザーたちが際立っているのは、無限のゲームをプレーしているからだ。彼らは、コミュニティとしてゲームをすることで、人生が向上し、健康になることであれ、ビジネスで成功することであれ、大義を推進することであれ、親友を見つけることであれ、私たちが大切にしていることを達成できることを理解している。中には、ある日は信じられないような新しい顧客、寄付者、友人と出会い、つながり、自分が勝っているように感じるかもしれないが。

一方、相性が悪かったり、メンバーが別の都市に引っ越したりしてコミュニティに参加できなくなる日もある。自分が負けたように思うかもしれない。そんな時こそ、自分がプレーしているゲームを思い出すことが大切だ。数ではなく、参加し、つながり、できる限り長くプレーすることだ。ゲームはそれ自体が贈り物であり、プレーすることで人生の魔法が起こるのだ。

長年にわたってプレーしてきた中で、以下の原則が私を助けてくれた。あなたの力にもなってくれると信じている。

すべては徳から始まる

もし私たちに善意がなければ、有意義な人間関係や共同体感覚を築くことはほとんど不可能だ。短期的には人とつながることができるかもしれないが、長期的に見れば、利己的な意図が明るみに出るにつれて、私たちの評判は失墜する。つながりを持つことで得られる社会的、キャリア的、健康的なメリットはすべて崩れてしまう。

純粋に利他的になれと言っているのではない。誰かが私に商品を売るのは構わないが、私はその販売員に私の利益を最優先してもらいたい。また、ある活動への支援を求められたら、その非営利団体には私の寄付を尊重する方法を理解してもらいたい。

帰属意識とくつろぎについて

旧友に会って興奮する気持ちをわかってほしい。何でも話せて、批判される心配のない人たちだ。残念なことに、このような心理的な安心感はあまりに稀《まれ》である。グーグルがチームの効率を高める要因を理解しようとしたとき、プロジェクト・アリストテレスと呼ばれる研究プログラムを実施した。[1]

私たちは一般的に、特にグーグルのような会社で最も効果的なチームは、それぞれの専門分野で、５人から10人のスーパースターで構成されていると想像している。これらのスーパースターは、ＩＱは合計10億で、初めて会って３週間であらゆる賞を受賞しているだろうと。

しかし、彼らが発見したのは驚くべきことで、効果的なチームの前兆となる第一の要因は、心理的安全性と呼ばれるものだった。安全だと感じているチームは、進んでリスクを冒し、傷つきやすい。私たちが学んだように、信頼を築き、つながりをより強く感じるようになるのは、脆弱性のループなのだ。間違っているかもしれないことを言ったり、間違いを犯したりしても安全だと感じているチームは、思考力が高いチームよりも優れていた。だからといって、誰でもコミュニティの一員になれというわけではない。誰がメンバーになるかはあなた次第だが、内側にいる人が安心感を得、憧れを持てるようにするべきだ。

プラットフォームを作り、コミュニティの成長を見る

共同体感覚はその人自身から生まれるもので、誰かが与えてくれるものではない。その代わり、私たちは人々が集まり、絆を深める経験ができるプラットフォームを提供することができる。覚えていてほしい。あなたのコミュニティはすでにそこにある。つながり、集まる手段が必要なだけだ。

あなたが経路を作ることで、人々が自分の道を見つけ、その道の終点で、所属感や安心感、憧れの人といられる感覚を経験する。これこそが、みんながより良くなる源であり、あなたが培った影響力の源なのだ。

イニシエーションの提供

イニシエーションは、人々が通過儀礼を乗り越え、会員になったことを実感できるようにするものである。女子大クラブの例のようにイニシエーション・プロセスが強烈であればあるほど、人々のグループとの絆は深まる。それでも、第4章のサシハリアリや歯を削る儀式のよう

な（社会的にも肉体的にも）苦痛を伴うことをする必要はまったくない。

クリエイティブ・モーニングでは、トークやパフォーマンスが始まる前に、立ち上がり、承認を受けてもらう。これは、すべての参加者を歓迎する共通の経験だ。インフルエンサーにとっては、単にディナーに来て一緒に料理をすることがイニシエーションとなる。一度そのようなことをした人は「内部」に入り、どのサロンにも来ることができる。私たちの永久招待リストに加わり、いつでも歓迎される。

ＡＢＣＤの使用：Asset-Based Community Model（資産に基づくコミュニティ開発モデルの使用）

大企業はスキルが不足していたら、誰かを雇うことができるが、コミュニティ内で特定の専門知識を持つ人を見つけ、その人に適合してもらうという選択肢ははるかに複雑だ。その代わり、強力なコミュニティは、資産に基づくコミュニティ開発（ＡＢＣＤ）モデルに従う傾向がある。ＡＢＣＤでは、コミュニティに欠けているものに焦点を当てるのではなく、メンバーがすでに持っているスキルや資源を活かして成長することを提案している。このアプローチにより、メンバーは自分たちが生み出したものに貢献し、誇りを持つことができる。これは、より強固な企業文化の発展にも当てはまる。ＡＢＣＤのアプローチを用いることで、より大きな貢献感とつながりが生まれる。

人とのつながりは無限のゲームかもしれないが、だからといっていつまでも人を集める必要はないということを指摘しておきたい。1、2回だけイベントをやってみて、楽しめるかどうか試してみるのもいいかもしれない。他のコミュニティに加わり、イベントに参加するという選択肢もある。

何を選ぶにしても、自分の性格や目的に合ったアプローチにすること。私は個人的には、より親密なイベントを好む。ティナは大人数を集めることでワイルドなインスピレーションを得るが、人によっては2、3人かもしれないし、友人とハイキングに行くことかもしれない。自分に合ったことをするのがいい。

それを理解するために、第3部では、社交グループやビジネス開発から、理念に基づいたコミュニティや企業文化に至るまで、コミュニティの種類ごとに何をすべきかを取り上げる。また、デジタルの普及が進む中、直接人と会う場合とデジタル・プラットフォームを通じて人を集める場合の違いについても探っていく。これらのトピックはすべて、あなたに直接当てはまらないかもしれないが、事例からアイデアが閃《ひらめ》いたり、洞察を得ることができるだろう。

第3部

あなたの人生に全てを生かす

本書の中で多くの事例を紹介してきた。あなたがコミュニティを作り、尊敬する人々とつながるために、どのような目標を持っていても対応できるように、準備ができるようにしたい。憧《あこが》れの人たちとつながりたいだろうか。アイデアを探求するために人々を集めたいかもしれないし、非常に忠実な顧客、支援者、寄付者の大きなグループを作りたいかもしれない。

人生において、グループ分けに完璧《かんぺき》に当てはまるものはほとんどないが、ここでは単純化のため、4つのカテゴリーを探ることにする。ソーシャル・コミュニティ（友人グループの構築、趣味を中心とした活動、娯楽など）、大義に基づくコミュニティ（宗教、社会正義、支援グループなど）、ビジネスに基づくコミュニティ（顧客開拓、建築に携わるすべての人々のような業界固有、業界を超えたCEOのような役職固有など）、そして企業文化（チームが絆《きずな》を深め、つながり、効果的に機能すること）である。

これらのカテゴリーに完璧に当てはまるコミュニティはないことにお気づきだろう。ティナが世界規模で開催しているクリエイティブ・モーニングには、クリエイティビティに関わる人々が集まってくるからソーシャルなのだろうか。それとも、クリエイターが知識を深め、成功するためのものだからビジネスなのだろうか。答えはイエスと、さらにイエスだ。重要なのは、カテゴリーを設定することで、アイデアを整理して取り組むことができるということだ。

以下の質問は、どのようなコミュニティを作りたいかにかかわらず、クライアントから設計を依頼されたときに、チームと私がする質問である。

1 誰とつながりたいのか。彼らの影響力のレベルがコネクション戦略を決定する。

2 単発のイベントやミニシリーズ（フラワーイベント、誕生会、同窓会、ブランド発表など）、または数カ月から数年にわたるコミュニティの構築（レッドブル・ミュージックアカデミー、インフルエンサー・ディナー、クリエイティブ・モーニングなど）を想定しているか。

3 一度に何人とつながりたいか。その規模は、あなたの性格、誰とつながりたいか、あなたの目的と合致したものでなければならない。影響力のある人ほど、大勢を集めるのは難しいことを覚えておいてほしい。

4 ゾウとゾウ使いのために経路を設計するとき、最後に何を感じ、何を考え、何をしてもらいたいか。ここが組織の価値観が輝くところである。それがあなた自身やあなたの組織にとって本物でなければ、あなたが望むものは達成できない。ピーク・エンドの法則や、美的香味ブランチの最後に花を届けたことを思い出してほしい。

5 これらの価値観は、あなたが大切にしていることと一致しているのか。イベントを数回以上実施するつもりなら、その価値観があなたの価値観と一致していなければ、そのイベントを続けようとは思わないだろう。

6 あなたが求めているメンバーを獲得するために、どのようなオリジナルのフォーマットを使えばいいのか。私たちは良いアイデアにたどり着く前に、多くの悪いアイデアを生み出してしまう。

7 このアクティビティに参加してもらうために、どのような発見アプローチを使うか。

8 影響力の方程式をさらに実行できる場所はどこか。

9 人間の行動について私たちがすでに知っていることで、この経路はゾウ使いとゾウにアピールできるだろうか。

10 この経路は倫理的か。もし人があなたの設計を知ったら、その人に迷惑をかけるだろうか。もしそうなら、もう一度やり直すこと。

最大の難関は、コア・バリューを軸とした斬新な関わり方を生み出すことだろう。以下のページでは、ビジネス、組織文化、非営利団体、個人的なコミュニティにおいて、私たちがこのアプローチをどのように適用しているか、その例を紹介する。

第17章

ビジネス成功のためのコミュニティづくり

顧客管理ソフトウェアをクールだと考える人はまずいない。しかしセールスフォースは、毎年ドリームフォースと呼ばれるカンファレンスに、２０１９年現在で17万人以上を招待したとされている。サムスン、ソニーからマイクロソフト、アップルに至るまで、世界中のあらゆるエレクトロニクス企業が参加するＣＥＳ（the Consumer Electronics Show）の参加者は18万２０００人に迫る勢いだ。

年間売上数十億ドルを誇るセールスフォースは、ビジネスにおいて驚異的な成功を収めている。セールスフォースの競合他社は、売上高こそ勝るものの、年次カンファレンスの規模や、熱狂的なファン・コミュニティには及ばない。私がオブザーバーとしてドリームフォースに参加したとき、それは製品カンファレンスというより、時にコミコンにいるかのように感じたものだ。

では、なぜセールスフォースはこのような熱心なコミュニティを育てることができたのか。答えはMCハマーだ。そう、あの受賞歴のある90年代初期のバギーパンツがトレードマークのヒップホップアーティストだ。ハマーがセールスフォースのCEOマーク・ベニオフに会ったとき、ハマーは、ベニオフに「街頭部隊」の話をした。音楽業界では、次のアルバムやツアーの注目を集めるため、街頭部隊が地元都市の通り沿いを宣伝やポスターで埋め尽くすのだ。それに加え、ビリー・グラハム牧師との出会いにより、ベニオフは伝道の力と、顧客を地域のプロモーターに変える可能性を見いだした。

創業間もない頃に、セールスフォースは全国バスツアーを開催し、地域の顧客や潜在顧客を招待した。ベニオフの想定では、彼がしばらくプレゼンをした後、質問に答えるつもりでいた。ところが顧客たちは非常に熱心で、ベニオフの代わりに質問に答え、製品を広めてくれた。顧客はベニオフに対するよりも顧客同士のつながりに関心を持っていた。ベニオフは脇で、コミュニティが合体していく様子を見守った。この経験が定着し、セールスフォースが成長するにつれ、同社は、顧客、熱狂的なファン、開発者、パートナーが一堂に会する場の提供を優先するようになった。

このコミュニティ第一義主義の一環として、セールスフォースは、できる限り人々が歓迎されていると感じられるよう、多大な投資を行っている。彼らは、顧客が率直なフィードバックや証言を共有できるように地域イベントを設計しており、この透明性が見込み客を虜にしている。セールスフォースは社内にコミュニティチームを結成し、ミートアップの開催を奨励・支援し、ファングループにサポートを提供し、さらには地域の熱狂的なファンによるイベント運営を支援するためのプログラムやリソースを開発した。

過去12年間、サラ・フランクリンは、このコミュニティチームを率いてきた。サラたちの責任は、各コミュニティのコア・バリューに、常に会社のコア・バリューを代弁させることにある。彼らの使命は、メンバーがつながり、学び、共に楽しみ、気前良くなることである。彼らにとって気前良さとは、お互い同士や地域社会に与えることを意味する。多くの企業では、このようなキャッチフレーズは口にしただけで忘れられてしまうが、サラと彼女のチームにとっては、対面でもオンラインでも、設計するものすべてに必須《ひっす》な条件なのだ。

チームは、Trailhead（訳注：登山口）という無料のオンライン・トレーニング・プログラムを、驚異的な費用をかけてまで作成した。このウェブサイトは、初心者が、セールスフォース・プラットフォームの使い方やプログラミングを学ぶための簡単な方法を提供している。セールスフォースは、コミュニティメンバー一人ひとりの旅がユニークなものであることを理解し、Trailheadのさまざまな経路を設計し、人々が自分の道を見つけるのをサポートし、そのプロセスを常に改良してきた。

Trailheadでは、チャレンジやレッスンを完了するごとに、功労バッジに相当するものがもらえる。このプログラムで数え切れないほどたくさんの人が、自分のキャリアを向上させ、新しいキャリアをスタートしている。その結果、転職を考えていた美容師がプログラマーになり、家族の食料を買うために自分の血を売っていた失業中の父親が、今では家族旅行を楽しめるプロジェクト・マネージャーになった。

セールスフォースは、技術的なスキルを学ぶためには、質問できる相手がいないと不安なことを理解し、コミュニティでの体験を計画に組み込んだ。登録した瞬間から、オンライン・コミュニティとローカル・ミートアップの両方に招待される。これは、旅と共同体感覚を生み出すための、信じられないほど意図的な方法だ。彼らはそのコア・バリューを一貫したコミュニティ構造に統合し、国際規模で展開している。これほどの設計レベルであれば、彼らがコミュニティのインフルエンサーを巻き込み、大きな成功を収めているのも不思議ではない。

では、ビジネスコミュニティを作るとはどういうことか。その答えは、いつものように、あなたが誰とどのような規模でつながりたいかによる。これはよくある売り込み電話営業ではない。潜在顧客が製品を必要としているその瞬間に、その顧客を捕まえるのだ。その代わり、顧客はつながりの招待を望んでいるため、私たちは経路を設計し、「影響力の方程式」を効果的に適用する。

参加することで多くの価値を得てもらい、深い社会的つながりを作ることで、セールスフォース・コミュニティのように、顧客のキャリアを向上させるだけでなく、彼らがサービスを必要とする時が来たときに、信頼できる情報源となれるようにするのだ。一度フォーマットが決まれば、それを一貫して実行し、洗練させていくことができる。いずれ、ユーザーを再び集めて、同窓会のようなイベントを開催することもできる。

ビジネスコミュニティは業界によって大きく異なるため、どの顧客がどのインフルエンサーカテゴリーに当てはまるかを定義してみるとよい。例えば、あなたがグローバルなコンサルタント会社や会計事務所で、営業やマーケティングを担当しているのなら、グローバルなインフルエンサーとなる顧客は、世界最大企業のCEOや社長かもしれない。

一方、業界のインフルエンサーはすでにVP・コミュニティの管理者かもしれない。業界によって肩書きは千差万別であり、同じ肩書きの人がすべて同じように影響力があるわけでも、同じ規模の組織を運営しているわけでもないので、顧客を分類する必要がある。非営利団体であれば、寄付者を分類し、彼らとつながる最善の方法を決定することで、これと同じアプローチを使うことができる。

顧客を影響力ごとのカテゴリーに分類したら、自分がどのグループとつながりたいかがわかるだろう。顧客の影響力や、顧客がブランドにはまる理由に合う戦略を自身がとる目的で、大企業では20以上のプログラム・戦略が同時並行的に実行されることもある。

SAPのようなグローバル・ソフトウェア・サービス・プロバイダーは、非常に多くの製品を販売しており、それを追跡することは不可能に近い。経理から人事、サプライチェーン、ホスティングサービスなど、あらゆる製品を提供しており、それぞれ異なる顧客を抱えている。SAPのような企業が、これほど広範で大規模な事業を展開していれば、顧客グループごとに個別のコミュニティを開発したいと考えるだろう。人事担当者向けのもの、経理担当者向けのもの、政府機関や製薬会社などの規制産業向けのものなどだ。

そのため、サイロ化された製品を持ち、個別の営業チームを持つ企業には、独自のプログラムを開発することを勧めている。また、同じ原則や価値観に基づいてコミュニティを構築することで、ブランドの一貫性を保ち、顧客に統一したメッセージを伝えることができる。

この時点で、経理、人事、サプライチェーンなど、いくつのグループに焦点を当てる必要があるのか、また、影響力のレベルごとにどのような戦略をとるべきかが見えてきたはずだ。グローバル、業界、コミュニティのインフルエンサーとつながることができるよう、それぞれのグループに2つか3つのコミュニティを持つと良いだろう。

次に語るべきは、何をすれば良いのかだ。電話やEメールで相手を溺《おぼ》れさせるのではなく、デジタルでも対面でも、つながりを誘い、私たちが望むタイプのメンバーを育てられるような体験を開発するべきだ。それを数回試し、場合によっては、上位顧客からフィードバックを得ながら、コミュニティに人々を迎え入れるための一貫したイベントをシリーズとして立ち上げる。

保険の営業担当者であれば、ビデオチャットを使った1対1の活動になるかもしれない。人事サービスを販売する人であれば、人事担当責任者のためのコミュニティ・イベントを作るかもしれない。

一定数に達したと感じたら、同窓会イベントの開催を開始することができる。このようなイベントを開催することで、あなたの名が知られるだけでなく、顧客や潜在顧客同士がつながればつながるほど、顧客はあなたに一層親近感を抱く。あなたはコミュニティの中心的なハブだ。


個人としてビジネス・コミュニティを開拓することのほうが、大企業のリソースやステータスを利用するよりも簡単であることに、人々はしばしば驚かされる。会社にもよるが、人々は伝統的な企業マインドに縛られ、2つの課題を乗り越えなければならない。

1つ目は、大企業の経営幹部が、自分たちは「顧客コミュニティ」と素晴らしい関係を築いていると思っていることだ。顧客はそうは見ていない。営業担当者のことは好きかもしれないが、顧客は経営幹部と面識がないため、共同体という感覚はない。これでは、顧客とブランドとのつながりや、ブランド信念の浸透が大きく制限されてしまう。優れた製品を提供しているなら顧客とのつながりを心配する必要はないはずだが、多くの企業がそうはいかない。

もう1つの課題は、経営幹部が現状の仕組みがうまくいっていると考えがちで、それを変えたがらないことだ。正直なところ、現状維持が彼らの戦略なら、他の選択肢が提案されたときに守りに入るのは当然だ。問題なのは、莫大《ばくだい》な費用をかけているにもかかわらず、望む結果が得られていないことだ。

グローバルな営業組織では、年間何千回ものイベントを開催し、何百万ドルもかけて顧客を獲得することも珍しくない。マーケティング担当や営業担当者は科学者ではないので、彼らに人間の行動を理解せよと期待するのは不公平だ。企業の世界では、多くの戦略が標準的なやり方であり、それがそのまま通用するのであれば、それに従い続ければよい。しかし、より大きな共同体感覚を望むのであれば、新しくできる方法があることを知ってほしい。

豪華なディナー

顧客を口説くとき、高級な場所でプライベート・ディナーを催し、顧客を引き込んだり、売り込みの後に絆を深めたりするのが一般的だ。

だが、私は一般的なディナー・パーティーを無駄だと考えている。というのも、私はディナー・パーティー・シリーズを成功させ、他のブランドやエージェンシーが同じようなタイトルのディナーイベントを開催するきっかけを作った張本人だからだ。はっきり言っておくが、他企業が真似をしたとは思っていない。夕食や、仕事の後に夕方から会うことができるというコンセプトを私が発明したわけではない。だが、なぜどこのエージェントも、インフルエンサー・ディナーほど長続きしないかというと、ディナーの内容が重要なのではなく、一緒に料理をする時間と、テーブルを囲んで行うゲームの内容が重要だからだ。一般的なビジネスディナーの構造では、永続的な絆を築くのは難しい。

4、5人以上でのグループだと、会話が分断されてしまう。テーブルの幅や部屋の騒音によっては、向かい合った人の声が聞こえず、自分の左右にいる人たちに会話が限定されてしまう。左右の2人と2時間も会話が続くほどには、互いに興味を持っていないことのほうが多い。さらに困ったことに、話したい人の隣に座れることはほぼない。そのため、信頼や帰属意識ではなく、居心地の悪さや面白みのない体験を生み出すことになる。

夕食が必要な場合は、テーブルの形式や人数を変え、互いに信頼関係を築けるようなアクティビティを考案しよう。私は、コースごとに席替えするディナーや、家庭的なスタイル（ただし自分で料理をよそうことはできない）のディナーに参加したことがある。また、あるグループを引き連れて6つのレストランを訪れ、それぞれのレストランから数品ずつをシェアするフードクロールに参加したことがある。夕食をとる方法はたくさんあるが、交流を促進するような別の活動の中で食事を提供するほうが、目的にかなうかもしれない。

ギフトの贈りかた

私が贈り物をすることに反対しているように聞こえるかもしれないが、贈られる側に努力の必要はないのだから、それ以上でもそれ以下でもない。問題は、ほとんどすべての企業ギフトがゴミにしかならないということだ。企業ロゴ入りTシャツやドリンクカバー等々、ガラクタの山が増えるだけだ。そうではなく、誰に贈るのか、なぜ顧客にとって特別なものなのか、あなたや会社がどうしてそれを贈るのかを考える必要がある。

私は、親友のジョン・ルーリンが立ち上げたギフトロジーというギフトの代理店と協力して、私の戦略と実行に協力してもらっている。

ギフトロジーは、特注の彫刻入りキッチンナイフから、ギフトされる側の愛する人からのメッセージをデザインした手作りのマグカップまで、あらゆるものを作ってきた。秘密基地のようなディナー体験を運営する者として、これらは私の仕事と一致しているだけでなく、上質で大切な贈り物であり、頻繁に使われ、私という人間を思い出させる役割を果たしていることがお分かりいただけるだろう。

ギフトの贈りかたは本が1冊書けるほど複雑なトピックだが、誰も欲しがらない、誰も気づかないようなガラクタを贈ることはやめ、ギフトロジーのようなプロに相談し、会社や顧客にとって何が正しいかを考えてもらうことをお勧めする。間違った贈り物は予算の無駄遣いだが、正しい贈り物は相手の関心を引き、信頼感や、つながり、帰属意識を高めるのだ。

ローンチ・パーティーと大型プロモーション・イベント

このようなイベントは参加者にとってとても楽しいものだが、どれも同じ感じがする。広いスペース、大音量の音楽、飲み物、フォトブース、会社のロゴが入ったポスタースタンドなど。2018年、私は世界最大級のテクノロジー企業のプライベートな製品発表パーティーのデザインを依頼された。彼らは画期的な製品を発表し、特別なものを求めていた。

例によって、私はまず彼らが何を達成したいのか、誰と一緒にやりたいのか、イベントに何人呼びたいのか、予算はいくらかを尋ねることから始めた。200人の有力者を呼び、予算は20万ドルだそうだ。私は啞然《あぜん》とした。その大金をどう使うつもりなのか理解できなかった。彼らは有名なバンドと一流の料理を準備したいという。

そこで私は、イベントの予算が適正かどうかを判断する最良の方法のひとつ、「10%チャレンジ」を教えることにした。

もし予算が10%しかなかったら、どうやって同じ結果を達成するのか。彼らは予算2万ドルで、同じパーティーだが、DJ付きで、料理を少し控えめなものを要望した。彼らのアイデアのどれもが、ゲストとブランドを結びつけるものではなく、10分の1の予算でも、本質的に同じ体験を提供していることに気づくはずだ。それならば、このイベントを10回開催し、もっと多くの人々に参加してもらうか、残りの予算を他のマーケティング活動に使うべきだ。

そこで私たちは、再度10％チャレンジを試みた。２０００ドルで、彼らは15人のディナーを開催すると答えた。ディナーをうまく設計すれば、大音量のパーティーをするよりも親密な会話ができ、参加者同士のつながりも深まるはずだ。彼らはディナーを１００回できる予算を持っていた。私たちは最後にもう一度、この課題に取り組んだ。２００ドルでは何もできないと思ったので、私はボードゲームナイトを開催し、安い料理を注文することを提案した。おそらく最も楽しいはずの体験（クールな人々とのゲーム）が、実際の予算の１０００分の１の金額だったことに注目してほしい。これは予算を最大限に活用しているかどうかを確認するための素晴らしいテストである。

彼らが何を望んでいるのかをさらに掘り下げていくと、最終的に彼らはソーシャルメディアへの投稿やブランドとのつながりを気にしていると教えてくれた。これは重要なポイントだ。企業として、注目すべき指標を中心に構築することが重要だ。その指標とは、あるときは参加者数や総売上高であり、またあるときはソーシャルメディアへの投稿やアンケート回答である。それが何であれ、イベントの設計には必ずそこを考慮しなければならない。そうでなければ、あなたの会社はその取り組みを支援したがらないだろう。

こうして、私たちは、ブランドや製品価値の専門家であるオピニオン・リーダーによる講演を交えた、没入型でインタラクティブなアート・インスタレーションを制作することにした。同社は史上最大のソーシャルメディア・ローンチを行ったと報告しただけでなく、あるゲストの言葉を紹介した。「普通のローンチ・パーティーを想像して会場に入ったら、みんな本当に楽しんでいて、その場にずっと留《とど》まりたい様子だった。私は多くのイベントに参加するが、こんな光景を見られることはない。たいていのパーティーは、その日のうちに忘れ去られるものだから」

私たちがこのことを達成できたのは、人々のゾウとゾウ使いに経路を作り、帰属意識を持たせることができたからだ。何より良かったのは、我々の手数料を除いて2万ドルで開催できたことだ。10％チャレンジが功を奏した。

企業はしばしば、製品発表のために、豪華なパーティーを開く必要があると考えるが、ローンチ・パーティーが大きな売上やメディア露出につながることはほとんどない。こういった大きなイベントが会社の士気や文化には重要であることは理解しているが、多額の投資を始める前に、なぜ集まる必要があるのかをしっかりとわかってもらいたい。

チームに感謝を示すことは非常に重要だが、マーケティングやセールスと混同してはならない。潜在顧客とつながるためには、いくらくらいまで出費を惜しまないかを考える必要がある。その費用を正当化できなければ、予算が無駄になる。重要なのは、より有意義なコネクションを築くのに役立つ創造的な解決策は、常にあるということだ。より多くの思考と精神的努力が必要かもしれないが、はるかに少ない費用で済むはずだ。最高のプロモーションやパーティーの機会の場合もあるが、あなたが望むことを達成する経験を構築することが必要だ。コミュニティや帰属意識を育てていなければ、毎回ゼロから人を集め直さなければならない。

出費に関する事例だが、数年前、ある高級ホテルチェーンから、セレブのサマーキャンプを企画してほしいと依頼があった。業界のリーダーから学ぶ3日間のキャンプを想像してもらいたい。例えば、海軍特殊部隊の隊員による水泳指導や、有名な写真家が指導するアート教室などだ。セレブや著名なアーティスト、プロデューサー、ミュージシャンなどが参加したこのイベントは、『ヴォーグ』誌で報道され、ネット上でトレンドとなった。

ホテルの立場では、数十万ドルの費用がかかったにせよ、メディアに取り上げられたことでこの経験は成功だったと言える。コミュニティの立場ならば、同じレベルのつながりを10分の1のコストで達成できただろう。

しかし、ここが肝心だ。彼らの成功の指標は、コネクションや売上ではなくメディアである。仮にコストを下げたキャンプを開催していたら、ヴォーグが取材してくれたかは分からない。つまり、その結果を得ることに何の価値があるのかを自問する必要がある。短期的に見てPRの価値があるのなら、それは理にかなっているかもしれないが、長期的に見れば、人間関係や斬新で低コストの体験を生み出すことに重点を置き、派手さや華やかさには、あまりこだわらない方がいいかもしれない。

カンファレンスと業界サミット

グローバルな顧客基盤を持ち、数十億の収益を上げている場合、年次カンファレンスは、ローンチを行い、顧客と会ってつながりを維持し、アップセルを行う驚異的な機会を提供する。一方、サミットは、同じ業界や役割の人たちが50人から500人以上集まる中規模なイベントになる傾向がある（例：CMO、CFO、CIOのイベント、石油・ガス、消費財）。

参加者とブランド、そして参加者同士を意図的に結びつけるように設計されている限り、私はこの種の集まりには大賛成だ。そうでない場合は、多くの労力を要し、金銭面だけでなく、人的資源の観点からも非常に負担が大きい。そこで問いたいのは、「どうすれば、同じビジネスインパクトを、はるかに少ないロジスティクスと費用で達成できるか」。これは10％チャレンジのようなものだが、予算とスタッフのエネルギー・時間の両方を含む。小規模なシリーズを開催することで、わずかなコストで顧客との接点を増やすことができるかもしれない。人数が多ければ良いというわけではない。数え切れないほどの人々が通り過ぎ、あなたやブランドをほとんど覚えていないよりも、あなたやあなたが成し遂げたいことに重要な、一握りの人々とつながる方が、はるかに多くのことを成し遂げることができる。

セレブイベント・ミート＆グリート

ブランドはよく、イベントの引き立て役として、人気のあるセレブを雇い、講演やパフォーマンスをさせる。見込み客が到着すると、営業担当者はその機会を利用して会社についても説明する。誤解しないでほしいが、私は知名度の高い人たちをもてなすのが好きだ。見込み客は話を聞きには来るが、本心はセルフィーを撮りたいのだ。つまり、彼らは製品には関心がないことが多い。確かに、セレブは会場を満員にできる。しかし、そのセレブとあなたのブランド・商品との関係は何か。そして次回はどうするつもりなのか、自分に問うてみるべきだろう。

セレブとブランドとの間に明確な関係がなければ、ブランドは信頼性を失い、多くの顧客から、信じられないほど金遣いが荒いというイメージを持たれる。実際、あなたの最大の競合が、その翌週に同じセレブに講演を依頼することもできる。もしそうなら、明確なブランド価値はないということだ。

私はマイアミで開催された、ある酒類ブランドのパーティーに行ったことがある。美術展があり、有名なミュージシャンが登場し、ニューヨークの歌を歌った。おさらいしよう。アートを展示しているが、誰もアートなど連想しない酒ブランドのパーティーである。また、このブランドはニューヨークを拠点としているわけでもなく（実際、別の州にある）、ニューヨークを拠点とするセレブや彼女のチャリティと何の関係もない。私がこのブランドを覚えている唯一の理由は、シナリオ全体が腑《ふ》に落ちなかったからだ。

覚えておいてほしいのは、私たちの目的は、ゾウとゾウ使いのための経路を作ることで、人々と深く意味のある関係を築くことなのだ。セレブのイベントでそれが達成されるとは思えない。率直に言って、高価なショーに連れて行くと約束してデートに誘うようなものだ。彼らがただショーを見にきたいだけなら、体験の精神も交際の見込みも外れる可能性大だ。

もうひとつの決して些細《ささい》ではない問題は、セレブを起用すると参加者が殺到するが、次回はさらに〝良い〟セレブを起用する必要があるということだ。これは、より多くのコストを意味し、もはやあなたは、人々がつながり、有意義な方法でブランドを象徴する経験を楽しむために人々を招待するのではなく、有名人で競争していることになる。

ちなみに、有名タレントをサプライズで登場させるのと、客の引きつけに起用するのとでは戦略的に異なる。招待状で有名人を宣伝すれば、参加者は有名人を目当てに来ることにしかならないが、イベントを宣伝し、ブランド上のタレントを使ったサプライズがあれば、ブランドの革新性、スタイル、考え方を示すことになる。

この戦略を使うなら、私は2つのことを勧める。1つ目は、有名でなくとも魅力あるタレントを起用することだ。例えば、デイヴィッド・コッパーフィールドやテイラー・スウィフトではなく、今後有望なミュージシャン、マジシャン、パフォーマーなどを起用する。無名の才能に接することで、より印象的になることがある。2つ目はゲストの系統を変えることだ。一度マジシャンを呼んだのなら、次はカクテルの作り方を教えてくれるバーテンダーを呼ぶといったようにスタイルを変えるのだ。こうすることで、自分自身と競争する必要がなくなる。

専門家講演・ウェビナー

このようなイベントでは、生産性についての著者や、業界の現状に関するエコノミストなど、その分野の専門家が有名なアイデアを発表する。私はこれらについて複雑な思いを持っている。ブランドとの整合性を明確に見ることもできる一方で、セレブでの問題と同じように感じる。競合も彼らを起用することができるし、プレゼンするアイデアは彼ら自身のものであり、会社のものではない。

いくつか質問したい。あなたの会社で、独自の視点やデータ、知識を共有できる人はいないのか。あなたの先進的なアプローチやブランドの知識を、オピニオン・リーダーと提携し共有する方法はあるか。これが、私がスピーカーとしてクライアントのために新しい講演会を企画する理由でもある。クライアントの価値観がしっかりと伝わるようにし、聴衆にとって正しい道筋を立てたいのだ。

もう1つの考慮すべき大きな点は、大企業の経営幹部や意思決定者は、ウェビナーに時間を費やさないだろうことだ。経営陣とつながりを持ちたいのであれば、気前良さ、斬新さ、キュレーション、畏敬《いけい》の念を中心に設計する必要がある。


ここまでは、現在の戦略を補強する場合の対処法について多くの例を挙げてきたが、今度はゼロから作る場合の例をお見せしたい。

2017年、私は世界最大級のテック企業から声をかけられた。彼らにはいくつかの目的があり、そのうちのひとつは、著名なクリエイターやビジネスリーダーとつながり、興味深いコラボレーションを展開することだった。この会社は、このコミュニティがポジティブな影響を与え、クリエイティビティを刺激したいと望んでいた。

このことを念頭に置いて、私たちは世界を改善するクリエイティブな方法に焦点を当てたフラッグシップ・イベントを開発した。アカデミー賞、グラミー賞、トニー賞の受賞者を招き、科学者や芸術家、美術館のキュレーター、ビジネスリーダーたちと交流した。20人のゲストは仕事後、イベントに合流してくれた。彼らは5人ずつの4つのグループに分かれ、地球規模の問題に取り組むための最も創造的な方法を競い合った。

それはとても楽しいものだったが、何度か実施しているうちに、グローバルな問題に対して強制的に創造性を求めるのは、夜間に開催するには少し無理があることに気づいた。代わりに、クリエイティブなゲームに形式を変えた。様々なアクティビティの中で、参加者はランダムに配られたオフィスの資材を使って家をデザインしたり、トリビアのクイズに答えてポイントを獲得したり、クレヨンやマジックを渡されて自分のスタイルを輝かせたりした。このプログラムは大成功で、参加者たちはブランドやその代表者たちとの絆を深めただけでなく、楽しく遊びながら会社について学ぶことができた。

関係が構築されるにつれ、私たちは参加者に、クリエイティビティとテクノロジーが交差するプロジェクトのアイデアをピッチするよう呼びかけた。私たちが聴けたアイデアは、クリエイティブ代理店のプレゼンよりもはるかに面白く、トップクラスのクリエイターから生まれたものなので、よりステータスが高く、情熱を注いでいるため、より実現可能性が高いものとなった。クリエイターのディナーや、グラミー賞受賞者をパネルディスカッションの登壇者に起用するのとはどう違うか、考えてみてほしい。

コミュニティの一員として、彼らの参加は自己表現の一形態であり、報酬のためではなく、そもそもの興味があって参加している。コミュニティは、関係者全員をサポートする共同プロジェクトを展開しながら、真の帰属意識を与えてくれる。実際コストが最小限であることが何より素晴らしい。ゲストは会社のオフィスにやってきて、画材を渡され、一緒にゲームをし、会社について少し話を聞く。私は正直、これがイベントやコミュニティ・マーケティングの未来だと信じている。

そこで、多くのインスピレーションを得られるよう、ここにいくつかの例を挙げよう。

・**ゼロ・アワー：**20人のゲストがディナーのために到着し、4つのテーブルに分かれる。30分後、すべての飲み物が取り上げられ、南アフリカからの水不足に関するニュース放送が流れる。各テーブルでは、自分たちは今、生き残るために必要な家族であると告げられる。そのために汚れた水が与えられ、用意されたものからフィルターを作るように言われる。この活動の後、水ろ過会社ハイドロスの創業者であるウィンストン・イブラヒムが、私たちの資源の処理について話をする。こうしてハイドロスは、環境に配慮する顧客やパートナーの献身的なコミュニティを築いてきた。

・**ファックアップ・ナイト：**レティシア・ガスカとペペ・ヴィラトロが共同で立ちあげたこの夕べは、ビジネスの失敗談を共有することで、参加者に正直で、カタルシスあふれる、そしてしばしば愉快な体験を提供する。[1] ファックアップ・ナイトの形式は毎回シンプルで、3、4人がステージに上がり、スライドを使って自分のしくじりストーリーを語り、その後質疑応答があり、最後にネットワークづくりの時間が設けられるというものだ。[2] この斬新な体験は現在、人が住める6大陸の260以上の都市で開催されている。信頼できる安全な空間を作り、つながりを深めるための美しい方法だ。

・**オピニオンリーダー・ハイキング**：週に1度、サンディエゴのトーリー・パインズ州立自然保護区で、作家やビジネスリーダーのグループが集まり、驚くほど美しい景色、健康的なハイキング、そして最も重要な、気の散らない会話と絆を深める時間を楽しんでいる。作家のジョン・アサラフが、医学博士、俳優、研究者、プロのスポーツ選手、ベストセラー作家のマイク・ケーニグスやケン・トラック博士のような、多彩な才能を持つ友人や起業家を招き、素晴らしい友情を生み出すだけでなく、健康にも良いことをしようと始まった。参加費の支払いや入会手続きは一切なく、信頼できる友人サークルとそのゲストの間で口コミによって集まるだけだ。そこから数え切れないほどのプロジェクト、新しい本、ビジネス、そして新しい友情と人間関係が生まれてきた。

・**COOアライアンス**：1－800－ゴット－ジャンクの元COOであるキャメロン・ヘロルドは、企業の世界では最高執行責任者（COO）が縁の下の力持ちであることに気づいた。COO以外の経営幹部向けのイベントはたくさんあるが、COO向けのイベントはない。そこで、CEOに次ぐ立場にある人々のためのプライベート・コミュニティであるCOOアライアンスを立ち上げた。収益、利益、企業文化を急速に成長させるためのツールやシステムを、実際にそれを実践している人々の手に届ける。このコミュニティが非常に興味深いのは、その形式ではなく、プラットフォームが提供されれば、多くの著名で優秀な頭脳が集まるという認識である。COOアライアンスは、4大陸にまたがるメンバーとともに、毎月オンラインと四半期に1度リアルで会う活動を行っており、今も成長を続けている。

・**ブランチワーク**：パウリーナ・カーピスが私の支援で設立したブランチワークは、ミレニアル世代のためのユニークなビジネスコミュニティを発展させてきた。毎週末、若いプロフェッショナルで構成されたメンバーが、ひねりの利いたブランチを求めて全国各地に集まる。食事と交流の時間の後、2人の著名なビジネスリーダーがアイデアを発表したり、インタビューを受けたりする。その後、メンバーは小グループに分かれてビジネス課題に取り組む。協力し合って解決策を練り、それをスピーカーに売り込んでフィードバックをもらう。このイベントの各パートが、SOARモデル（スキル、オポチュニティ〈チャンス〉、アクセス、リソース）の一部を提供していることに注目してほしい。

これらの例は、あなたの地域社会をひとつにするものは何かと考える際に、あなたの創造性を触発するための素晴らしい出発点となるだろう。

第18章 大義に基づくコミュニティ

大義に基づくコミュニティを構築する場合、最も重要なのは会員増強と資金調達の2つである。この2つが相互に衝突しないことを願うが、例えば癌のような問題に取り組む場合、生存者や治療中の人々が互いに支え合うコミュニティを作りたいかもしれないし、研究を支援したり、医療費を払えない人々を助けたり、啓蒙《けいもう》プログラムを作ったりするための資金集めをしたいかもしれない。

ここで重要なのは、対象者を理解し、何をしようとしているのかを理解することだ。資金提供者のための道と、支援者のための道を分けている組織もある。資金提供者の社会的プレッシャーは、現在がん治療を受けている人とは全く異なる可能性があるからだ。患者をサポートするシステムを作りたいのであれば、クリエイティブ・モーニングのように、ソーシャル・コミュニティのようなグループを作りたいかもしれない。この種のコミュニティは高度に組織化されており、地元で参加したいコミュニティであれば簡単に再現できる。

しかし、資金調達やメディアによる支援も必要な場合はどうすればいいのだろうか。伝統的な非営利団体の資金調達は、不釣り合いな金額を寄付する一握りの著名な寄付者と、私が資金調達のガラ・モデルと呼ぶものの組み合わせによる副産物である。これは、通常11月か12月頃に、団体が資金調達のために、豪華な場所で大規模なブラックタイ・イベントを開催するというものだ。この方法にはいくつかの大きな問題がある。

- **一晩で大金を集める**：多くの資金を集めるのが目的なのでは、と思うだろうが、その通り。組織全体の資金の80％が一晩で集まる。このイベントがうまくいかなければ、彼らは社員を解雇し、事業を辞めなければならなくなる。
- **このイベントは非営利団体の価値観とは切り離されている**：飢餓撲滅の資金集めのために、一皿250ドルも使うのは、率直に言って皮肉だ。この団体はコア・バリューにそぐわない活動に参加しているのだから、その活動は設計し直すべきだ。
- **人々は大義ではなく、パーティーのためにやってくる**：イベント委員会が毎年、友人全員を招待するため、参加者は組織とのつながりを持つことができない。その結果、委員会は毎年、ゲストや寄付者を確保するためにゼロから取り組む必要がある。利害関係を考慮すると、このプロセスは疲弊し、ストレスがたまる。

大義名分が立派なだけではだめなことに気づき始め、年間を通じてサポーターと深く意味のある関係を築くためにアプローチを変えている組織がいくつかある。結局のところ、人々はドレスアップするのが大好きなのだから。

全米多発性硬化症協会（NMSS）は、100万人近いアメリカ人多発性硬化症患者を支援する素晴らしい非営利団体である。NMSSが素晴らしいのは、資金のほとんどを少数の大口寄付者から集めるのではなく、草の根の努力によって年間2億ドルをほぼ独占的に集めていることだ。スタッフの規模、そしてこの病気の蔓延《まんえん》率と比較すると、NMSSは非常に大きな存在である。彼らが成功した理由は、まず何よりも驚異的なコミュニティ・ビルダーであることだ。彼らのイニシアチブは常に、いかに面白い方法で人々を結びつけるかに焦点を当ててきたことにある。

子供たちが本を1冊読むごとに募金を集める読書マラソンや、サイクリング・イベントなどのプログラムを、他より何年も早く始め、1980年代後半にはUGLYバーテンダー・コンテストというプログラムを開発した。これはとても賢い。全国各地のバーは、バーテンダーをUGLYとして称《たた》える地域の祝賀会に常連客を招待した。募金1ドルが1票とカウントされ、最も多くの票を集めたバーテンダーが「UGLYバーテンダー・オブ・ザ・イヤー」を受賞する。

ミネソタ州とペンシルベニア州だけで、ＮＭＳＳは50万ドル以上を集めた。飲酒の悪影響が明らかになるにつれ、ＮＭＳＳは飲酒するイベントを段階的に減らし、フィットネス志向の戦略に投資し、年間５５０以上のイベントを主催するまでに成長した。これらのイベントには、全米各地で３００回開催されるウォーキングや、65カ所で開催されるサイクリングもあり、健康を維持し、資金を集め、国の美しさを楽しめる企画となっている。

私がこれらのプログラムを気に入っている理由はいくつかある。第一に、フィットネスを体験することで、人々が健康になるための努力をする理由が生まれる。また、ガラ（きらびやかな催し）の数分の一の制作費で済み、組織の価値観につなげやすい。つまり、素晴らしい経験をし、より多くの資金を集め、使命を果たすことができるのだ。サロンや体験型のモデルを開発することで、組織はミッションや他の参加者とつながりのある寄付者を招待することができる。寄付者がより多くの友人を巻き込めば巻き込むほど、寄付者同士はより親密になる。同窓会やオフショット・イベントがより価値あるものになるのもこの点だ。

ガラが、１年を通して参加してきた全員の同窓会であるなら、これは地域社会の努力の祭典となる。あるいは、ボランティア・デー、プロジェクトの開発状況を視察するための旅行、会員が友人たちのためにイベントを主催するなどのオフシュート・イベントは、人々の結びつきを継続させながら、使命をさらに促進する。

ＮＭＳＳは、この病気のあらゆる側面（再調査、アドボカシー、サービス、プログラムなど）に関与しているため、この病気に罹患《りかん》した人々のために、地域に根ざしたプログラムも用意している。NMSSでは、全国で1000近くある自助グループに参加したり、ボランティアとして活動したりすることができる。3万3000人の活動家からなるコミュニティがあり、電話や手紙のやり取りを通じて政府関係者の関心を引くことに尽力している。大きな収穫は、支援を構築しようとしている人々や、その問題によって影響を受けている人々のために、旅や体験を創造することが大きな成功につながるということだ。旅や体験が組織の価値観に基づいて構築され、ゾウとゾウ使いに語りかけるものであればなおさらだ。

NMSSはサポーターのコミュニティを作ることに非常に熱心で、家にいて手紙を書きたい人、病気の影響を受けている人やその友人、家族でウォーキングをしたい人、アスリートで何マイルも走り続けられる人など、あらゆるレベルの人が参加できる独自のプログラムを開発している。これだけの組織力を持つのだから、その規模に比して非常に効果的なのも当然だろう。

では、あなたとあなたの大義について話そう。標準的なミーティング戦略を使うこともできる。先に学んだように、それは奴隷廃止運動家にとっては非常に効果的だったが、彼らは、ソーシャルメディアのニュースフィードに表示される世界中のあらゆる大義と競争する必要はなかったことを指摘しておこう。人々は今、同情疲れで苦しんでいる。私たちは皆、社会問題に関心を持てと言わんばかりに情報を浴びせかけられる。つまり、支持を得るためには、人々の支持を単なる流行に終わらせないために、ことさらに人間関係に焦点を当てる必要があるのだ。

まず、いくつのコミュニティを立ち上げるかを考え、それぞれに合った経路を設計する。つまり、人々があなたの大義を思い浮かべたとき、どのように感じてほしいのか、また、どのような影響力のある人々にアプローチしようとしているのかを知る必要がある。コミュニティの影響力を持つ人々にリーチし、SOARモデルを適用したいのであれば、自転車試乗を行うのが良い。彼らにスキルを教え、専門家へのアクセスを提供し、サイクリングの機会を提供し、パートナーを通じて機材の割引などのリソースを提供することができる。

あるいは、業界のインフルエンサーを巻き込みたいのであれば、気前良く、斬新で、十分にキュレーションされた、畏敬《いけい》の念を抱かせる可能性のあるものを開発するようにしよう。このことは、まだその問題に関与していない、あるいは影響を受けていない、知名度の高い寄付者や有名人とつながりたい場合には、特に重要になる。言うは易く行うは難しであることは承知しているが、他の大義に基づく団体が行っている例をいくつか紹介しよう。

・**ガールトレック**：ウォーキングによる健康への挑戦というソーシャルメディアへの投稿から始まったこのプログラムは、黒人女性と女児のためのアメリカ最大の公衆衛生とセルフケア・プログラムへと発展した。ガールトレックは、年間を通じて何十万人もの参加者を組織し、アメリカ全土で毎週コミュニティ・ウォーキングを行っている。

黒人女性や少女たちがあらかじめ決められた場所に集まり、決められたルートを歩くという、これ以上ないほどシンプルな形式だ。彼女たちが歩く理由は、共同設立者のT・モーガン・ディクソンが指摘するように、毎日137人の黒人女性が心臓病で亡くなっているからだ。この予防可能な病気は、銃乱射事件、喫煙、HIVを合わせたよりも多くの命を奪っている。このような女性や少女たちは、健康のため、互いにつながるため、そして自分たちの生きるべき道を取り戻すために歩いている。[1]

・**妊産婦死亡率**：私のチームは、妊産婦の死亡率という問題に関して、慈善活動家をつなぐプログラムの開発を任された。このイベントは5人の慈善家が一度に参加するプライベート・ズーム・ゲームショーとして企画された。ゲームは3ラウンド構成で、トリビア的なものから、ビデオクリップの中で人々の間でボールが渡された回数を追跡するものまで、様々なアクティビティが用意されていた。最後の3ラウンド目で司会者が「1ラウンド目の質問でニワトリを何羽見ましたか」といった質問をする。参加者は誰もニワトリに気づいていなかったため、非常に困惑し、不正解となる。しかし映像が再生されると、司会者が5羽のニワトリをはっきりと指摘する。他のゲストたちも同じように奇妙な問題を解いていき、勝者が発表される。このゲームの後に続くのは、不注意による盲目についての興味深い会話である。脳は、私たちが集中するように指示したものだけを見るようになり、それ以外は無視される。だから、数を数えるゲームに気を取られていると、ニワトリには気づかない。

これは、アメリカの妊産婦死亡率の高さの問題につながる。母親たちの問題は、病院から家に戻ってから顕在化するのだが、誰もが新生児に集中しているため気づかない。それは不注意による盲目である。人は何に気をつけるべきかを理解した瞬間に、問題に気づき、行動することができる。それは出場選手と同じで、一度ニワトリを見てしまえば、見過ごすことはできない。彼らは常に意識しているのだ。この形式の素晴らしさは、感情的で斬新な方法で、原因に関する明確なメッセージを伝えられることだ。私たちは、人々に気づいてもらうだけで、妊産婦死亡率に影響を与えることができる。この問題は、草の根の公共サービス番組と教育によって解決できるのだ。

・**アルコホーリクス・アノニマス**（Alcoholics Anonymous）：1935年以来、AAは多くの人々の人生を救い、大きく改善してきた。匿名性とオープンな分かち合いを組み合わせた独自の形式は、人々が苦悩に対して弱音を吐ける安全な空間を作り出している。非凡なのは、匿名性の上に築かれたコミュニティがどれほど強いものになりうるかということだ。彼らは中央権力を持たず、ミーティングは独自に組織され、無料のミーティングスペースで開催される。コミュニティの形成に資金は必要なく、つながりを求める人々にとって有効なプラットフォームと形式を提供すればよい、ということを完璧《かんぺき》に実証している。AAの一貫性、有効性、デザインのおかげで、人々は世界中の約180の郡と数え切れないほどの都市のどこででも集会に参加し、すぐに帰属意識と安心感を持つことができる。

・**バーバーショップ・ブックス**：アルビン・アービーは、米国の黒人の小学4年生の85％以上が読書ができないという調査結果を、アメリカ教育省が発表したことに衝撃を受けた。そこで彼は、理髪店に子供向けの読書スペースを設け、全米の理髪師に識字トレーニングを提供する地域密着型のプログラム、バーバーショップ・ブックスを立ち上げた。理髪店は黒人コミュニティにとって重要な集いの場であり、これは素晴らしい戦略である。アービーによれば、黒人男児は通常、月に1、2回理髪店に行くが、そのたびに、文化的に重要で年齢に合った絵本に接する機会を増やすのだという。私がこの活動を気に入っているのは、ゾウとゾウ使いに完璧に機能するからだ。彼らはすでに理髪店に通っているのだが、その旅の途中で、ちょっとした調整をすることで、大きなインパクトを与えることができるのだ。

最も効果的な大義に基づく組織とは、グループの使命に合致した方法で、ある問題に対してコミュニティを結集できる組織である。私の願いは、ガラ・モデルから、全米多発性硬化症協会、ガール・トレック、バーバーショップ・ブックスのような年間を通したコミュニティ・アプローチに、文化的に移行することだ。ある大義がその人の社会的サークルや日課に溶け込んでいれば、参加したり寄付したりすることは、その人が大切にしていることの自然な表現となる。

次に、あなたの組織でゾウとゾウ使いのための経路をどのように設計するかを探ろう。企業であれ非営利団体であれ、コミュニティ文化は組織内から始まる。

第19章 企業文化の育成

強力な企業文化を発展させることは、高業績を上げるチームと、凡庸に甘んじたり失敗したりするチームとの違いを意味する。コミュニティ・アプローチと旅は、優秀な人材を引きつけ、確保し、チームに迎え入れるために非常に効果的である。

人々は、より大きな使命を持った組織の一員であると感じたい。[1] このようなシグナルを送ることは、採用プロセスから始まり、従業員の経験を通じてずっと続く。企業文化については、本が出版されるに値するトピックだが、私たちが話す、つながりを持ち、信頼を築き、コミュニティの一員となるための原則は、大義やビジネス、社会的な場と同じように、企業の場でも適用できる。採用の旅と従業員の旅である。

すべての企業には文化がある。最大の問題は、それを作り出しているのか、それとも自然に

採用活動のポイント

採用活動		
発見	エンゲージメント	メンバーシップ
人々はあなたの会社や社内の役割をどう感じているか	人々が応募し、採用される過程	社員が役割を提供され、それを受け入れている

発展しているのかということだ。ある側面は自然に発展するかもしれないが、それを導き、人々がメンバーシップと帰属意識を持てるようにしなければ、定着率が悪くなる可能性が高い。

旅は終わりから始まりへと設計するのが最良だが、ここでは体験する順番に見ていくことにする。

企業文化は、人々があなたの組織で働き始めたときに始まるのではない。それ以前、応募書類を提出したり採用担当者に声をかけられたりする前の、発見プロセスから始まる。

グーグルは、その興味深い採用活動で注目を集めている。例えば、次のページのような難問が書かれた広告塔などだ。

このアプローチの素晴らしさは、斬新な挑戦が好きな聴衆を引きつけ、自分のスキルをアピールし、この採用プロセスに努力を投資させることだ。完璧《かんぺき》な履歴書を持つ人は数え切れないほどいるが、単に好奇心が強いという理由で、家に戻ってからこの方程式の解を導くプログラムを書くような人こそ、グーグ

グーグルの採用広告

{ first 10-digit prime found in consecutive digits of *e* }.com

（{ｅの連続する数字で見つかった最初の10桁の素数}.com）

ルが求めている人材なのだ。

この広告塔は、グーグルが大切にしている企業文化を示し、その企業文化を伝えること自体、誰かが応募する前から始まっている。広告塔は、応募者を自己選択する驚くべき発見プロセスを開始する。応募者をどのような旅に誘うのか。それとも、同じような価値観を持つ人々のコミュニティに参加したいという期待を持って応募するよう促しているのだろうか。

こうした価値観は、採用プロセスにも用いる必要がある。ある晩餐《ばんさん》会で、グローバル企業のＣＭＯが、刑務所や刑事司法制度の問題に取り組むためのアイデアを披露してくれた。この人物は明らかに優秀そうだったので、私はひとつの質問を投げかけた。「あなたの会社では、求人の際に犯罪歴の有無を尋ねていますか」と。

司法制度に影響を与えたいなら、まず自分の会社からスタートしよう。重罪犯の質問をする企業は数え切れないほどあるが、それでは出所者をさらに排除することになる。これは極めて具体的な例だが、重要なポイントを示している。

私たちは、重要に思うことを中心にして経路を設計し、人々が組織の価値観に合致した帰属意識を持てる方法で、その旅をする必要がある。旅のプロセス自体が人を引きつけるか排除するかのどちらかになるので、申請書のデザインや質問内容、人が自分のスキルをどのように発揮するか、それにどれだけの努力を傾けるかに至るまで、すべてを評価することが重要である。履歴書に名前、性別、年齢、住所などを記載すると、私たちの判断に偏りが生じるという調査結果がある。その結果、企業文化に最適な人材を集めるだけでなく、その企業がどのような文化や価値観を重要視しているかを示すため、さらには偏見を減らすために、応募プロセス全体を再設計している企業がある。

多くの業界では、人材を見つけることと、注目されることが重要である。このような状況では、潜在的人材のためのコミュニティを構築するイベント・シリーズが非常に有用である。サイバーセキュリティ企業であれば、毎月ニューヨーク市でハッカーズ・ミートアップやフラグキャプチャー・ゲームを主催すれば、優秀な人材が集まり、つながりを保つことができる。

発見と採用がうまく設計された経路をたどっていれば、オファーが出される頃には、人々はあなたの会社の一員になる機会を心待ちにしているはずだ。正しく行われた場合、報酬は人々を組織に引きつける決定的な要素ではないことに気づくだろう。

これは、報酬が重要ではないということではない。というのも、報酬を低く設定している企業は、従業員に実質的に「あなたを評価していない」と伝えているからだ。低報酬の結果、このような企業では従業員のエンゲージメントが低下し、組織を支えるモチベーションも低下する。それよりも、公正な報酬と、価値観や目標、成長機会を共有する文化やコミュニティの一員となる機会を組み合わせることで、より高い報酬や、より魅力のない文化に大きく打ち勝つことができる。

採用されると、彼らは従業員としての新たな旅を歩み始める。入社初日を迎えるにあたり、どのような活動やコミュニケーションがあっただろうか。仲間になったお祝いに、ハッピーアワーに呼ばれてアイスクリームを食べるとか、ビデオチャットに参加しただろうか。それとも、義務的なハラスメントの研修レポートを提出し、社史の本を渡されただけだろうか。

ダニエル・M・ケーブル、フランチェスカ・ジーノ、ブラッドリー・R・スターツを含む研究者チームは、入社時のマイルドな介入によって、定着率を大幅に向上させることができるのかに興味を抱いていた。ウィプロBPOはインドを拠点とする電話・チャットサポート事業を行っている。従業員に対して非常に競争力のある給与とサービスを提供しているにもかかわらず、離職率は業界同様の50%から70%であった。[2] ご想像の通り、カスタマー・サポートは非常にストレスがかかる。顧客が嫌なやつという可能性があるだけでなく、電話ではより一層、米西海岸的な発音や振る舞いをしなければならないというプレッシャーもあるからだ。

2010年、ウィプロは605人の新入社員を採用した。研究チームは、新入社員の受け入

従業員定着のポイント

従業員の経路		
発見	エンゲージメント	メンバーシップ
組織と組織内文化に歓迎されていると感じる過程	会社が従業員同士のつながりをいかに作っているか	組織に所属していることへの忠誠心を持てる体験

れプロセスを簡単に変更してテストすることにした。社員は無作為に3つのグループに分けられた。1つは標準的な入社プロセスを行うコントロール・グループ、もう1つは1時間の追加トレーニングと対話を行う2つのグループである。

1 **個人アイデンティティ・グループ**：この1時間の追加トレーニングは、個人に焦点を当てられた。個人ワークとグループ・ディスカッションの両方が行われ、問題の解決方法や、自分自身をどのように表現するか、何が自分を最も幸せにし、職場で最高のパフォーマンスを発揮させるか、どのようにすれば職場で最高の自分を発揮できるかなどが話し合われた。最後には、自分の名前入りのバッジとトレーナーが贈られた。

2 **組織アイデンティティ・グループ**：この時間は、「組織への帰属意識と、組織の規範や価値観の受容」に焦点を当てた。ウィプロの価値観、なぜ会社が素晴らしいのか、スター社員が同じ価値観について議論することも含まれた。その後、社員は共有された内容を振り返り議論した。最後には、社名入りのバッジとトレーナーが贈られた。

3　コントロール・グループ：このグループは、ウィプロが従来行ってきたのと同じ方法で入社研修を行い、追加の時間介入は行わなかった。

結果が出たとき、チームは衝撃を受けた。7カ月後、コントロール・グループの離職率は個人アイデンティティ・グループよりも47・2％高く、組織アイデンティティ・グループよりも16・2％高いことがわかったのだ。さらに、組織アイデンティティ・グループでは、個人アイデンティティ・グループよりも離職率が26・7％高いこともわかった。[3]

違いを生んだのは、より多くのお金でも、卓球台（訳注：福利厚生を意味）でも、その他の乱暴な特典でもなかった。もちろん、会社の価値観について1時間話すことは、離職防止に少しは役立ったが、最も大きな影響を与えたのは、自分自身についてと、自分にとって何が重要なのか、チームの成功に何をもたらすことができるのかについて、たった一度だけ、1時間話し合うことだった。

企業文化を作るにせよ、クリエイターのコミュニティを作るにせよ、人は自分が評価されていると感じたいし、自分のユニークなスキルや考え方で役割に貢献できるかを知りたがるものだ。チームに何を加えることができるかを探る1時間の会話を加えるだけで、その人が評価され、成長し、貢献する場があることを示すことができる。

入社研修の経験ひとつが、従業員の人材確保にこれほど大きな関係を持つのであれば、会社の伝統、会話、集まりの習慣が、企業文化に大きな影響を与えることは明らかだ。たとえフィードバックを受けた人が侮辱されるかもしれないとしても、それが会話を深めるものである限り、人々は心に思ったことを共有する義務があるという過激な率直さの文化で繁栄する企業もあれば、切磋琢磨《せっさたくま》する文化を育《はぐく》む組織もある。

重要なのは、作ろうとしている文化が会社の価値観と一致しているかどうかだ。ABインベブでは、年功序列に関係なく、全部門の従業員が最新のマーケティングや広告のビデオを見て、フィードバックをするよう招待されている。これによって、社員は自分も含まれていると感じることができ、異なる部門の人たちとの交流や結びつきが促進される。

あなたは自問したくなるかもしれない。私は会社の集まりをどのように構成しているだろう。それとも、人々が絆《きずな》を深め、共通の目標に向かって協力し合えるような機会を設けているのだろうか。あなたの会社では、部門（営業、マーケティング、財務、サプライ・チェーン、不動産など）を超えたつながりを育んでいるだろうか。それとも各部門がサイロ化して、摩擦が生じる可能性はないだろうか。

顧客や資金提供者、友人のための体験を創造するのと同じように、社内に集まる方法を創造することは、私たちが望む企業文化を伝え、発展させる機会を与えてくれる。結局のところ、あなたが意図的に創造していなければ、従業員はあなたの会社が何を達成しようとしているのかがわからなくなってしまうのだ。

従業員エンゲージメント・プラットフォームのアチーブメントが米国と英国で実施した調査では、会社のミッション・ステートメントを知っている従業員はわずか39％、会社のビジョンを知っている従業員もほぼ同数だった。さらに悪いことに、61％の社員が組織の文化的価値観を知らないと回答している。[4] 自分がなぜここで働いているのか、何を達成しようとしているのかわからなければ、おそらく混乱し、やる気をなくしてしまうだろう。自分がどこに行こうとしているのか、そして企業文化がどのようにして自分をそこに到達させるかを知ることは、従業員にとって不可欠なことだ。

マイクロソフトでは、社員バッジに「地球上のすべての人と組織に、より多くのことを達成する力を与える」という会社のミッションが刻印されている。幹部クラスからその週入社した新人まで、誰に聞いても、マイクロソフトが何を達成しようとしているのか答えられる。会社の文化がそれを中心に築かれているからだ。

ここで重要なのは、ゾウとゾウ使いのための経路を作り上げることであり、それによって従業員は、中核となる価値観、文化、使命を中心に、会社と相互に絆を深めていける。退職するにしても、別の会社に転職するにしても、あるいは自分で会社を立ち上げるにしても、結局は誰かが移籍する。しかし、従業員が退職した後も、その会社に帰属意識を持ち、また戻ってきたいとさえ思うような、強いメンバーシップ意識を醸成することはできるだろうか。

世界的なコンサルティング会社であるカーニーでは、他社に転職した人たちのことを「卒業生」と呼んでいる。元従業員ではなく卒業生と呼ぶことで、その経験が文脈化され、彼らがある意味で歓迎されていることが示唆される。その結果、卒業生が新しい会社でカーニー卒業生を採用することはよくあることだ。このような忠誠心は、会社とのつながり方や、退社した人たちに関しての話し方について、意図的に行っている会社にとっては驚くべきことではない。企業文化がどのようなもので、どのような価値観を伝えたいと思っているかにかかわらず、従業員が転職するときに自分の経験についてどのように感じてほしいかを自問してみるとよいだろう。これは、企業文化を設計するための、会話の理想的な出発点になる。

第20章 ソーシャル・コミュニティ

ケアフ・カフアヌイがロサンゼルスに引っ越してきたとき、彼はクリエイティブなコミュニティの一員になるには理想的な場所だと思った。

素晴らしい気候、新しい友人、アウトドア、そして自分を鼓舞するプロジェクトの取り組みを楽しむことを想像していた。しかし、イメージやステータスに強く重きを置くこの街では、ハワイでのコミュニティのような深いつながりや、友情を築くことはほとんどないことに、彼はすぐに気づいた。人付き合いといえば、セリフのリハーサルをしたり、ビデオゲームをしたり、招待されれば話題の新しいバーで飲んだり、芸能界の重役の家でパーティーを開いたりする程度だった。最初は楽しかったが、その多くがむなしく感じられた。彼は孤独を感じ始め、何らかの介入がなければ、孤独がうつ病に変わるのではないかと不安になってきた。

ケアフは最終的には、より深いつながりとより親密な人間関係を望んでいると気づいた。そこで彼は自分にシンプルな質問をした。

「人々を結びつけることができるような、自分の好きなことって何だろう」

ケアフは創造性に富んでいたので、アート&クラフトのミートアップでもしようかと考えたが、彼の住む質素なアパートや、彼の几帳面《きちょうめん》な性格との相性は悪く、絵の具や接着剤、紙くずを部屋のあちこちに散らばらせたくなかった。

そんなとき、クローゼットを掃除していて、彼は自分のボードゲームのコレクションを見て思いついた。『カタンの開拓者たち』、『リスク』、『マンチキン』といったゲームをするために、6人のグループを招待したらどうだろう。そうすれば、有意義な人間関係を築き、バーでよくあるうろ覚えの人名やエピソード以上のものを持ち帰ることができるだろう。もちろん、予算が心許《こころもと》ない俳優としては、低コストという利点もあった。みんなゲームを持ち寄って、テイクアウト料理を割り勘にすることもできる。

ボードゲームナイトを重ねるたびに、ケアフはより深い絆《きずな》を築き、LAでくつろぐ機会を得た。彼はイベントを運営するたびに、招待から準備、後片付けまでのプロセスを合理化し、その体験に小さな改良を加えていった。彼は、経路設計や「影響力の方程式」についての知識は持っていなかったが、行動特性の多くを組み込んでいたことに注目してほしい。

グループの絆を深めるための共同アクティビティ、意思決定の麻痺《まひ》を減らすための限られたゲームオプション、さらに絆を深めるためのエキサイティングなピークなどがあったが、それ以上に重要なのは、この経験から遠ざかってしまうような伝統的な社会構造（大音量の音楽、深酒、過剰なイメージ重視）を排除する役割を果たしたことだ。それは、楽しみと絆を深めるためのものだった。リチャードがＴＥＤの設計で行ったように、優れた設計とは、楽しさや有用な特徴を加えることと同様に、気が散るものや不必要な要素を排除することでもあることにお気づきいただけるだろう。

この例で私が気に入っているのは、彼が内向的な性格の持ち主のために、見事にシンプルな個性を生かしたフォーマットになっていることだ。ケアフは人を招いてボードゲームをした。彼の界隈《かいわい》では常識から完全に外れたことだが、それが斬新で一貫性を生んだ。そして文化に発展した。もしこれを自分のキャリアにつなげたければ、プロデューサーや監督、キャスティング会社を招待することもできただろうし、もっと広い場所が欲しければ、友人の家を探してそこで開催することもできただろう。

しかし、それは彼の目的ではなかった。彼が望んでいたのは、より深く有意義な人間関係を築くことだった。彼はＬＡを故郷のように感じ、よく知られているような浅はかな孤立感をなくしたかったのだ。やがてケアフは、そうした人間関係を見つけ、発展させていった。驚くなかれ、キャリアの成功のためではなかったにせよ、このコミュニティの中心にいることは大きな影響を与えた。ハリウッドのＳＦやファンタジーの俳優やプロデューサーの多くがボードゲームに熱中していることが判明し、彼の家で開かれた親密でマニアックなゲームの夜は、彼の人生のあらゆる側面に影響を与えることになった。最近はめったにゲーム会を開くことはないが、その目的は果たした。今は友人たちとマウンテンバイクに乗るのが好きだという。

ケアフのゲームナイト、クリエイティブ・モーニング、インフルエンサー・ディナーから学んだように、ソーシャル・コミュニティを発展させる鍵《かぎ》は、自分の好きな形式を選び、知り合いと一緒に始めるかオンラインで興味のあるグループを見つけ、伝統や新しさを加えながら時間をかけて進化させることだ。

このやり方は、自分の周りにコミュニティを作るのに役立つだけでなく、自分が興味のある習慣やスキルを身につけるのにも最適だ。エクササイズに夢中になっている仲間を集めたり、サッカークラブに入ったりすれば健康づくりはもっと楽しくなるし、読書クラブに入れば、読書はもっと簡単になる。

有名なコメディアンであり、俳優であり、『ザ・デイリー・ショー・ウィズ・トレバー・ノア』の特派員でもあるロニー・チェンは、かつて体重と闘っていた。何年もの間、彼はランニングやウェイトリフティングのような好きではない活動に参加することで、健康的な体を手に入れようとしていた。

ある日、彼は最近別離を味わった自分の気持ちを晴らすために、地元のバスケット・コートに行った。彼はピックアップゲームに参加し、そこで毎日プレーする素晴らしいグループと大いに楽しんだ。彼は、トレッドミルで走るよりもコートで走る方が多いことに気づき、毎日、時には1日に2回プレーするようになった。最初の1カ月だけで、体重は9キログラム以上減り、何年もプレーを続けた。２０１８年、彼は何か新しいことに挑戦し、社会的な輪を広げたいと思い、変化の時を決意した。今、ロニーはブラジリアン柔術を学び、新しい友人を作り格闘技術を身につけただけでなく、タキシード姿が似合うようになった彼は、次の大作で諜報員《ちょうほういん》を演じるらしい。


ソーシャル・コミュニティは、好きな人と一緒に楽しむ活動に重点を置いていることを忘れないでほしい。いつまでも参加する必要はない。ロニーもケアフも最初の活動を続けてはいないが、信頼と仲間意識に基づいた共同作業を伴うような集まりやコミュニティに、常に参加していることに気づくだろう。自分の人生で何を優先するかによって、その価値観を共有し、参加したいと思う人たちに囲まれているのだ。

私が好きな設計の特徴のひとつは、アクティビティをリトマス試験紙として使うことだ。同じように、アクティビティそのもの、あるいはその説明文が、人々をフィルタリングし、誰が来たとしても世界に対するある特定の視点を持っていることを保証する。これは、探検家アーネスト・シャクルトンが1914年に行った、帝国南極横断探検に参加する隊員を募集した際の、実際の新聞広告である。

危険な旅の人員求む。低賃金、厳しい寒さ、長時間の真っ暗闇。安全な帰還は疑わしい。成功報酬は名誉と承認のみ。

およそ5000人以上の応募があり、27人が入隊した。[1] これは極端な例ではあるが、イベントや活動内容、招待の仕方によって、相性の悪い人は排除される。

ケアフはゲーム・ナイトを主催したことで、ナイトクラブでパーティーをしたいだけの人たちは排除された。そのような経験も楽しくないわけではないが、ケアフが求めていたのはそうではなかった。同じように、ロニーはフィットネスを楽しみたかったのだ。もし、あなたがそのようなことに興味がないのであれば、彼が参加したピックアップ・バスケットボールのゲームには向いていないだろう。

私が本当に尊敬するフォーマットの例をいくつか紹介しよう。これらの多くがいかにシンプルで、楽しく斬新な集まり方を提供しているかに気づくだろう。

- **ジャスト・ワン・ワード：**オックスフォード大学のワン・ワード・エッセイを参考にしたもので、学生は3時間以内にひとつの言葉（例：無邪気、道徳心）について書く。[2] 少人数でひとつの言葉に関するショートストーリーを持ち寄り、飲み物や軽食を楽しみながら、それぞれのストーリーを披露し、新しい友人を紹介する。
- **ザ・ペインティング：**グループ・ペインティングの新しい試みとして、25枚のキャンバス（5枚×5枚）に1つのイメージの輪郭を描く。それぞれのキャンバスは参加者に渡され、好きな色で描かれる。描かれた絵は、美しいコラージュとして大きなイメージに組み立てられる。一人ひとりが貢献した気分になると同時に、近くで絵を描いている人同士がつながることができる。
- **DTLAディナークラブ：**過去10年間、ジョシュ・グレイ＝エマーは毎年夏に自宅を開放し、地元ロサンゼルスのダウンタウンコミュニティのために20回の夕食会を開いてきた。30人のゲストの1人になる唯一の条件は、ダウンタウンに住んでいること。
  初年度はジョシュがすべての食事を作ったが、2年目には近所の人たちも参加するようになり、3年目にはジョシュの負担を軽減する方法を思いついた。

  トップシェフのイラン・ホールに始まり、地元の著名なシェフや新しいシェフを招き、グループのために料理を作ってもらった。シェフたちは自分の時間を提供し、ジョシュは彼らに材料費を払い、ゲストは完全に無料で料理を楽しむことができる。

・**アーバン・シェルパ**：TVプロデューサーのダニエル・ライキンドは数週間ごとに、友人やビジネスリーダーを集めてニューヨークを探検する。

彼らの目的はシンプルで、街の新しい場所を見て会話を楽しむこと。準備は、アクティビティや散歩のためにインターネットを最小限しか検索せず、電子メールやリマインダーをグループに送信する。屋外で、安全に距離を保つことができたので、コロナ禍中の物理的な距離を取らなければならない期間、私自身の数少ない対人交流の場となった。

・**ドッグズ・オブ・ワイン**：元参加者のカール・ヘイニーの説明によると、この風変わりなワイン愛好家クラブの新メンバーは、決まった時間にレストランに来るよう気味悪いメッセージで指示される。到着すると、彼らは特殊な伝統で歓迎される。年に10回、10人に限定されたメンバーが集まり、美味《おい》しい料理とさらに美味しいワインを楽しむのだ。

ルールは、各メンバーが年に1回食事を主催することと、すべての食事に出席すること、夜のある時点に銘柄を伏せて提供されるボトルを2本持参することなどである。ワインが評価され、最低点のワインを持参した者は、そのワインの値段に関係なくグループから追い出され、新しいメンバーと入れ替わるのだ。メンバーが参加できない場合はゲストを送らなければならないが、そのゲストがまずいワインを持ってきたり、付き合いが悪かったりすると、そのメンバーはグループから追い出される。

私がこの形式を気に入っているのは、誰もがグループに居られるのは限界があることを知っているので、形式が古くならないことだ。見知った顔と新しい顔が常に混在している。人々はその後もずっと友人であり続けるが、最終的には創設者を含めて全員が追い出される。グループが決まった集団として集まり続けると、時にその経験が陳腐化してしまうことがある。人が入れ替わり立ち替わり参加する形式は、安全である十分な親しみやすさと、十分な斬新さを保つことができる。

・**レンタカーラリー**：フランツ・アリコーが考案したカーレースだが、レースはスピードではなく、人々の安全を守るために最低走行距離を競う。チームはルート上のタスクをこなすことで追加ポイントを獲得できるが、それは車を破壊する可能性があるため、レンタカーを使用し、保険を最大限に活用する。〝ルール〟に満ちた世界で、ハンサムな人々がコスチュームを着て、レンタカーで不思議な場所を訪れる真夜中のカーラリーがある、と説明されている。優勝者には賞金と金のガスポンプが与えられる。

・**DJ　プレー・ザットソング：**もともとは、各ゲストがレコードを持ち寄り、1曲ずつプレーする夕べとして始まった。そのレコードで、その曲が自分にとってどんな意味があるのかを分かち合う。レコードが一般的でなくなった今、少し進化している。

考えすぎないほうがいい。社会的コミュニティを作りたいのであれば、好きな活動のリストを作り、何人かの友人を誘えば良い。

その体験がポジティブなものであったなら、それを続け、証明し、目新しさを加え、経路を洗練させる。何度か試しているうちに、ヒット商品が生まれるだろう。自分の影響力をさまざまな地域に広げたいと思うようになったら、紹介をしたり、声をかけたりして、その地域の人たちを誘ってみよう。また、ある形式に飽きてきたら、何か新しいことに挑戦してみよう。

第21章 オンライン・コミュニティの開発

2020年4月11日土曜日、私はタキシードを着てリビングルームにひとり座っていた。ニューヨーク州知事が新型コロナウィルスの急速な蔓延《まんえん》を受け、自宅避難所を設置してから3週間が経とうとしていた。その間に人々はパニックに陥り、トイレットペーパーを買いだめし、街から逃げ出していった。私は、このような不安の中、地域社会が必要としている答えと、安定感を提供するチャンスがあることに気づいた。

そこで今回初めて、インフルエンサーをオンラインで招集した。各セッションは1時間で、著名なオピニオンリーダーの講演と質疑応答が行われた。最初のセッションは、ハーバード・メディカル・スクールのプレシジョン・ワクチン・プログラムのディレクターであるオファー・レヴィ博士（彼は私の長兄である）が、コロナウィルスについて当時わかっていたことを説明し、

2回目は有名な経済学者ヌリエル・ルービニで、世界経済に何が起こると予想されるかについて話した。

何百人ものディナー卒業生が参加した。数千人のコミュニティとしては大成功だと思うかもしれないが、人と人との間に深く意味のある絆《きずな》を作ることを大切にしている私としては、これは機会損失だと気づいた。

誤解しないでほしいが、このコンテンツは、人々がまさに必要としていたものだった。誰が信用できるのかわからない時代に、尊敬すべき専門家が答えてくれたのだ。だが残念なことに、私はオンライン・イベント最大のミスを犯してしまった。私は〝リフト・アンド・シフト〟を犯してしまったのだ。

ほとんどの組織は、オンライン・イベントを設計する際、対面式での体験をベースに、聴衆や顧客に配信する。問題なのは、対面式イベントがそもそもうまく設計されていないことであり、配信ではその体験の、さらにもっとつまらないバージョンになってしまうことだ。誰かがカメラの前に座って本を読み聞かせることで、本からテレビ番組を作るようなものだ。内容がメディアや人々の行動に合っていない。

しかしこの土曜日、2度の失敗を経て、私は特別なことをする機会を得た。この夜は、人々がつながり、友人を作り、学び、楽しむ機会を提供するものだった。私たちのメンバーは10都市と3カ国にまたがっているため、ノウハウ教育ではなく、コミュニティとして集まるのは初めてのことだった。また、使い慣れないプラットフォームでの、新しいイベント設計をテストすることにもなった。

それまで私は、何百ものディナーや同数のサロンを運営してきた。しかし、オンライン・イベント体験の設計は、あなたがこれまで実際に行ってきたことをすべて捨てることから始まる。その代わりに、その経路がどこにつながるべきかを問い、テクノロジーの特徴と限界がそこに到達するためにどのように役立つかを検討するのだ。これまでにやったことをそのまま適用しようとすれば、〝リフト・アンド・シフト〟になる。

チームと私は、この問題に取り組もうと何度もミーティングを重ねた。私たちが気づいたのは、対面式のイベントには少なくとも以下の特徴があるということだ。

対面のイベントでは、大規模な集会や企業イベント（スピーカー、パフォーマーなど）、エンターテインメントや知識が一般的に主な魅力となる。しかし、「つながり」や「影響力」がいかに重要であるかは、対人体験における本質であるため、あまり意識されていない。例えば、誰かが一緒にいたり、周りに人がいたりするだけで、つながりが生まれ、娯楽（話をする、話を共有する等）や知識（人生について議論する、ゴシップ等）が得られる。さらに、対面のイベントでは、私たちは驚くほどの影響力を持つ。ショーの観客であっても、拍手したり、叫んだり、ブーイングしたり、踊ったり、周りの人々に影響を与えることができるし、小さな集まりでは他の人々と交流することができる。私たちは自分たちに影響力があり、重要な存在であると感じている。

一方、ほとんどのオンライン・イベントは、私たちを取るに足らない存在だと感じさせ、影響力を感じさせない。私たちは孤立し、しばしば話すことも、質問することも、交流することも、話を聞いてもらうこともできない。これはひどい感覚だが、標準的な設計になっている。

ネット上の集まりの問題点は、つながりや影響力の行使という問題にとどまらない。ネットフリックスよりもエンターテインメント性が低く、つながりもほとんどない。つまり、人々の注意を引きつけるためには、以上の要素すべてを提供するよう設計されたものが必要で、人々の〝ズーム疲れ〟を克服する必要があった。

実を言うと、私は新しいオンライン・イベントを企画するのに緊張していた。初めてのことばかりというだけでなく、私はタキシードの上半身しか着ておらず、エルモのパジャマパンツとてもエレガントにマッチしていたからだ。立って動くことはできない。

新しくなったオンライン・コミュニティイベントに参加者がログインし始めると、私は気まずそうに座ってカメラを見つめていた。対面式のイベントでは、私はいつも走り回ったり、誰かを追いかけたりしているのだが、今はすべての視線が私に向けられている。他にどうすればいいのかわからず、私はゲスト同士を紹介し始めた。次に、私はオリンピック選手5名に自己紹介をしてもらい、疾病管理センターの前所長を迎えたところまでは覚えている。そう、これは謙遜《けんそん》ではない自慢話なのだ。

5分経過し、プログラムを開始した。当初は、小グループが交流する15分のブレイクアウトルームと、10分の講演で構成される1時間30分の予定だった。夜が更けるにつれて、奇妙なことが起こった。進行は遅れ、2時間経ってもほとんど全員が残っていた。3時間後、プログラム自体は終わっていたが、ゲストの半分はまだ多くの小グループでの会話を楽しんでいた。私たちは、人々が孤立し、つながりを求めていることに気づいた。私たちの文化で最も影響力のある人々がこのように感じているのなら、他の人々にも参加してもらわねばならない。

週を追うごとに、私たちはこれらのイベントのプロセスを改善し、改良していった。私たちは、2つの分科会と4人のプレゼンターという標準的なフォーマットに落ち着いた。最後の発表者は、楽しいパフォーマンスを披露する。皆が疲れるため、トークは10分間に制限された。テレビ番組を見るときは数秒ごとに場面が切り替わるが、ビデオチャットでは相手の顔をどれだけ凝視できるだろうか。

社会情勢が急速に変化していたため、講演者の予約は数日前からしか受け付けず、文化的に最も適切な問題を、適切なタイミングで取り上げることができた。適切な場合には、人々のストレスを軽減できるよう、ちょっとした笑いと楽しさを織り交ぜるようにした。

すでに述べてきたとおり、コミュニティの4つの柱の1つは影響力であり、人々がコミュニティに影響を与えられると感じなければ、そのコミュニティは成長しない。私たちは、可能な限りインタラクティブな体験をしてもらい、人々に影響力を感じてもらうよう常に働きかけた。奇抜な質問やアクティビティを盛り込むことで、ブレイクアウトをより楽しいものにするため、さまざまな方法を試してみた。『こねこばくはつ（Exploding Kittens）』で有名な伝説的ゲームデザイナーのエラン・リーは、私たちのためにゲームを考案してくれた。

最も嬉《うれ》しかったことの1つは、最前線で働く医療従事者を支援するいくつかの非営利団体を受け入れたことだ。私たちは、ニューヨーク市保健精神衛生局の副局長にも加わってもらい、支援を提供し、医療品を迅速に届けるために数千ドルを集めることができた。これはとても効果的で、オンライン・サロンでは毎回、人々が支援できる新しい非営利団体を1つか2つ紹介した。

週ごとに、ゲストの滞在時間は長くなり、私たちは進化した。私たちは、人々が好きなトピックを話題にできるコーナー〝アフターアワー〟と、人々が過去のニュースを共有し、それについて他の人々とつながることができる〝コングレス〟を立ち上げた。9週目には、イベントの時間が終わっても滞在する人が続出した。エンターテインメント、知識、つながり、影響力という、私たちの目標をコミュニティに与え、私はしばしばゲストに司会の権限を譲りベッドに入った。

お気づきのように、私たちが話した原則はすべて組み込まれていた。私たちは、気前良く、斬新で、よくキュレートされた、そしておそらくは畏敬《いけい》の念を抱かせるような体験を通して、つながり、信頼、そしてコミュニティを発展させることを目指した。そのために、私たちはゾウとゾウ使いのための経路を設計した。この場合、その経路は私たちがこれまでやってきたことをすべて捨て去り、ゼロから設計する必要があった。

それは恐ろしい作業だった。オンライン・イベントは私たちにとってまったく異質なものだが、適応しなければならないことはわかっていた。これまで行ってきた対面のディナーやサロンは中断せざるをえず、私たちはコミュニティづくりを無限のゲームとみなしていたので、つまり、この新しい環境でいかにプレーを続け、熟練度を高めていくかを考えなければならなかったのだ。

その後数カ月の間に、私たちはこれらの学びを具体的な戦略へと昇華させ、世界最大のブランドの多くにそれを適用するようトレーニングすることができた。ここでは、私があなたに使ってもらいたい基本原則と、あなたの創造性を駆り立てるいくつかの例を紹介する。

オンライン・イベントを設計するときは、決して〝リフト・アンド・シフト〟を許さない。つまり、エンターテインメント、知識、つながり、影響力を適切にミックスすることを考えるのだ。多くの企業では、量と質を混同してしまう危険性がある。

オンライン・プラットフォームにおいて、1000人のホスティングが、5人と同程度のコストしかかからないという事実は、より多人数のホスティングを行うべきだということを意味しない。問題は、知識やエンターテインメントはより多くの聴衆に拡張することができても、プラットフォームが適切な機能を備えていない限り、つながりや影響力はそうはいかないということだ。だから、人々が楽しめるものを作りたいのであれば、観客の規模は目的に合ったものでなければならない。

重要な関係であればあるほど、集まりはより親密であるべきだ。そうすることで、共同体感覚が高まり、人々が出会い、関わりを感じることができる。規模を大きくしたいのであれば、旅費やイベント費用を節約した分、回数を増やしたほうがよい。

規模がデジタルに不利に働きがちなもうひとつの理由は、かつて私たちが〝される〟を楽しむ社会だったからだ。人々は座ってショーを見たり、カンファレンスの観客席に座ったりしていた。今は〝する〟社会だ。人々はその活動に参加したいし、それが友人やフォロワー全員に、ソーシャルメディアで自慢する価値があるほど目覚ましいものでなければならない。

テクノロジーによって双方向性が可能になったという利点はあり、それをうまく実現する方法を見つけた企業もあるが、本書の執筆時点では、ほとんどのプラットフォームにはこれを大規模に実現するための機能がまったくない。

イベント形式の例をいくつか見ていく前に、次のことに注意してほしい。オンライン・コミュニティの構築について議論する場合、いくつかの重要な相違点がある。オンライン・コミュニティには、少なくとも3種類の活用可能な技術があり、さらに多くの技術が常に登場している。人々を見つけ、ミーティングを組織することができるウェブサイト（ミートアップなど）、人々が同時にオンライン・プラットフォーム上にいる同期型コミュニティ（チームス、ミート、フェイスタイム、ズームなど）、そしてグループに投稿し、人々が数日後、あるいは数年後に反応することができる非同期型コミュニティ（フェイスブック、レディットなど）がある。

私の経験と研究が光るのは同期型のオンライン・イベントだが、他の2つがいかに重要で有用であるか、手短に触れておきたい。スコット・ハイファーマンと友人たちは、9月11日の悲劇を受け、多くの人々が感じていた孤独感に応えるため、「現実の人間同士のつながりを通して、人々が成長し、目標を達成するのを助ける」ことを目的としたサイト、ミートアップ・コムを立ち上げた。編み物、ハイテク産業、読書、スポーツ、その他何かしら、人々が立ち上げた33万ものグループのどれかが、あなたにとって理想的なものである可能性は高い。

190カ国に広がるミートアップ・グループでは、毎週10万を超えるイベントが開催され、共通の興味を持つ人々が集まっている。

もしあなたがケニアのナイロビに住む女性で、AIについて学びたいのであれば、「ナイロビ女性のための機械学習・データサイエンスコミュニティ」の主催者であるムトーニ・ワニョイケは、あなたの参加を心待ちにしている。[1] もしあなたがニューヨークに住んでいて、ブロンプトンとして知られるイギリスの独特な折りたたみ式自転車が好きなら、ピーターが作った数百人のコミュニティで、一緒に乗ることができる。[2]

ミートアップのオーガナイザーであるダンが1975年にゲイであることをカミングアウトしたとき、それは簡単なことではなかった。高校時代には同性愛嫌悪でいじめにあった。あなたは、彼がLGBTのミートアップグループに最も親しみを感じていると思うかもしれないが、彼が最もくつろげるのは、彼が主催する食のミートアップイベントである。このグループはまったく異なる背景を持つ人々で構成されているが、「2年間共に過ごしたことで人生が変わった」と彼は語っている。[3]

ミートアップのようなプラットフォームは、自分が参加できるアクティブなコミュニティを発見したり、対面やオンラインのイベントを独自に企画したりするユニークな方法を提供する。重要なのは、自分にとって重要なことを中心にして、人々が集まるような体験を設計することだ。

ミートアップのようなプラットフォームはリアルの交流を組織しているが、ほとんどすべてのオンライン・コミュニティ機能は非同期の参加によって成り立っている。レディットの政治グループ、フェイスブックの育児コミュニティ、リンクトインの専門家組織、ペット専門サイトなど、そのほとんどが投稿とコメントによって成り立っている。本書の調査中、私はメンバーが喪失や病気について共有したり、直接会ったことのない人同士が支え合ったりといった、美しいストーリーに出くわした。

なかでも私のお気に入りは、２０１７年にレディットに投稿された、クリスマスを救うために世界中に協力を求めたものだ。

弟のマックスは25歳で、精神年齢は５歳くらい。彼は心身に障害があり、クリスマスプレゼントは２０００年製のブルーポリス・ハマー［トンカ］トラック以外ダメだって言うの。

彼女はさらに、彼が遊ぶおもちゃはこれだけで、ネットではもうどこにもないと説明した。彼女の投稿は13万人以上のレディッターから反響を呼んだ。[4] 全国からおもちゃを送りたいという申し出があり、おもちゃメーカーのトンカ社も参加した。クリスマスの日には、「マックスのハマー」と書かれた新品のトラックを手にしたマックスの笑顔の写真がレディットに投稿された。その写真には、お礼の手紙と、人々が気前良く送ってくれたトラックの山が写っていた。[5]

たとえ対面での体験の創造だけを考えていたとしても、会員が交流できる何らかのオンライン環境を開発したいと考える可能性は十分にある。私はいくつかの最善策を探して調査した結果、幸運にもティム・リスレル氏を見つけることができた。ティムはオンライン・コミュニティとその行動について研究し、博士号を取得した。彼はいくつかの重要な考慮事項を推奨している。

- **コミュニティの価値観を明確にする**：インターネットはクレイジーな無料開放サービスである。行動指針がなければ、コミュニティはすぐに崩壊してしまう。
- **適切なプラットフォームを選ぶ**：コミュニティを構築するテクノロジーによって、双方向性は大きく変わる。フェイスブック、リンクトイン、レディット、オリジナルのコミュニティプラットフォーム、あるいはワッツアップでは、サイロ化したコミュニティやグループを作ることができるが、X（旧ツイッター）やインスタグラムで結束感を高めることは不可能に近い。
- **人々がいる場所に行く**：あなたが大きな影響力を持っていたり、人々がわざわざあなたのサイトを訪れたり、あなたのアプリをダウンロードして使ったりするような独自の価値提案を持っているなら、人々がわざわざ探してくれるかもしれないが、ほとんどの場合はそうではない。
- **コミュニティの地理を理解する**：人々が分散していればいるほど、オンライン・コミュニティの恩恵を受ける。

・すでにあるコミュニティに参加する方が簡単かもしれない：本書の多くは、あなたがどのようにコミュニティを始めたり、発展させたりできるかを検証しているが、すでに多くのコミュニティが存在しているのだから、あなたは活動的で繁栄しているコミュニティに参加した方が良いかもしれない。

ミートアップのようなオーガナイズ・テクノロジーも、ソーシャルメディアのような非同期プラットフォームも、志を同じくする人々を見つける素晴らしい方法を提供してくれる。しかし、集まったときに何をすればいいのかという疑問は残る。

自宅待機命令の数週間後、あらゆるイベントがビデオチャット・プラットフォームに移行した。毎週のように、家族の誰かがクラス会を催し、同僚がハッピーアワーを催し、クリエイターがパフォーマンスを催し、企業がデジタルイベントを開催しようとした。

ご想像のとおり私のビジネスは、組織が直接つながることを支援することに重点を置いているため、多くの不確実性があった。そのため、私のチームと私は、一夜にしてビジネスの多くを改革しなければならなかった。オンライン・サロンは素晴らしい教育を提供してくれたが、それは最初の一歩に過ぎなかった。

次の我々の目標は、マーケターという特定の聴衆に向けたオリジナルのフォーマットを開発することだと考えた。彼らは私たちと同じような問題で悩んでいるプロフェッショナルなので、一緒になることで知識を共有し、同時にビジネスにもつなげることができると期待していた。

一度に8人のゲストをビデオ会議に招待した。各ゲストは、入室時にニックネームで表示されるように名前を変更しなければならなかった。全員が入室すると、私たちは画面共有機能を使って、私たちが作成したトリビアゲームを表示した。各質問は参加者1人に関するもので、ゲストは携帯電話を使って答えを選ぶ。

例えば、「サラは、あなたが使ったことのある最も象徴的な製品のいくつかを発明するのに貢献した。彼女が開発したのはどれか」。

イェルプ
ザ・シェイクウェイト
ペットロック
スナギー

すべての推理が終わると、答えが発表され、得点が集計され、そしてサラが自己紹介をする。

その目的は、オンライン・イベントをいかにしてダイナミックでエンターテインメント性のあるものにし、かつ誰もが自分の質問で特別な気分になれるようにするかを実演することだった。ゲームの後は、あらゆる業界（音楽、テクノロジー、スポーツ、美容など）を横断して、私たちが学べることについて45分間語り合った。参加者同士の絆が深まり、非常に多くのことを学ぶことができただけでなく、このイベント・シリーズによって、私の会社は危機の初期にいくつかの重要な取引を成立させることができた。

この体験のいくつかの要素に注目してほしい。確かに、斬新さ、キュレーションなどの標準的な特徴もあるが、エンターテインメント、知識、つながり、影響力などが見事にミックスされている。どんなビデオチャット・プログラムでも画面共有ができるので、私たちは人々に特別感を与えながら、体験に楽しさと遊びを加えた。

サロンは別として、私たちは通常オンライン・イベントを1時間に抑えている。遅れて参加した人がいても大丈夫な長さであり、飽きてしまうほど長くもない。普通のハッピーアワーで、自己紹介をしたり、話をしたりすることもできただろう。しかし、ほんの数分の努力で、エンターテインメント性を飛躍的に高めることができる。私たちは、それを素敵なものから楽しく思い出に残るものに変えた。

もしあなたがイベントを主催するのであれば、その体験にどのように遊びを取り入れるかを考えてみてほしい。素晴らしいゲームは山ほどあるし、自分で作れるプラットフォームだってある。こうしたゲームは、特に何百人、何千人という人をホストする場合に、双方向性を提供するのに最適だ。ゲームをすることで、コントロールされている感覚を得ることができ、ウェビナーを行う場合にも有効である。

知識を中心に経験を構築するのであれば、どのような独占的な情報、洞察、専門知識を提供できるか、あるいは人々がより理解しやすいように手助けできるかについて考えよう。不確実性が高ければ高いほど、その価値は高まる。

人脈の観点からは、人々をグループに分けたり、誰もが参加できるような親密なイベントを開催したりすることに価値がある場合が多い。マーケターのイベントでは、異業種の人たちがオープンに話すことができた。意見を言い合ったり、アドバイスを受けたり、お互いをサポートしたりするのは重要だが、その場に競争相手がいる場合は、黙っている必要があるかもしれない。ブレイクアウトを行うのであれば、課題やプロンプトを使って、社交のきっかけとして機能させることを勧める。

私が見た中で最高のもののひとつは、クリエイティブ・コーリションという非営利団体によるものだった。メインルームには100人の参加者がいて、私たちは4人の人物を見せられ、数分間小グループに分けられ、その4人の共通点を見つけなければならなかった。

レニー・クラヴィッツ、ジェフ・ベゾス、レイチェル・マドウ、ベティ・ホワイトの共通点がわかるだろうか。私のチームはそれを解明することはできなかったが、挑戦するのはとても楽しかった。答えは、彼らはみんな「ザ・シンプソンズ」に出演していたということだった。私は、それが彼らのブランドに合っていて、私たちの会話を盛り上げる完璧《かんぺき》な社会的触媒であったことが、非常に気に入った。

オンライン・イベントは今後数年で大きく進化するだろうが、非常に効果的で、私のメールをチェックするよりも面白いはずだと思うフォーマットをいくつか紹介しよう。

・**シアター・フォー・ワン**：その名の通り、あなた1人が参加者のプライベートシアター。対面式で知られているが、オンラインに見事に適応した。ログインして順番を待ちながら、ウェイティングエリアで他の参加者と匿名でチャットを楽しむ。順番が来ると、ライブ・ビデオ・チャットが始まる。その後数分間、1人の人物が美しく感動的なストーリーを語り、あなたと対話する。すべての体験が20分足らずで終わる、芸術の見事な対話型表現である。

・**グローバル・ファイナンス**：私たちは、影響力のあるゲストに世界の金融システムにおける不平等と潜在的な解決策について教育する体験を設計するよう依頼された。クライアントについてあまり多くを語ることなく、私たちは5人から10人のゲストが、世界のトリビアやポップカルチャーに関する質問に答えるゲームショーを作り、その過程で、より貧しい人々が貸金業者からいかに不公平な扱いを受けているかを学ぶ。

　ゲームの勝者が発表された後、私たちは問題点、潜在的な解決策、どうすれば介入できるかについて会話をリードした。このような教育的エンターテインメントは、特にそのトピックが大義に関連するものである場合には、非常に効果的である。

・**アストロノミカル**：私が見た中で最も優れたインタラクティブ・エンターテインメント体験のひとつが、ミュージシャンのトラヴィス・スコットとオンラインゲーム『フォートナイト』との提携による「アストロノミカル」である。フォートナイトは、何百万人ものユーザーが100人単位でオンライン上で交流できるようにすでに設定されていたため、彼らはトラヴィスによる完全没入型コンサートを可能にするために環境を適応させた。ステージの前でダンスをしたり、宇宙空間を浮遊したり、水中を泳いだりと、驚くような特殊効果や環境の変化が盛り込まれた。

・**脱出ゲーム**：ユーザーが自宅で1人コンピューターに向かっているような環境は、脱出ルームには向かないと思うかもしれない。ペンシルベニア州のピーターズ・タウンシップ公共図書館は、ハリー・ポッターをテーマにしたオンラインゲームを作り、大流行させた。前提は見事にシンプルだった。グーグルのフォームを使い、複数の選択肢から答えを選ぶ謎を出題する。正解を選ぶと、部屋から脱出するための次のヒントが見つかるというものだった。すべての質問がハリー・ポッターをテーマにしており、信じられないほど楽しかった。

私が気に入っているのは、すべての技術が無料で、好きなだけ多くの人にリンクを送れることだ。このような脱出ルームや謎解きチャレンジは、素晴らしい導入チャレンジになる。解ければイベントへのリンクがもらえ、さらにイベントで謎が解ければ賞品やステータスがもらえる。

企業文化を創造しようとしているのか、ビジネスや大義に基づいたコミュニティを成長させようとしているのか、あるいは理想的な社交界を発展させようとしているのかにかかわらず、あなたは今、何が私たちに影響を与えるのかを十分に理解している。あなたは、信頼とつながりを築き、共同体感覚を生み出す方法を知っている。結局のところ、私がここで伝えたことはすべて、あなたがより高いレベルの効果と影響力を享受し、繁栄できるように、あなたとあなたの組織をサポートすることだ。

それは、顧客との1対1であったり、社交的な集まりのための少人数のグループであったり、ビジネスや大義のための大規模なイベントであったりする。このアプローチを使うことで、友人、顧客、知人とのより深く有意義なつながりを作るプロセスが、より楽しいものになるだけでなく、あなたの価値観やあなたが大切にしていることと、より一致したものになるだろう。

次のステップは、これらを実際に試してみることだ。つながりを持ちたいと思う人を集めることを楽しみ、そこからさらに広げていくのだ。経験を積み重ね、コミュニティを広げていくことで、あなたは自信を深め、これまで以上に影響力のある人たちとつながり、驚くような素晴らしい結果を手にすることができるだろう。

結び——あなたの人生を変えるかもしれない招待状

ダリル・デイヴィスは10歳のとき、ようやくアメリカで過ごす機会を得た。両親が国務省に勤めていたため、2年ごとに国を転々としていた。人なつっこく、積極的なダリルは、通っていたインターナショナルスクールでも好かれていた。初めてカブスカウトというアメリカの偉大な伝統行事に参加することができた。

数カ月後、彼の部隊はポール・リビアの乗馬を記念してレキシントンからコンコードまでのパレードに招待された。プレスしたてのユニフォームとバッジを身に着け、少年たちは誇らしげに通りを行進していたが、どこからともなく瓶や缶や石がダリルの頭にぶつかった。ダリルはすぐに、なぜあの人たちはスカウトが嫌いなのだろうかと考えた。パニックと混乱の中、隊員たちがダリルを取り囲み、安全な場所に連れて行った。集団の中でただ1人保護されていたダリルは、自分が嫌われているのだと気づいたが、その理由はわからなかった。

家に戻って、両親が彼の傷ついた顔を見たときに、彼は何が起こったのかを訴えた。両親は彼を座らせて、人種差別とは何かを初めて説明した。国際的な環境で育ったダリルのクラスメイトは、体型も体格も肌の色もみんな違っていた。ダリルは、どのグループもそんなものだと思っていた。そして今、彼はスカウトで唯一の黒人だった。

10歳の彼には、自分のことを知らずに自分を激しく憎む人がいるという考えが理解できなかった。自分の肌の色を気にする人がいるなんて馬鹿げていると思ったので、両親が人種差別という概念を作り上げているのだとすら思った。その1カ月後、キング牧師が暗殺され、全米の都市で暴動が起きて初めて、彼は人種差別が現実に存在することを理解した。

ダリルは成長するにつれ、情熱に従ってジャズの学位を取得した。やがて彼はブルース、ブギ、ロックンロールを演奏する機会に恵まれ、チャック・ベリーのような偉大なミュージシャンとツアーを共にした。しかし、「僕のことを知りもしないのに、どうして僕を憎むことができるのだろう」という疑問が彼を悩ませ続けた。

映画『アーバン・カウボーイ』の公開後、カントリー・ミュージックに対する文化的需要が急増し、ダリルは年間を通して活動するため、白人だけのカントリー・バンドに参加した。そのため、どの会場に入っても黒人は彼だけというのが普通だった。

ある晩、メリーランド州フレデリックにあるシルバー・ダラー・ラウンジという白人だけのバーでステージを降りた後、ある男がダリルの肩に腕を回し、「ジェリー・リー・ルイスのような黒人のピアノ演奏は聴いたことがなかったな」と言った。ダリルはジェリー・リー・ルイスを個人的に知っており、ジェリーのスタイルは黒人発祥だと説明した。ダリルを信じず、彼を目新しい人物だと思った男は、彼とその友人のテーブルに座って一緒に飲まないかと誘った。ダリルはクランベリージュースのグラスを手に取り、2人で乾杯すると、男は言った。

「黒人と酒を飲むのは初めてだ」

ダリルは、自分が少し世間知らずだったことを最初に認め、男に「どうしてそんなことになるんだか」と尋ねた。

彼は黙ってテーブルを見下ろしたが、友人が答えるように促したので、

「K.K.K.(Ku Klux Klan)のメンバーだから」

と説明した。ダリルは大声で笑い出した。K.K.K.が彼を抱きしめて飲みに誘うわけないと。しかし、男がK.K.K.の会員証を出すと、ダリルはすぐに笑いを止めた。その男は本当に白人至上主義のヘイト・グループのメンバーだった。

しばらく話をした後、男はダリルに電話番号を教え、「ジェリー・リー・ルイスのような演奏をする黒人を見に来ないか」と仲間たちを呼ぶから、次のショーの前に電話してほしいと伝えた。

6週間ごとにダリルが電話をかけると、男はK.K.K.の仲間を連れて現れた。ダリルに会いたがる者もいれば、足が遠のく者もいた。月日が経つにつれ、ダリルは最初のカブスカウト事

件以来、彼を悩ませてきた疑問に対する答えが、ついに得られるかもしれないと悟った。人はなぜ憎むのだろうか？

おそらく、見事に異常な決断の瞬間としか言いようがない。ダリルは国を旅してK．K．K．のメンバーにインタビューしようと決めた。手始めに、彼はバーの男にメリーランド州のグランド・ドラゴン（州の支部長を表すK．K．K．の称号）であるロジャー・ケリーを紹介してくれるよう頼んだ。

ダリルは自分が黒人であることを隠したことはなかったが、誰も聞こうとはしなかった。だから、ロジャーがグランド・ナイトホークとして知られる彼の個人的なボディーガードを連れてインタビューに現れたとき、2人は宿敵である黒人が向かいに立っているのを見て驚いた。ダリルは驚いてはいたが、握手を交わし、冷えたソーダと席を用意してインタビューを始めた。テープレコーダーと聖書だけを頼りに、ダリルは3時間ロジャーと向かい合っていた。K．K．K．のリーダーが〝神の仕事〟をしていると主張するたびに、ダリルはその証拠を示すよう求めた。

緊張が高まり、突然の音に全員が驚いたとき、ダリルは身の危険を感じて立ち上がり、ほとんどの者がK．K．K．が何かしたと思ってグランド・ドラゴンに襲いかかった。同時にグランド・ナイトホークも、ダリルが何かしたと思ってピストルを取りに行った。幸いなことに、彼らはすぐに、その音は氷が溶けて、ソーダの缶がずれただけだと気づいた。みんなが笑った。

それから数年間、ダリルは全米のK.K.K.やネオナチを探し回った。特に会いたかったのが、別の支部のグランド・ドラゴンで、メリーランド州ボルチモアの元警官、ボブ・ホワイトだった。

当時、彼はシナゴーグ爆破の共謀罪で4年間服役していた。刑務所の塀の中にいても、彼はまだ活動的で、離れたところでK.K.K.の活動を指揮していた。釈放から数年後、彼は2人の黒人男性をショットガンで殺害しようとした罪により再び逮捕された。この罪で彼はさらに3年間服役した。

彼が2度目の釈放を受けたとき、ダリルは彼と同席する機会があった。ダリルの言葉を借りれば「その男は激しく暴力的で、反ユダヤ主義者で、人種差別主義者だった。世の中の悪いところはすべて、黒人とユダヤ人のせいだと思っていた」。

彼らは話し、話し、話し、さらに話し続けた。ダリルは、自分を対等な人間として受け入れるよりも、殺す方が早いと思うような男と時間を過ごすために、わざわざ出かけていった。しかし、時が経つにつれ、何かが起こった。人間性を分かち合う短い時間が訪れたのだ。腹を割って話したことやダリルの性格の良さから、2人は親密になり、驚くべきことに親友になった。黒人と友達になるという考えはK.K.K.の教義にそぐわなかったので、ボブ・ホワイトはK.K.K.を脱退した。

シナゴーグ爆破未遂事件当時、ボブはK.K.K.の一員であっただけでなく、ボルチモア市警の警官でもあった。彼は警察に潜入したK.K.K.メンバーだった。もしダリルが介入せず、理由もなく自分を憎む男と知り合う時間を取っていなかったら、ボルチモアの黒人とユダヤ人のコミュニティはさらに多くの悲劇に見舞われていただろう。

ダリルがインタビューを始めてから30年以上が経つが、その日、彼は自分を知らない人たちがなぜ自分を憎むことができるのか、その答えを発見した。

インタビュー中にあの未知の音が鳴り響いたとき、恐怖が襲ってきた。そして、その不確かさが、両者の命を脅かすかのような反応を引き起こした。幼い私にビンや石を投げつけてきたのは、私のことを知らなかったのに、ではない。知らないからこそ、私を恐れ、憎しみ、そして破壊へとつながったのだ。唯一の解決策は、人々が私を知ることだったと彼は語る。

この30年間、ダリルは何百人ものK.K.K.メンバーを取材してきた。200人以上が白人至上主義のイデオロギーから離れ、50人以上が彼にローブを譲り、憎しみの人生を捨てた。このことが、彼らや彼らの友人、家族、子供たちの人生だけでなく、そうでなければ彼らの犠牲になっていたかもしれない無数の人々に与えた影響は想像に難くない。最初のインタビューから約10カ月後、ロジャー・ケリーはインペリアル・ウィザード（K.K.K.用語で全国リーダー）に昇進したが、ダリルは決して彼を見捨てなかった。そして7年後、ロジャーはK.K.K.を去り、ダリルにローブを渡した。

ダリルが言葉では言い表せないほど勇敢であることに加え、私がこの物語をとても気に入っている理由は、招待状が持つ驚くべき影響力を実証しているからだ。私たちの影響力は、私たちが誰とつながっているか、彼らがどれだけ私たちを信頼しているか、そして私たちが育《はぐく》むことができる共同体感覚の副産物であり、一貫性と努力によって、前例のない結果を生み出すことができることを示している。

ダリルが白人至上主義者たちに影響を与えることができたのは、インタビューを通じてつながり、自己開示と会話を通じて信頼を築き、時間をかけて彼らを自分のコミュニティに引き込むという斬新な方法を見つけたからだ。彼の体験談から、私たちは人々がかつてないほど憎悪に満ち、怒っていると感じるかもしれないが、それは彼らが孤立し、怯《おび》え、孤独になっているだけなのかもしれないということを実証している。

モナ・リザ盗難事件が私たちに教えてくれたことがあるとすれば、それは、何かに触れれば触れるほど、それが私たちに訴えかけてくる傾向があるということだ。もしかしたら、より多くの人に触れることで、彼らも私たちを好きになり、私たちも彼らを好きになるかもしれない。結局のところ、K.K.K.のグランド・ドラゴンやインペリアル・ウィザードと、黒人のロックンローラーが親友になれるなら、つながれない人などいないのだ。

この本を書くにあたって、どんな問題も解決する最短距離は、招待状かもしれないと気づいた。というのも、誰かがそれを受け入れたとき、私たちは魔法を生み出すことができるからだ。招待状の素晴らしさは、その場の状況を根本的に変える力があることだ。

誰かがイエスと言った瞬間、その人は参加することを約束し、参加したいと表明したことになる。そうなったとき、文脈は、誰かを参加させたいということから、積極的に参加したいということへと変化する。これは、ダリルがK．K．K．のメンバーをインタビューに招待した瞬間から、ジーン・ニデッチが女性をウェイト・ウォッチャーズに招待した瞬間から、人々がNMSSのライドに招待された瞬間から、私が誰かをインフルエンサー・ディナーに招待した瞬間から、あるいはあなたが誰かをあなたの会社、大義、プロジェクトについて話をするために招待した瞬間から当てはまる事実だ。

その時が来た。ある時は、好きな人を誘うように、勇気をもって招待状を作成しなければならないし、またある時は、2人の結婚式で、知り合いのみんなに一緒に祝ってもらえるように、喜びをもって招待状を作成しなければならない。

私は、夕食を作り、床を掃除し、皿洗いをするために人々をもてなすこと以上の特権を知らない。その過程で、私たちは生涯続く深く有意義な人間関係を築くだけでなく、活動資金を集め、問題に関心を持たせ、互いに支え合うことで、ポジティブな影響を与えることができる。このすべては、友人たちに1枚の招待状を送ったことから始まった。

だから、今、私はあなたへ招待状を送る。

人生を変える体験に、心からご招待しよう。近代史上、これほどまでに人々が孤立し、孤独で、断絶した時代はなかった。当然のことながら、これは収入や成功に関係なく人々に影響を与える。今、あなたは人びととつながり、信頼関係を築き、共同体感覚を醸成するためのあらゆるツールと知識を手にしている。その過程で、あなたはより幸せで、より充実した、より健康的な特権を得ることができ、自分のキャリアでより多くの成功をつかみ、自分が大切にしている大義を支援し、愛する人の人生にポジティブな影響を与え、あなたにとって重要なことはほとんど何でもできるようになる。

誰が一緒に旅をしてくれるのか気になるかもしれないが、答えはあなたの望む人なら誰でもいい。ただ、少し時間がかかるかもしれない。

この本に書かれているアイデアをすべて実践することはおそらくないだろう。だから私がお願いしたいのは、誰か、あるいは数人、数百人に手を差し伸べて、つながるものを何か見つけ、それを実行し続けることだ。何をするにしても、自分なりの伝統、活動、言葉を用いて、自分の価値観に合ったものにすることだ。

お受けになるかどうかお知らせください。信じられないような人生が待っている。
それはすべて、招待から始まる。

敬具

ジョン・レヴィ
Founder and Host
The Influencers

追記：あなたが作る旅について聞くのが待ちきれない。
あなた自身のため、そして人々のゾウとゾウ使いのために。

訳者あとがき

夕食に招待されて、準備から後片付けまでさせられる体験は、日本人にはさほど違和感はないかもしれないですが、学校の掃除すらしたことのない海外の人にとっては、非常にインパクトのある体験だと思います。著者はこの体験を、自身の行動科学の知見から、敢《あ》えて狙って組み立てています。その成果は非常に大きなもので、何かしらの社会的意義のある活動から企業のマーケティングに至るまで、様々に影響力を発揮しています。

ＳＮＳで簡単に誰とでもつながれる現代ほど、人が人との本当のつながりを求めている時代はないと、著者は語っています。そしてその疎外感は、若い人ほど顕著です。知らない人を集めただけのミートアップでは、ほとんどの人は親しくなれません。だからこそ、著者は人と人が本質的につながれる場を提供し、成功をおさめることができたのです。

せっかくこの本を読んでくださったのですから、是非とも、小さな会合でも、友達との持ち寄り会でも、リアルで会える機会を作っていただけましたら幸いです。始まりは、知人との2人のお茶会かもしれません。それでも続けることが大切です。ネガティブではなく本音を出し合える、心地よい場を提供し続けていれば、あなたはやがて、そのコミュニティで影響力を発揮できる人になることができます。

そしてそれが、ご自身の健康や、仕事や、その他人生のあらゆることに、プラスに働きます。お金がどんなにあっても手に入らないものを、手に入れることができます。

気楽にまずはスタートしていただけますと幸いです。

この本の翻訳にあたり、監修の小山竜央様、KADOKAWAの小川和久様、そして校閲の皆様方には大変にお世話になりました。ここに謹んで御礼申し上げます。

また、翻訳作業にあたることを快く許してくれた、我がエクスアールジョン株式会社のチームと株主様に、心より感謝いたします。オタクの皆が大好きです!

島藤　真澄

原注一覧

第1章

1. "Frederick Douglass / My Escape from Slavery Audiobook," YouTube, July 23, 2014. https://www.youtube.com/watch?v=jGi9jtS7MKc.
2. Frederick Douglass (n.d.)., retrieved August 8, 2020, from https://www.pbs.org/wgbh/aia/part4/4p1539.html.
3. "10 Facts on Obesity," World Health Organization, October 16, 2017. https://www.who.int/features/factfiles/obesity/en.
4. Marisa Meltzer, *This Is Big: How the Founder of Weight Watchers Changed the World (and Me)* (London: Chatto & Windus, 2020).
5. Robert J. Cole, "H. J. Heinz to Buy Weight Watchers For $71 Million," May 5, 1978. https://www.nytimes.com/1978/05/05/archives/hj-heinz-to-buy-weight-watchers-for-71-million-hj-heinz-agrees-to.html.
6. Nicholas A. Christakis and James H. Fowler, "The Spread of Obesity in a Large Social Network over 32 Years," *New England Journal of Medicine* 357 (July 2007): 370–379, https://www.nejm.org/doi/full/10.1056/NEJMsa066082.
7. Manisha Sinha, *The Slave's Cause: A History of Abolition* (New Haven, CT: Yale University Press, 2016).
8. Sinha, *The Slave's Cause*.
9. DeNeen L. Brown, "Frederick Douglass Needed to See Lincoln. Would the President Meet with a Former Slave?" *Washington Post*, February 14, 2018. https://www.washingtonpost.com/news/retropolis/wp/2018/02/14/frederick-douglass-needed-to-see-lincoln-would-the-president-meet-with-a-former-slave.
10. Tiziana Casciaro, Francesca Gino, and Maryam Kouchaki, "The Contaminating Effects of Building Instrumental Ties: How Networking Can Make Us Feel Dirty," *Administrative Science Quarterly*, October 6, 2014. https://journals.sagepub.com/doi/10.1177/0001839214554990.
11. Casciaro, Gino, and Kouchaki, "The Contaminating Effects of Building Instrumental Ties."

第2章

1. "Thirty Years of America's Drug War," *Drug Wars / Frontline*. Accessed August 8, 2020. https://www.pbs.org/wgbh/pages/frontline/shows/drugs/cron/index.html.
2. "Interview, Dr. Jerome Jaffe," *Drug Wars* / Frontline." Accessed August 8, 2020. https://www.pbs.org/wgbh/pages/frontline/shows/drugs/interviews/jaffe.html.
3. Harsh Chalana et al., "Predictors of Relapse after Inpatient Opioid Detoxification during 1-Year Follow-Up," *Journal of Addiction*, September 18, 2016. https://www.ncbi.nlm.nih.gov/pmc/articles/PMC5046044.
4. "Bruce Alexander—Dislocation Theory of Addiction," YouTube, July 26, 2018. https://www.youtube.com/watch?v=05FPW4vwinA.
5. Bruce Alexander, "Treatment for Addiction: Why Aren't We Doing Better?" May 28, 2018. https://www.brucekalexander.com/articles-speeches/treatmentarecovery/295-treatment-for-addiction.
6. Anne Christensen et al., "Significantly Increased Risk of All-Cause Mortality among Cardiac Patients Feeling Lonely," *BMJ Journals Heart*, January 1, 2020. https://heart.bmj.com/

content/106/2/140.abstract.

7. Jamie Ballard, "Millennials Are the Loneliest Generation," YouGov, July 30, 2019. https://today.yougov.com/topics/lifestyle/articles-reports/2019/07/30/loneliness-friendship-new-friends-poll-survey.
8. Miller McPherson, Lynn Smith-Lovin, and Matthew E. Brashears, "Social Isolation in America: Changes in Core Discussion Networks over Two Decades," *American Sociological Review* 71, no. 3 (2006): 353–75. Accessed August 12, 2020. www.jstor.org/stable/30038995.
9. Susan Pinker, *The Village Effect: How Face-to-Face Contact Can Make Us Healthier and Happier* (Toronto: Vintage Canada, 2015).
10. Susan Pinker, "Transcript of 'The Secret to Living Longer May Be Your Social Life,' " TED, April 2017. https://www.ted.com/talks/susan_pinker_the_secret_to_living_longer_may_be_your_social_life/transcript?language=en.
11. Julianne Holt-Lunstad, Timothy B. Smith, and J. Bradley Layton, "Social Relationships and Mortality Risk: A Meta-Analytic Review," *PLOS Medicine*, July 27, 2010. https://journals.plos.org/plosmedicine/article?id=10.1371%2Fjournal.pmed.1000316; Lisa F. Berkman et al., "Social Integration and Mortality: A Prospective Study of French Employees of Electricity of France—Gas of France:The GAZEL Cohort," *American Journal of Epidemiology*, January 15, 2004. https://academic.oup.com/aje/article/159/2/167/166374.

第3章

1. Jonathan B. Freeman et al., "Amygdala Responsivity to High-Level Social Information from Unseen Faces," *Journal of Neuroscience*, August 6, 2014. https://www.jneurosci.org/content/34/32/10573.abstract.
2. New York University, "Changing Faces: We Can Look More Trustworthy, but Not More Competent," *ScienceDaily*. Accessed August 12, 2020. www.sciencedaily.com/releases/2015/06/150618121655.htm.
3. Karel Kleisner et al., "Trustworthy-Looking Face Meets Brown Eyes," *PLOS One*, January 9, 2013. https://journals.plos.org/plosone/article?id=10.1371%2Fjournal.pone.0053285.
4. Casey A. Klofstad, Rindy C. Anderson, and Susan Peters, "Sounds like a Winner:Voice Pitch Influences Perception of Leadership Capacity in Both Men and Women," *Proceedings of the Royal Society B*, March 14, 2012. https://royalsocietypublishing.org/doi/full/10.1098/rspb.2012.0311.

第4章

1. "Download Special Report: The State of Consumer Trust," Morning Consult, April 12, 2020. https://morningconsult.com/form/most-trusted-brands-report-download.
2. Kurt Badenhausen, "How Michael Jordan Will Make $145 Million In 2019," Forbes, August 28, 2019. https://www.forbes.com/sites/kurtbadenhausen/2019/08/28/how-michael-jordan-will-make-145-million-in-2019.
3. Smriti Bhagat et al., "Three and a Half Degrees of Separation," Facebook Research,February 4, 2016. https://research.fb.com/blog/2016/02/three-and-a-half-degrees-of-separation.
4. Peter Applebome, "At a Campus Scarred by Hazing, Cries for Help," *New York Times*, September 18, 2012. https://www.nytimes.com/2012/09/19/nyregion/amid-hazing-at-binghamton-university-cries-for-help.html.

5. "The Satere-Mawe Tribe Subject Themselves to over 120 Bullet Ant Stings /Wildest Latin America," YouTube, Discovery UK, August 3, 2018. https://www.youtube.com/watch?v=Cb5BK2NMAwU.
6. "Wearing a Glove of Venomous Ants," *National Geographic*, YouTube, March 3, 2011. https://www.youtube.com/watch?v=XEWmynRcEEQ.
7. Vilma Pinchi et al., "Dental Ritual Mutilations and Forensic Odontologist Practice: A Review of the Literature," *Acta Stomatologica Croatica*, March 2015. https://www.ncbi.nlm.nih.gov/pmc/articles/PMC4945341.
8. Steven Shaw, "Matis Hunting Trials," *AskMen*. Accessed August 11, 2020. https://www.askmen.com/top_10/entertainment/top-10-male-initiation-rituals_3.html.
9. "Bruce's First Matis Ritual," BBC Studios, Bruce Parry, YouTube, June 8, 2017. https://www.youtube.com/watch?reload=9&v=AuWAkt31BV8.

第5章

1. Jon Levy, Devin Markell, and Moran Cerf, "Polar Similars: Using Massive Mobile Dating Data to Predict Synchronization and Similarity in Dating Preferences,"*Frontiers in Psychology*, September 6, 2019. https://www.frontiersin.org/articles/10.3389/fpsyg.2019.02010/full?report=reader.
2. Brett W. Pelham, Matthew C. Mirenberg, and John T. Jones, "Why Susie Sells Seashells by the Seashore: Implicit Egotism and Major Life Decisions," *Journal of Personality and Social Psychology* 82, no. 4 (2002): 469. https://pubmed.ncbi.nlm.nih.gov/11999918/.
3. Jonah Berger et al., "From Karen to Katie: Using Baby Names to Understand Cultural Evolution," *Psychological Science* 23, no. 10 (2012): 1067–73. https://journals.sagepub.com/doi/10.1177/0956797612443371.
4. "The Missing Piece: Mona Lisa, Her Thief, the True Story," IMDb.com, October 20, 2012. https://www.imdb.com/title/tt1816681.
5. Noah Charney, "Pablo Picasso, Art Thief: The 'Affaire des Statuettes' and Its Role in the Foundation of Modernist Painting," *Arte, Individuo y Sociedad* 26, no. 2 (2014): 187–198.
6. James Zug, "Stolen: How the Mona Lisa Became the World's Most Famous Painting," *Smithsonian Magazine*, June 15, 2011. https://www.smithsonianmag.com/arts-culture/stolen-how-the-mona-lisa-became-the-worlds-most-famous-painting-16406234.
7. Zug, "Stolen."
8. NPR staff, "The Theft That Made The 'Mona Lisa' A Masterpiece," NPR. Ac-cessed August 12, 2020. https://www.npr.org/2011/07/30/138800110/the-theft-that-made-the-mona-lisa-a-masterpiece.
9. トーマス・J・アレン、グンター・W・ヘン著、糀谷利雄、冨樫経廣訳、株式会社日揮監修、『知的創造の現場　プロジェクトハウスが組織と人を変革する』ダイヤモンド社、2008年

第7章

1. Jim Dobson, "Billionaire Summer Camp: The Rich and Famous Flock to Sicily for the 7th Annual Google Retreat," *Forbes*, July 30, 2019. https://www.forbes.com/sites/jimdobson/2019/07/30/billionaire-summer-camp-the-rich-and-famous-flock-to-sicily-for-the-7th-annual-google-retreat.
2. "About Bilderberg Meetings," Homepage. Accessed August 13, 2020. https://bilderbergmeetings.org/index.html.

3. Silvia Amaro, "Here's Who's Going to Davos This Year," CNBC, January 14, 2020. https://www.cnbc.com/2020/01/14/wef-2020-heres-who-is-going-to-davos-this-year.html.
4. Leah Binkovitz, "Why TED Founder Richard Saul Wurman Thinks TED Is So Last Century," *Smithsonian Magazine*, July 16, 2012. https://www.smithsonianmag.com/smithsonian-institution/why-ted-founder-richard-saul-wurman-thinks-ted-is-so-last-century-2549699.
5. "History of TED," TED. Accessed August 13, 2020. https://www.ted.com/about/our-organization/history-of-ted.
6. "History of TED."
7. "Conversation with Richard Saul Wurman 'One Way': Richard Saul Wurman at TEDxGrandRapids," YouTube, TEDx Talks, June 16, 2014. https://www.youtube.com/watch?v=ec-ENp5P0A0;Binkovitz, "Why TED Founder Richard Saul Wurman Thinks TED Is So Last Century."
8. Bob Tedeschi, "Giving Away Information, but Increasing Revenue," *New York Times*, April 16, 2007. https://www.nytimes.com/2007/04/16/technology/16ecom.html?_r=1.
9. Nico Bunzeck and Emrah Duzel, "Absolute Coding of Stimulus Novelty in the Human Substantia Nigra/VTA," *Neuron*, U.S. National Library of Medicine, August 3, 2006. https://pubmed.ncbi.nlm.nih.gov/16880131.
10. Dan Campbell, *Six-Word Memoirs* (Baltimore: America Star Books, 2011).
11. "Awe," WordReference.com, 2020. https://www.wordreference.com/definition/awe.

第8章

1. Tibor Krausz, "The Red Bull Story: How World's Top Energy Drink Began in Thailand, but It Took an Austrian to Make It a Global Phenomenon," *South China Morning Post*, July 28, 2018. https://www.scmp.com/lifestyle/food-drink/article/2156996/red-bull-story-how-worlds-top-energy-drink-began-thailand-it.
2. THR staff, "Pepsi Revives Michael Jackson in Marketing Campaign," *Hollywood Reporter*, May 4, 2012. https://www.hollywoodreporter.com/news/pepsi-revives-michael-jackson-marketing-320347.
3. "Giving Wings to People and Ideas," Red Bull Energy Drink, Red Bull NZ. Ac-cessed August 13, 2020. https://www.redbull.com/nz-en/energydrink/company-profile.
4. Ed Gillett, "What Does Red Bull's Corporate Exit Mean for Underground Music?" *Quietus*, April 4, 2019. https://thequietus.com/articles/26290-red-bull-music-academy-closing-electronic-music.

第9章

1. David W. McMillan and David M. Chavis, "Sense of Community: A Definition and Theory," *Journal of Community Psychology* 14, no. 1 (1986): 6–23.
2. Pinker, "Transcript of 'The Secret to Living Longer May Be Your Social Life.' "
3. McMillan and Chavis, "Sense of Community: A Definition and Theory."

第10章

1. "Kamp Staaldraad," Wikipedia. Accessed February 12, 2020. https://en.wikipedia.org/wiki/Kamp_Staaldraad.
2. "10 of the Biggest Scandals in Rugby History," *Ruck*, December 16, 2019. https://www.ruck.co.uk/eight-of-the-biggest-scandals-in-rugby-history.

3. “List of Rugby Union Test Caps Leaders,” Wikipedia. Accessed June 18, 2020. https://en.wikipedia.org/wiki/List_of_rugby_union_test_caps_leaders.
4. “ARU Admit Defeat in Bok Row,” Internet Archive: Wayback Machine, June 27,2007. https://web.archive.org/web/20070629225151/http:/www.news24.com/News24/Sport/Rugby/0,2-9-838_2137111,00.html.
5. Paul Rees, “Rugby World Cup: South Africa 37–20 Fiji,” *Guardian*, October 8, 2007.

第11章

1. Kevin Morris, “Wikipedians Wage War over Capital ‘I’ in New *Star Trek* Film,” *Daily Dot*, March 3, 2020. https://www.dailydot.com/society/wikipedia-star-trek-into-darkness-capitalization.
2. “Talk: Star Trek into Darkness,” Wikipedia. Accessed October 19, 2015. https://en.wikipedia.org/w/index.php?title=Talk%3AStar_Trek_into_Darkness.
3. Joel Cunningham, “5 Great Books Too Short for NaNoWriMo,” Barnes & Noble Reads, December 4, 2013. https://www.barnesandnoble.com/blog/5-great-books-too-short-for-nanowrimo.

第13章

1. “Google Books Ngram Viewer,” Google Books. Accessed August 13, 2020. https://books.google.com/ngrams/graph?content=cosplay.

第14章

1. Anthony Cuthbertson, “This Google AI Can Predict When You’ll Die,” *Independent*,June 19, 2018. https://www.independent.co.uk/life-style/gadgets-and-tech/news/google-ai-predict-when-die-death-date-medical-brain-deepmind-a8405826.html.
2. Brent Snook et al., “Taking Stock of Criminal Profiling: A Narrative Review and Meta-Analysis,”*Criminal Justice and Behavior* 34, no. 4 (April 2007): 437–53.
3. Samuel Stebbins, “What’s the Average Annual Income after Taxes in Every State?” *USA Today*, June 27, 2019. https://eu.usatoday.com/story/money/2019/06/01/how-much-the-average-income-nets-you-after-taxes-in-every-state/39530627.
4. “The Importance of Irrelevant Alternatives,” *Economist*, May 22, 2009. https://www.economist.com/democracy-in-america/2009/05/22/the-importance-of-irrelevant-alternatives.

第15章

1. Valorie Kondos Field, “Transcript of ‘Why Winning Doesn’t Always Equal Success,’ ” TED, December 2019. https://www.ted.com/talks/valorie_kondos_field_why_winning_doesn_t_always_equal_success/transcript.
2. Field, “Transcript of ‘Why Winning Doesn’t Always Equal Success.’ ”

第16章

1. “Re:Work,” Google. Accessed August 13, 2020. https://rework.withgoogle.com/print/guides/5721312655835136.

第17章

1. Leticia Gasca, “Leticia Gasca,” TED. Accessed October 29, 2020. https://www.ted.com/

speakers/leticia_gasca.
2. "Jakarta," Fuckup Nights, April 23, 2019. https://www.fuckupnights.com/jakarta.

第18章

1. T. Morgan Dixon and Vanessa Garrison, "Transcript of 'The Trauma of Systematic Racism Is Killing Black Women. A First Step toward Change . . . ,'' TED, April 2017. https://www.ted.com/talks/t_morgan_dixon_and_vanessa_garrison_the_trauma_of_systematic_racism_is_killing_black_women_a_first_step_toward_change/transcript?language=en.

第19章

1. バリー・シュワルツ著、田内万里夫訳『なぜ働くのか』朝日出版社、2017年
2. Dan Cable, Francesca Gino, and Bradley Staats, "The Powerful Way Onboarding Can Encourage Authenticity," *Harvard Business Review*, November 26, 2015. https://hbr.org/2015/11/the-powerful-way-onboarding-can-encourage-authenticity.
3. Daniel M. Cable, Francesca Gino, and Bradley R. Staats, "Breaking Them in or Eliciting Their Best? Reframing Socialization around Newcomers' Authentic Self-Expression," *Administrative Science Quarterly* 58, no. 1 (2013): 1–36.
4. "Many Employees in North America and The United Kingdom Are Not Happy at Work, According to Achievers' Latest Study," *Achievers*. Accessed August 13,2020. https://www.achievers.com/press/many-employees-north-america-and-united-kingdom-are-not-happy-work-according-achievers-latest.

第20章

1. Time staff, "The Greatest Adventures of All Time: Ernest Shackleton," *Time*, September 12, 2003. http://content.time.com/time/specials/packages/article/0,28804,1981290_1981354_1981610,00.html.
2. Jessica Shepherd, "The Word on Oxford University's All Souls Fellows Exam Is: Axed," *Guardian*, May 14, 2010. https://www.theguardian.com/education/2010/may/14/oxford-university-all-souls-college-exam.

第21章

1. Meetup, "Nairobi Women in Machine Learning and Data Science," Facebook Watch, November 13, 2018. https://www.facebook.com/meetup/videos/2005513662878690/?d=n.
2. Meetup, "Meet Peter—Brompton Bicycle NYC," Facebook Watch, November 24,2018. https://www.facebook.com/meetup/videos/204534770354004/?d=n.
3. Meetup, "Meetup Group Story-Food," Facebook Watch, February 17, 2018. https://www.facebook.com/meetup/videos/10156178785234588/?d=n.
4. r/pics, "Every Christmas, I Have to Buy the Exact Same Toy Truck for My Brother," Reddit. Accessed August 13, 2020. https://www.reddit.com/r/pics/comments/7gdfvm/every_christmas_i_have_to_buy_the_exact_same_toy.
5. r/pics, "Thanks to Reddit, Max Got His New Hummer Truck for Christmas!" Reddit.Accessed August 13, 2020. https://www.reddit.com/r/pics/comments/7m2ey7/thanks_to_reddit_max_got_his_new_hummer_truck_for.

ここまで読み進めてくれた読者のみなさまに、
監修者よりプレゼントを用意しました。

---

https://kdq.jp/wr2wz

上記の二次元コードまたはURLからご登録いただくと、ビジネスシーンなどで影響力を発揮するための具体的な行動の始め方をお伝えします。最新のアップデートがあった際にはその情報をお送りします。

1．二次元コードまたはURLからアクセス
2．LINEから「友達登録」

※2024年1月現在の情報です。
※PC・スマートフォン対象。システム等の事情により予告なく公開を終了する場合があります。
※本コンテンツは株式会社ライブクリエイトが管理・運営するものとなります。株式会社KADOKAWAではお問い合わせ等をお受けしていません。

著者　**ジョン・レヴィ**

米国の行動科学者。信頼、人のつながり、帰属意識、影響力の研究で知られ、企業によるマーケティング、セールスなどの変革が専門。クライアントはフォーチュン500に名を連ねるマイクロソフト、サムスンから新興企業まで幅広い。ノーベル賞受賞者、オリンピック選手、経営者からグラミー賞受賞者まで業界のリーダーが集まる秘密の食事会「インフルエンサー・ディナー」を設立し、この種のコミュニティとして世界最大に発展している。著書に『The 2 AM Principle』(Regan Arts. 2016) など。

監修　**小山竜央**　／こやま たつお

ゲーム業界にてアバガチャの概念を広めるきっかけになった国内最大のアバター売買サイト「みるぴめ」設立者。集客に特化したマーケティングを専門に扱い、ビジネス指導と講演会に延べ40万人以上が参加。アップル創業者のスティーブ・ウォズニアックら世界的に著名なマーケター達を招致した。PRプランナー、出版コンサルタントなどの肩書きもあり、YouTubeに関してプロデュースした人を含めチャンネル総登録者数8000万人以上。著書に『〔超完全版〕YouTube大全』(KADOKAWA) など。

訳　**島藤真澄**　／しまふじ ますみ

慶應義塾大学文学部卒、神戸大学発達科学部中退、京都芸術短期大学卒。大手アパレルのデザイナーを経て通販業に携わる。その後海外講演者のエージェントおよびコンテンツ制作を手掛ける。AI開発会社も経営。自身も会社経営者として現場で培われたわかりやすい日本語訳には定評がある。訳書に『マネー・コネクション』『本物の交渉術』(ともにKADOKAWA)、『FIND YOUR WHY』(ディスカヴァー・トゥエンティワン) など。

影響力《えいきょうりょく》の科学《かがく》

ビジネスで成功《せいこう》し
人生《じんせい》を豊《ゆた》かにする最上《さいじょう》のスキル

2024年１月29日　初版発行
2024年４月10日　３版発行

著者　ジョン・レヴィ
監修　小山竜央《こやまたつお》
訳者　島藤真澄《しまふじますみ》
発行者　山下直久
発行　株式会社KADOKAWA
〒102-8177　東京都千代田区富士見2-13-3
電話　0570-002-301（ナビダイヤル）
印刷所　大日本印刷株式会社
製本所　大日本印刷株式会社

●お問い合わせ
https://www.kadokawa.co.jp/（「お問い合わせ」へお進みください）
※内容によっては、お答えできない場合があります。
※サポートは日本国内のみとさせていただきます。
※Japanese text only

定価はカバーに表示してあります。

ISBN 978-4-04-606641-1 C0030